ZHICHI TANCHA DE XINXI CHAXUN XITONG
KEYONGXING YANJIU

支持探查的信息查询系统可用性研究

邱明辉 著

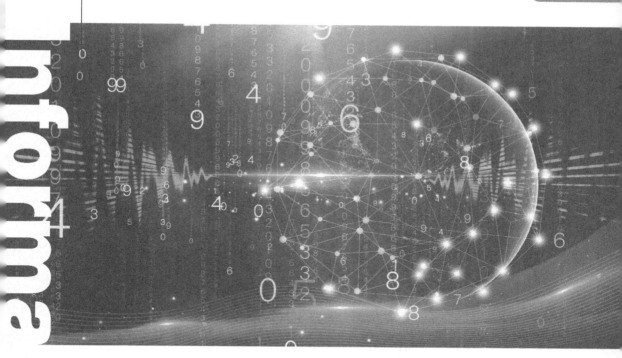

中山大学出版社

·广州·

版权所有 翻印必究

图书在版编目（CIP）数据

支持探查的信息查询系统可用性研究/邱明辉著. —广州：中山大学出版社，2020.11

ISBN 978-7-306-06963-4

Ⅰ. ①支… Ⅱ. ①邱… Ⅲ. ①检索系统—可能性—研究 Ⅳ. ①G254.92

中国版本图书馆 CIP 数据核字（2020）第 177999 号

出 版 人：	王天琪
策划编辑：	王　睿
责任编辑：	王　睿
封面设计：	曾　斌
责任校对：	姜星宇
责任技编：	何雅涛
出版发行：	中山大学出版社
电　　话：	编辑部 020 - 84110771，84113349，84111997，84110779
	发行部 020 - 84111998，84111981，84111160
地　　址：	广州市新港西路 135 号
邮　　编：	510275　传　真：020 - 84036565
网　　址：	http://www.zsup.com.cn　E-mail：zdcbs@mail.sysu.edu.cn
印 刷 者：	广东虎彩云印刷有限公司
规　　格：	787mm×1092mm　1/16　17.75 印张　338 千字
版次印次：	2020 年 11 月第 1 版　2020 年 11 月第 1 次印刷
定　　价：	49.00 元

如发现本书因印装质量影响阅读，请与出版社发行部联系调换

前　　言

　　近年来，越来越多的研究者开始关注信息查询中的探查行为，许多人机交互、信息检索、信息组织、信息行为等方面的研究者进入探查研究领域，探查研究正逐渐发展成为一个比较热门的领域。探查的目的不仅在于查找信息，更重要的是学习和发现知识。近 20 年来，国内外每年都有大量有关信息查询系统可用性的研究成果出现，但很少有研究者对这些研究成果进行系统的分析和总结，更未有研究者从支持探查的角度进行系统的研究，导致这些研究成果一直处于分散杂乱的状态，既难于查找又难于利用，不能很好地转化为指导信息查询系统设计和评价的知识体系。与此同时，在这方面的研究也存在着大量低水平重复的现象，不仅浪费了宝贵的研究资源，而且不利于研究的深入和发展。本书采用文献分析法，提出支持探查的信息查询行为模型和影响信息查询系统可用性的情境分面分类体系，构建支持探查的信息查询系统可用性理论框架。理论框架把设计知识和信息行为结合起来，为完整深入地组织信息查询系统可用性研究中支持探查的内容提供可能；同时也有利于评价者有针对性地设置评价条件，提高评价结果的可比性。本书总结了适用于信息查询系统的可用性原则，按交互周期的用户执行、系统响应、系统显示、用户理解四个阶段进行组织。从可用性角度分析了支持探查的信息查询系统的功能，包括支持调查行为的帮助功能，支持筛查行为的叙词功能、标签云功能、构建查询式功能，支持连接行为的分面导航功能，支持审阅行为的相关性评价功能，以及支持区分行为的排序功能，对每种功能按影响信息查询系统可用性的系统、任务、用户的情境因素展开讨论。利用由此形成的知识体系，设计者可以针对特定的情境，合理地选择可用性原则或可用性知识以指导设计；研究者可以以此为框架，发现研究中存在的薄弱环节，查缺补漏、充实提高。为了把知识体系与现实状况联系起来，本书选择了广州地区 7 所高校 2 个专业的 46 名受试者进行可用性测试，要求受试者利用所在学校图书馆的信息资源完成查询任务，通过调查，掌握目前的信息查询系统对用户探查行为的支持情况及其存在的问题。本书在理论探讨和可用性测试的基础上总结出支持探查的信息查询系统可用性指南和相关建议。可用性指南包括关注查询界面的细节，查询界面应在简洁与复杂之间达成平衡，帮助用户表达信息需求，支持交互构建查询式，支持分面导航功能，提供充分有效的反馈信息，支持输入区、控制区、信息区的无缝结合，支持各类任务的需要，支持各类用户的需求，重视可视化设计共十个方面；相关建议包括重视可用性知识的管理、重视可用性测试、重视元级可用性的研究、重视新技术新设备的应用、重视用户教育共五个方面。

目 录

第 1 章 绪论 ·· 1
  1.1 研究的背景 ··· 1
  1.2 研究的意义 ··· 2
    1.2.1 理论意义 ··· 2
    1.2.2 实践意义 ··· 3
  1.3 研究的目标 ··· 3
  1.4 研究思路和主要内容 ·· 4
  1.5 研究的方法 ··· 6
    1.5.1 文献分析法 ·· 6
    1.5.2 可用性测试法 ··· 6
    1.5.3 比较研究法 ·· 6
    1.5.4 案例分析法 ·· 7
  1.6 相关概念界定 ·· 7
    1.6.1 探索式查询及相关概念 ·· 7
    1.6.2 信息查询系统及相关概念 ··· 9
    1.6.3 查询界面及相关概念 ·· 9
    1.6.4 可用性 ·· 10

第 2 章 研究状况 ··· 11
  2.1 研究的总体情况 ··· 11
    2.1.1 国内外探查研究的检索结果分析 ······························· 11
    2.1.2 国内外信息查询系统可用性研究的检索结果分析 ·········· 13
    2.1.3 国内外两个方面研究的检索结果的比较分析 ················ 14

2.2 关于探查及交互查询行为的研究 ·············· 15
2.2.1 探查研究的发展历程 ·············· 15
2.2.2 探查及交互查询行为 ·············· 19
2.3 关于影响信息查询系统性能的情境的研究 ·············· 27
2.3.1 可用性与情境 ·············· 27
2.3.2 影响信息查询系统性能的情境 ·············· 30
2.4 关于信息查询系统可用性的研究 ·············· 35
2.4.1 可用性与信息查询系统的可用性 ·············· 35
2.4.2 以系统为中心的可用性研究 ·············· 36
2.4.3 以任务为中心的可用性研究 ·············· 43
2.4.4 以用户为中心的可用性研究 ·············· 46
2.5 小结 ·············· 49

第3章 理论基础与组织框架 ·············· 50
3.1 探查理论 ·············· 50
3.1.1 探查 ·············· 50
3.1.2 探查行为 ·············· 51
3.2 影响信息查询系统可用性的情境 ·············· 58
3.2.1 信息查询系统的可用性与情境 ·············· 58
3.2.2 情境分面分类体系 ·············· 58
3.3 支持探查的信息查询系统可用性理论框架 ·············· 64
3.3.1 设计知识方向 ·············· 64
3.3.2 信息行为方向 ·············· 64
3.3.3 理论框架 ·············· 65
3.3.4 提出理论框架的意义 ·············· 66

第4章 支持交互的信息查询系统可用性原则 ·············· 68
4.1 可用性原则的作用 ·············· 70
4.2 相关可用性原则的选择及其分析 ·············· 72
4.3 可用性原则的组织结构 ·············· 74
4.4 支持交互的信息查询系统可用性原则 ·············· 76
4.4.1 用户理解阶段 ·············· 76
4.4.2 用户执行阶段 ·············· 80
4.4.3 系统响应阶段 ·············· 83
4.4.4 系统显示阶段 ·············· 84

4.4.5　其他 …………………………………………………… 87
　4.5　小结 ………………………………………………………………… 88
第5章　从可用性角度分析支持探查的信息查询系统的功能 ……… 90
　5.1　帮助功能 …………………………………………………………… 90
　　5.1.1　帮助功能的作用 ……………………………………………… 91
　　5.1.2　系统因素 ……………………………………………………… 92
　　5.1.3　任务因素 ……………………………………………………… 97
　　5.1.4　用户因素 ……………………………………………………… 100
　5.2　叙词功能 …………………………………………………………… 102
　　5.2.1　叙词功能的作用 ……………………………………………… 102
　　5.2.2　系统因素 ……………………………………………………… 103
　　5.2.3　任务因素 ……………………………………………………… 106
　　5.2.4　用户因素 ……………………………………………………… 107
　5.3　标签云功能 ………………………………………………………… 111
　　5.3.1　标签云功能的作用 …………………………………………… 112
　　5.3.2　系统因素 ……………………………………………………… 113
　　5.3.3　任务因素 ……………………………………………………… 119
　　5.3.4　用户因素 ……………………………………………………… 121
　5.4　构建查询式功能 …………………………………………………… 122
　　5.4.1　构建查询式功能的作用 ……………………………………… 123
　　5.4.2　系统因素 ……………………………………………………… 124
　　5.4.3　任务因素 ……………………………………………………… 130
　　5.4.4　用户因素 ……………………………………………………… 134
　5.5　分面导航功能 ……………………………………………………… 137
　　5.5.1　分面导航功能的作用 ………………………………………… 138
　　5.5.2　系统因素 ……………………………………………………… 139
　　5.5.3　任务因素 ……………………………………………………… 144
　　5.5.4　用户因素 ……………………………………………………… 145
　5.6　相关性评价功能 …………………………………………………… 146
　　5.6.1　相关性评价功能的作用 ……………………………………… 147
　　5.6.2　系统因素 ……………………………………………………… 147
　　5.6.3　任务因素 ……………………………………………………… 157
　　5.6.4　用户因素 ……………………………………………………… 159

5.7 排序功能 ··· 162
    5.7.1 排序功能的作用 ··· 162
    5.7.2 系统因素 ··· 163
    5.7.3 任务因素 ··· 169
    5.7.4 用户因素 ··· 169
5.8 小结 ··· 171

第6章 信息查询系统支持探查行为的调查 ··························· 173
6.1 调查目的 ··· 173
6.2 可用性测试的设计 ·· 173
    6.2.1 选择网络资源 ··· 174
    6.2.2 选择受试者 ·· 175
    6.2.3 设计探查任务 ··· 176
    6.2.4 收集数据 ··· 177
    6.2.5 分析数据 ··· 177
    6.2.6 测试步骤 ··· 178
6.3 可用性测试的结果 ·· 180
    6.3.1 受试者的基本信息 ··· 180
    6.3.2 支持调查行为的情况 ··· 182
    6.3.3 支持筛查行为的情况 ··· 191
    6.3.4 支持连接行为的情况 ··· 202
    6.3.5 支持评价行为的情况 ··· 211
    6.3.6 支持区分行为的情况 ··· 219
    6.3.7 支持提取行为的情况 ··· 222
6.4 小结 ··· 227
    6.4.1 系统因素 ··· 228
    6.4.2 任务因素 ··· 230
    6.4.3 用户因素 ··· 230

第7章 提高支持探查的信息查询系统可用性的策略 ············ 231
7.1 提高支持探查的信息查询系统可用性指南 ··················· 231
    7.1.1 关注查询界面的细节 ··· 231
    7.1.2 查询界面应在简洁与复杂之间达成平衡 ············· 232
    7.1.3 帮助用户表达信息需求 ····································· 233
    7.1.4 支持交互构建查询式 ··· 233

7.1.5　支持分面导航功能 …………………………………… 234
7.1.6　提供充分有效的反馈信息 …………………………… 235
7.1.7　支持输入区、控制区、信息区的无缝结合 ………… 236
7.1.8　支持各类任务的需要 ………………………………… 236
7.1.9　支持各类用户的需求 ………………………………… 237
7.1.10　重视可视化设计 ……………………………………… 237
7.2　提高支持探查的信息查询系统可用性的相关建议 ………… 238
7.2.1　重视可用性知识的管理 ……………………………… 238
7.2.2　重视可用性测试 ……………………………………… 238
7.2.3　重视元级可用性的研究 ……………………………… 239
7.2.4　重视新技术新设备的应用 …………………………… 240
7.2.5　重视用户教育 ………………………………………… 240

第8章　研究结论与展望 …………………………………………… 242
8.1　研究的结论 …………………………………………………… 242
8.2　研究的创新点 ………………………………………………… 243
8.3　研究的局限性 ………………………………………………… 244
8.4　研究展望 ……………………………………………………… 245

参 考 文 献 …………………………………………………………… 246
附录一　知情书 ……………………………………………………… 269
附录二　可用性测试单 ……………………………………………… 271

第 1 章
绪　　论

1.1　研究的背景

用户在网络环境下利用信息查询系统查询信息已经成为工作、学习、科研的一部分，但在与信息查询系统交互过程中，从表达信息需求、构建查询式到评价查询结果每一环节都可能出现问题，用户所具有的查询知识、资源知识和专业知识每一方面都可能有一个从陌生到熟悉的过程。因此，如何支持用户与信息查询系统的交互已经成为信息查询研究的热点问题，其中有许多研究就聚焦于信息查询系统应该如何支持探索式查询（在本书中简称为"探查"）。特别是近年，研究者们日益关注对探查和探查行为的研究，越来越多有关人机交互、信息检索、信息组织、信息行为等方面的研究者进入探查研究领域，探查研究逐渐发展成为一个热门的领域[1]。研究者们认为，与一般的信息查询相比，探查的目标更模糊、任务更复杂、交互次数更多、完成任务的时间跨度更长，其目的不仅在于查找信息，更重要的是学习和发现知识。在这期间不仅需要考虑信息查询系统的各种功能和设置，还需要考虑探查任务以及用户所具有的各种知识等诸多情境因素。

用户利用信息查询系统完成查询任务的信息行为可以分为交互行为和查询行为，研究者们为了研究这些行为，提出了多种交互模型和信息查询模型；针对探查行为，近年来也有 Marchionini[2]、White 等[3]、White 和 Roth[4]、张云秋等[5]提出了探查行为模型和探查过程模型，这些模型能否深入具体地揭示探查行为，还有待进一步验证。

探查强调情境因素，只有在特定情境下用户才能逐渐明确查询主题，正确表达查询需求，准确评价查询结果。同样地，信息查询系统的可用性必须置于系统、任务和用户等使用情境中。脱离情境单独地讨论可用性没有意义，甚至可以说，情境决定可用性，因为改变了情境因素也就改变了可用性[6]。探查强调的情境因素和信息查询系统可用性强调的情境因素实际上是影响信息查询系统性能的情境因素。虽然在信息查询研究领域，研究者们一直都很重视对影响信息查询系统性能的情境因素的研究，但始终没有提出一个相对完整、全面的情境分类体系。

国内外每年都有大量有关信息查询系统可用性的研究成果出现，但很少有研究者对这些研究成果进行系统的分析和总结，更没有从支持探查的角度进行过系统的研究，导致这些研究成果长期以来一直处于分散杂乱的状态，既难于查找又难于利用，不能很好地转化为指导支持探查的信息查询系统设计和评价的知识体系。与此同时，在这方面的研究也存在着大量的低水平重复的现象，不仅浪费了宝贵的研究资源，而且不利于研究的深入和发展。

基于以上背景，本书研究如下三个问题：

（1）如何构建一个理论框架用于组织和管理信息查询系统可用性研究成果中支持探查的内容？

（2）利用理论框架如何把信息查询系统可用性研究成果中支持探查的内容组织成一个知识体系？

（3）支持探查的信息查询系统可用性的知识体系如何与目前的信息查询系统的实际相结合？

1.2　研究的意义

本书通过文献分析和可用性测试相结合的方法，利用探查理论、交互查询模型和影响信息查询系统可用性的情境因素，构建支持探查的信息查询系统可用性理论框架；从支持交互的角度探讨信息查询系统的可用性原则，从支持探查的角度形成信息查询系统可用性的知识体系，通过可用性测试把理论和实际结合起来，总结出支持探查的信息查询系统可用性指南并提出相关建议。本书的研究成果对信息查询系统可用性的理论研究和设计实践都具有一定的意义。

1.2.1　理论意义

（1）在文献分析的基础上提出支持探查的信息查询行为模型和影响信息查询系统可用性的情境分面分类体系，构建支持探查的信息查询系统可用性理论框架，为整理和积累信息查询系统可用性知识打下理论基础，在一定程度上丰富信息查询系统可用性研究和探查行为研究的内涵。

（2）根据支持探查的信息查询系统可用性理论框架，系统地分析、总结近20年来分散杂乱的信息查询系统可用性和用户查询行为的研究成果，形成一个比较完整的支持探查的信息查询系统可用性知识体系。

（3）在理论研究和可用性测试的基础上，针对探查的特点，总结出支持探查的信息查询系统可用性指南并提出相关建议，具有一定的理论创新性。

1.2.2 实践意义

（1）利用支持探查的信息查询系统可用性知识体系，设计者可以针对特定的情境，合理地选择可用性原则和可用性知识以指导设计；研究者可以以此为框架，发现研究中存在的薄弱环节，查缺补漏、充实提高。

（2）利用支持探查的信息查询系统可用性理论框架，评价者可以有针对性地设置评价条件，避免出现低水平重复的现象，提高评价结果的可比性。

（3）本书提出的支持探查的信息查询行为模型、影响信息查询系统可用性的情境分面分类体系可用于分析用户与信息查询系统之间的交互行为，为深入地研究查询行为提供依据。

1.3 研究的目标

本书通过文献分析和可用性测试相结合的方法，在分析用户信息查询行为和影响信息查询系统性能的情境因素研究成果的基础上，构建支持探查的信息查询系统可用性的理论框架，全面深入地总结信息查询系统可用性研究成果并提出支持探查的信息查询系统可用性指南。具体包括以下三个子目标：

（1）在文献分析的基础上，提出支持探查的信息查询行为模型和影响信息查询系统可用性的情境分面分类体系，构建支持探查的信息查询系统可用性理论框架。

（2）对国内外信息查询系统可用性和用户查询行为的研究成果进行系统的分析和总结，从支持交互的角度探讨信息查询系统可用性原则，从支持探查的角度形成信息查询系统可用性的知识体系。

（3）将以上研究与可用性测试结果相结合，总结出支持探查的信息查询系统可用性指南并提出相关建议。

1.4 研究思路和主要内容

本书通过文献分析，对探查理论、交互查询模型、影响信息查询系统可用性的情境因素进行系统的分析和总结，提出支持探查的信息查询系统可用性的理论框架。在此基础上探讨支持交互的信息查询系统可用性原则，从可用性角度分析支持探查行为的信息查询系统的功能，通过可用性测试调查当前的信息查询系统支持探查行为的情况，把理论知识与现实状况联系起来，从中总结出支持探查的信息查询系统可用性指南并提出相关建议，最后得出研究结论并进行展望（见图1-1）。

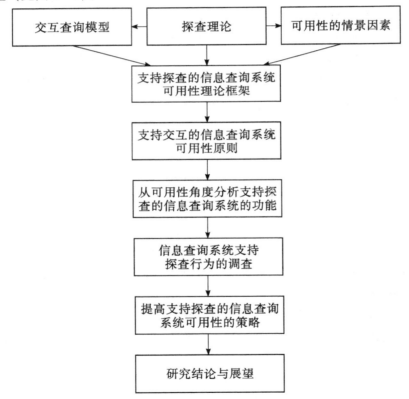

图1-1 研究思路

本书内容共分8章。第1章是"绪论"，简要介绍研究的背景和意义、研究目标、研究思路、研究内容以及相关概念。第2章是"研究状况"，回顾和总结探查、影响信息查询系统性能的情境因素和信息查询系统可用性研究的状况，重点是可用性指引和查询界面可用性研究的现况，指出目前研究的不足，奠定本书研究的基础。第3章是"理论基础与组织框架"，提出支持探查的信息查询行为模型和影响信息查询系统可用性的情境分面分类体系，构建支持探查的信息查询系统可用性的理论框架。第4章是"支持交互的信息查询系统可用性原则"，利用人机交互模型总结出适用于一般意义的信息查询系统可用性原则。第5章是"从可用性角度分析支持探查的信息查询系统的功能"，根据支持探查的信息查询行为模型中的五种最基本的行为，分析七种支持探查行为的功能如何提高信息查询系统可用性的问题，包括支持调查行为的帮助功能，支持筛查行为的叙词功能、标签云功能、构建查询式功能，支持连接行为的分面导航功能，支持审阅行为的相关性评价功能和支持区分行为的排序功能，每种功能分别按影响可用性的系统、任务、用户三种情境因素展开讨论。第6章是"信息查询系统支持探查行为的调查"，利用可用性测试法调查当前的信息查询系统对探查行为的支持情况和存在问题，把支持探查的信息查询系统可用性知识与现实状况联系起来。第7章是"提高支持探查的信息查询系统可用性的策略"，就提高支持探查的信息查询系统可用性提出相关建议。第8章是"研究结论与展望"，总结本书研究的结论，讨论存在的不足，并提出进一步研究的展望。

其中，第3章通过文献分析提出支持探查的信息查询行为模型、影响信息查询系统可用性的情境分面分类体系，构建支持探查的信息查询系统可用性的理论框架，该框架把设计知识和信息行为结合起来，为管理信息查询系统可用性的研究成果提供了一个组织体系。这部分用于解决本书研究的第一个问题，即如何构建一个理论框架用于组织和管理信息查询系统可用性研究成果中支持探查的内容的问题。

第4、5章利用支持探查的信息查询系统可用性的理论框架，把信息查询系统可用性的研究成果组织成一个知识体系，其中第4章从交互角度探讨适用于一般的信息查询系统的可用性原则，第5章从可用性角度分析支持探查的信息查询系统的功能。这些用于解决本书提出的第二个问题，即利用理论框架如何把信息查询系统可用性研究成果中支持探查的内容组成一个知识体系的问题。

第6章通过可用性测试，调查目前的信息查询系统对探查行为的支持情况和存在问题，把支持探查的信息查询系统可用性知识与现实状况联系起来；第7章提出支持探查的信息查询系统可用性指南并提出相关建议。这些用于解决本文提出的第三个问题，即支持探查的信息查询系统可用性的知识体系如何与目前的信息查询系统的实际相结合的问题。

1.5 研究的方法

支持探查的信息查询系统可用性是一个复杂的研究对象，需要借鉴其他相关领域的研究成果，从多角度进行分析和研究。为了保证研究的合理性和充分性，本书主要采用四种方法，即文献分析法、可用性测试法、比较研究法和案例分析法。

1.5.1 文献分析法

文献分析法是对前人研究的文献信息进行分析和总结，提炼相关的研究结论，并揭示研究对象的发展规律的研究方法。本书广泛收集国内外有关信息查询行为、影响信息查询系统性能的情境因素和信息查询系统可用性研究方面的相关文献，尤其是实证研究的成果，经过分析、选择和综合，总结出支持探查的信息查询系统可用性理论框架。书中在探讨信息查询系统的可用性原则及构建支持探查的信息查询系统可用性的知识体系时也使用了文献分析法。

1.5.2 可用性测试法

可用性测试法是要求受试者完成特定的任务以收集系统可用性的数据，从中发现可用性问题和评价可用性性能的一种方法。本书采用可用性测试法测试了广州地区7所高校的46名受试者，这些受试者要求是在读研究生或研究生以上学历的图书馆用户，分为计算机专业和文史专业两类，通过软件记录他们利用图书馆内外的信息查询系统完成查询任务的过程，从中发现这些系统在支持探查方面存在的可用性问题，把信息查询系统的现实状况和理论知识联系起来，使本书的研究更具有针对性和现实性。

1.5.3 比较研究法

比较研究法是根据一定的标准对相关事物进行考察，寻找其异同点，从中发现普遍规律与特殊规律的研究方法。书中在探讨影响信息查询系统的情境因素、分析与信息查询系统有关的可用性原则时采用了比较研究法，通过对前人研究成果的对比分析，得出一个比较完整的影响信息查询系统可用性的情境分面分类体系和支持交互的信息查询系统可用性原则。

1.5.4 案例分析法

案例分析法是通过对典型案例的分析，总结出一般性结论或提供对研究论点的支持的一种方法。书中在探讨支持探查的信息查询系统的各种功能对可用性的影响时，主要采用分析可用性测试案例的方法。

1.6 相关概念界定

1.6.1 探索式查询及相关概念

1.6.1.1 信息查寻

信息查寻是信息行为的子行为，是指用户与信息系统交互，以满足信息需求的有目的信息行为[7]。这里的信息系统可以是传统的目录、索引、文摘等手工的信息系统，也可以是数据库、搜索引擎、数字图书馆等计算机管理的信息系统。

1.6.1.2 信息查询

信息查询是信息查寻的子行为，是针对特定信息系统的信息行为[8]。本书将特定的信息系统界定为网络环境下的信息查询系统。因此，书中的信息查询是指用户与网络信息查询系统交互，以满足信息需求的有目的信息查寻行为。信息查询包括浏览、搜索、阅读、观测、研究、订购等行为，其中前两种行为是最主要的信息查询行为。

1.6.1.3 信息搜索

信息搜索是指用户在信息需求明确时，主要利用搜索功能等直接查询策略获取所需信息的信息查询行为。

1.6.1.4 信息浏览

信息浏览是指用户在信息需求不明确时，通过导航功能等尝试性的查询策略在偶然情况下获取所需信息的信息查询行为。

1.6.1.5 信息检索

信息检索是信息查询的子行为,是指针对一个或多个网络信息查询系统的信息查询行为。

1.6.1.6 探索式查询

"exploratory search"是一种特殊的信息查询行为,国内称之为探索式查询[9]、探寻式搜索[1]、探索式搜索[10]或探索式信息搜索[5],由于它涵盖了信息浏览和信息搜索行为,所以比较准确的名称应该是探索式查询,在本书中简称为"探查"。探查是指用户在信息需求不明确或缺乏任务知识、查询知识、系统知识等的情况下,通过与信息查询系统交互,以满足信息需求的信息查询行为。探查中用户的信息需求具有开放性,信息查询过程具有偶然性,用户需要与信息查询系统进行反复多次交互,不断明确信息需求,充实自身的知识,直到获取所需要的信息。因而,探查具有情境性、交互性、不确定性和探索性的特点,不仅可用于查找信息,还可用于学习知识、发现知识和支持决策[4]。探查与一般的信息查询相比具有以下三个不同之处:

(1)查询的目的不同。一般的信息查询的目的是查找所需要的信息;而探查的目的不仅在于查找信息,更重要的是学习和发现知识。

(2)查询目标的明确程度不同。一般的信息查询的目标可能是具体明确的,也可能是模糊不清的,总是具有一定的目标范围;探查的目标更模糊、任务更复杂、交互次数更多、时间跨度更长,而且在交互中可能产生新的目标和任务,也就是说,探查的目标范围不定且多变。

(3)采用的策略不同。一般的信息查询根据查询目标的不同明确程度采用信息搜索或信息浏览的策略,当目标不明确时偏向于采用浏览策略,当目标明确时偏向于采用搜索策略,整个查询过程目标基本固定,用户采用的可能是比较简单的策略,如扩大或缩小查询范围、不断明确信息需求、逐渐构建比较准确的查询式,经过多次反复后完成查询任务。而探查的目标更模糊、任务更复杂,虽然也是采用浏览或搜索策略,但特别强调浏览策略对用户消除不确定性的重要性,突出要求系统要便于在浏览和搜索两种策略间切换;在查询过程中,目标不定且多变,还可能在查询中产生新的目标和任务,因此用户采用的策略也会更复杂,通常是先拓宽查询范围以追求查全率,然后再缩小查询范围以追求查准率。

1.6.2 信息查询系统及相关概念

1.6.2.1 信息查询系统

信息查询系统是指根据特定的信息需求建立起来的用于信息组织、存储、查询的计算机系统，其主要目的是为用户提供信息服务。本书研究的主要内容是服务于信息查询机构的文本信息查询系统，由查询、解释、推荐、反馈帮助等部分组成，包括搜索引擎、联机公共目录检索系统（Online Public Access Catalog，OPAC）、学术数据库、学习资源库、学科导航网站、数字图书馆等系统。①搜索引擎是指主动搜集网络信息、自动进行标引、建立目录索引并为用户提供查询服务的专门网站。②联机公共目录检索系统是指利用网络为用户提供查询馆藏信息资源的信息查询系统。③数字图书馆是指采用数字技术处理和存储多媒体资源的分布式信息查询系统，它把不同载体、不同地理位置的信息资源用数字技术存储起来，实现跨区域、面向对象的网络查询和传播。

1.6.2.2 支持探查的信息查询系统

探索式查询系统简称探查系统，是指不仅能帮助用户查找信息，还能通过查询帮助用户改变认知状态，提高用户学习和理解能力的信息查询系统。探查系统中的用户有着长期、多维、复杂的信息需求，而系统不仅可以提供查询结果，也可以动态管理、分析和分享信息，支持动态查询、协作查询、相关反馈、信息可视化、偶然性发现，通过浏览选择导航路径，通过情境信息帮助用户建构意义。探查系统是信息查询系统发展的一个方向，虽然在目前的情况下要完全实现探查系统的目标还显得过于宏大，只能在信息查询系统设计方面出现某些支持探查的功能或设置，但以后这样的功能和设置一定会越来越多，就像现在的查询界面上有许多支持查找的功能和设置一样。本书把能支持其中一项或一项以上探查行为的信息查询系统称为支持探查的信息查询系统。

1.6.3 查询界面及相关概念

1.6.3.1 查询界面

查询界面又称为查询用户界面，是指信息查询系统中供用户输入查询式、显示查询结果并反映查询过程的界面，其最基本的特点是界面至少有一个查询框和一个查询按钮。查询界面包括简单查询界面、高级查询界面、查询结果概览界面、查询结果详览界面、历史查询界面等。

查询界面中与信息查询有关的对象如输入框、链接、查询结果等按照其所具有的不同功能，可以分为输入区、控制区、信息区和个性化区四个功能区域[11]。①输入区是供用户输入查询词、选择运算符、表达信息需求等的区域。②控制区是帮助用户修改、精炼查询式，扩大或缩小查询范围，以及在不同部分间导航的区域。③信息区是呈现查询结果或与查询结果有关的信息的区域。④个性化区是与用户个人的查询设置或交互历史有关的区域。需要注意的是有些对象可以划入不同的区域，如分面导航条、查询词纠错功能既属于信息区，又属控制区；有些功能可以通过不同区的对象来实现，如限定文献类型、限定发表时间可以通过输入区或控制区的对象来实现。

1.6.3.2 查询结果概览界面

在查询界面中，当呈现在信息区的主要对象是查询结果记录列表，该界面称为查询结果概览界面。如果查询结果的记录数量比较多、在一个页面内无法完整显示时，可以分成若干个页面显示。

1.6.3.3 查询结果详览界面

在查询界面中，当呈现在信息区的主要对象是查询结果记录详细信息，该界面称为查询结果详览界面。如果记录的项目内容比较多、在一个页面内无法完整显示时，也可以分成若干个页面显示。

查询结果概览界面和查询结果详览界面统称为查询结果界面。

1.6.4 可用性

根据 ISO 9241-11 的规定，可用性是指特定用户在特定使用情境下，使用某种产品达到特定目标的有效性、效率和满意度的大小[12]。其中，有效性是指用户达到某特定目标的正确度和完成度；效率是指当用户在一定的正确度和完成度下达到特定目标时所消耗的与之相关的资源量；满意度是指使用产品的舒适度和可接受程度。可用性是产品使用中的质量性能，其不仅与产品的界面和功能有关，还与特定用户、任务和环境有关；产品的可用性属性可以分为有效性、效率和满意度三个衡量指标，而在可用性属性之下又可以分为可用性特性，以用户适应性、一致性、易学性、可获取性、胜任感等为衡量指标。本书研究的信息查询系统就是一种产品，信息查询系统的可用性是指特定用户在特定使用情境下，使用信息查询系统实现信息查询需求的有效性、效率和满意度的大小。

第 2 章
研 究 状 况

研究信息查询行为的文献可谓汗牛充栋,涉及信息资源、信息组织、信息查询技术、信息查询系统、用户需求、任务要求以及如何支持用户与信息查询系统交互等方面,要从中分析、总结出支持探查的信息查询系统可用性的理论体系,使用户有效、高效和满意地从中获取所需要的信息,很有必要对这些研究进行系统的梳理和全面的总结。本章主要从国内外研究的总体情况、有关探查及交互查询行为的研究、有关影响信息查询系统性能的情境的研究、有关信息查询系统可用性的研究四个方面来探讨研究状况。

2.1 研究的总体情况

为了从总体上掌握国内外有关探查研究、信息查询系统可用性研究的情况,笔者通过检索数据库资源,对这两方面研究的基本情况进行了统计和分析。

2.1.1 国内外探查研究的检索结果分析

为了解国外有关探查研究的概况,笔者利用中山大学图书馆的智慧搜索系统[①]检索外文资源,检索题名为("exploratory search" OR "exploratory web search" OR "exploratory information search"),并补充图书情报专业的核心数据库 Emerald、ProQuest、Springer、Wiley 的数据。经过查重和剔除不相关的记录后,共得到 397 篇文献。从检索结果看,有关探查研究的方向主要有五个:①探查理论;②信息查询系统(搜索引擎、数字图书馆);③信息查询技术(信息检索、网

---

① 中山大学图书馆的智慧搜索系统是一站式搜索平台,能检索 LISTA、ScienceDirect、EBSCOhost 等数据库的资源。

络搜索);④信息查询行为(人机交互、浏览行为);⑤用户界面(信息可视化、界面设计评价)。有关信息查询行为、信息查询技术结合用户界面的研究是热点。检索结果中,期刊论文占 50%,会议文献占 36%,图书、书评、学位论文等占 14%,可见期刊、学术会议对探查研究起着重要的推动作用。期刊论文中发表在 Information Processing and Management 上的最多,有 43 篇;发表在 Lecture Notes in Computer Science 上的有 22 篇,其他散见于 Communications of the ACM、International Journal on Digital Libraries 等刊物上,可见计算机、信息管理领域的专业人员在研究中发挥着主力的作用。从文献发表的时间看(发文量按年代分布见图 2-1),比较早的一篇是 Janiszewski 于 1998 年发表的论文[13],文中探讨了如何呈现信息以支持查询目标不明确的探查行为的问题。此后几年,也有学者零星发表过几篇相关的文献。2006 年发文量增长。2008 年后每年的发文量都超过 30 篇,其中 2008 年、2014 年分别发文 69 篇、79 篇,都与当年或前一年召开过学术会议有关。发文数据表明,2008 年以后有关探查的研究一直受到关注并且保持平稳发展的态势。

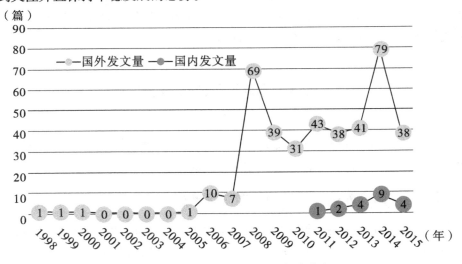

图 2-1 国内外探查研究文献年代分布

为了解国内有关探查研究的状况,笔者检索了中国知网(CNKI)的文献资源,在专业检索中输入(TI=探索式 OR TI=探寻式)AND(TI=搜索 OR TI=查询 OR TI=查寻),共得到 20 篇文献。从检索结果看,这些文献在跟踪国外同行研究成果的基础上,从用户行为或查询技术方面支持探查的角度开始研究。检索结果中,期刊论文有 14 篇,约占 67%;学位论文有 6 篇,约占 33%,可见在校研究生对探查研究的进展较为敏感。期刊论文中发表在《图书情报工作》的最多，有 8 篇；余下的有 3 篇发表在图书馆学类的期刊上，另有 3 篇发表在大学学报上。学位论文中有 5 篇属计算机、软件专业，另有 1 篇属信息管理专业，可见计算机和信息管理领域的专业人员在研究中起着主力的作用。从文献发表的时间看（见图 2-1），比较早的一篇是王一川在 2011 年的博士学位论文[9]，可见与国外同行相比我国的研究起步晚了 5 年以上；自 2011 年后发文量逐渐增长，从发表的学位论文占总发文量的 33% 推断，我国的研究人员在跟踪国外同行研究的基础上，经一段时间的酝酿后，发文量一定会有较大的飞跃。

2.1.2　国内外信息查询系统可用性研究的检索结果分析

为了解国外有关信息查询系统可用性研究的概况，笔者利用中山大学图书馆的智慧搜索系统检索外文资源，检索题名为（"search system" OR "library" OR "OPAC" OR "search engine" OR "retrieval system"）AND（"usability" OR "user experience"），并补充图书情报专业的核心数据库 Emerald、ProQuest、Springer、Wiley 的数据，经过查重和剔除相关性较小的记录后，共得到 326 篇文献。从检索结果看，有关信息查询系统可用性研究的方向主要有五个：①信息查询系统可用性理论（可用性设计和测评）；②信息查询系统（发现系统、学术图书馆、数字图书馆）；③信息查询技术（信息检索、移动应用）；④用户（用户类型、用户体验）；⑤用户界面（界面设计、可视化）。范围从研究一个系统的设计评价到研究多个系统的设计评价，从研究系统可用性到研究支持某一技术、某一类型用户、某一类型任务的系统可用性。检索结果中期刊论文占 74%，会议文献占 13%，图书、书评、学位论文等占 13%，可见期刊论文在推动信息查询系统可用性研究方面起着重要作用。期刊论文中，发表在 *Information Technology and Libraries* 和 *Journal of Web Librarianship* 上的各有 11 篇，发表在 *Journal of Academic Librarianship* 和 *College and Research Libraries* 上的各有 9 篇，其他刊物如 *Library Journal*、*Library Hi Tech*、*Portal：Libraries and the Academy* 也有 6～8 篇，可见信息管理领域的专业人员在研究中起着主力的作用。从文献发表的时间看（发文量按年代分布见图 2-2），比较早的一篇是 Solomon 在 1991 年的博士学位论文[14]，该文探讨了学校图书馆的 OPAC 如何支持儿童检索信息和界面如何支持儿童完成任务的问题。此后几年的发文量都很少。从 1996 年起每年都有发文；2001 年以后每年的发文量都在 10 篇以上，其中 2009 年、2015 年的发文量都超过了 30 篇。发文数据表明，近年来有关信息查询系统可用性的研究保持平稳的态势。为了解国内有关信息查询系统可用性研究的状况，笔者检索了中国知网（CNKI）的文献资源，在专业检索中输入（TI = 可用性 OR TI = 用户体验）AND

(TI＝检索系统 OR TI＝查询系统 OR TI＝搜索引擎 OR TI＝图书馆 OR TI＝OPAC)，共得到172篇文献。从检索结果看，国内研究人员在跟踪国外研究的基础上，其研究范围也逐渐与国外同行靠近，并且呈现出持续向上的发展势头。检索结果中，期刊论文有150篇，学位论文有19篇，这表明与国内有关探查研究的状况相比，国内有关信息查询系统可用性的研究引起了除在校研究生以外更广泛的研究人员的关注。期刊论文中发表在《图书馆学研究》上的有11篇，发表在《现代图书情报技术》《图书馆学刊》《国家图书馆学刊》上的各有7篇，其他刊物如《图书馆论坛》《新世纪图书馆》《农业图书情报学刊》也有五六篇；学位论文中有14篇属图书情报学专业，4篇属计算机专业，另有1篇属企业管理专业，可见信息管理和计算机领域的专业人员在研究中起着主力作用。从文献发表的时间看（见图2－2），比较早的一篇是陈晶在2002年发表的论文[15]，可见与国外同行相比我国的研究起步要晚5年以上；从2006年开始发文量逐渐增长，发文数量虽然在中间有所波动，但总体呈现向上增长的态势，预示着国内有关信息查询系统可用性的研究还将引起更多的关注。

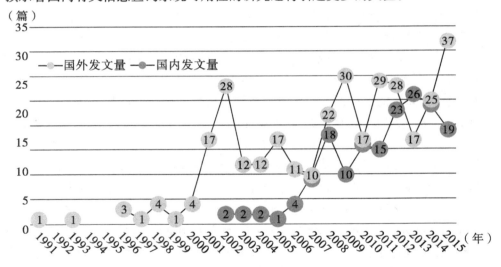

图2－2　国内外信息查询系统可用性研究文献年代分布

2.1.3　国内外两个方面研究的检索结果的比较分析

笔者在调查国内外有关探查研究、信息查询系统可用性研究的概况时，只检索了核心数据库资源，字段限定在标题，采用的是比较专指的查询词，因此，可以肯定仍有相当数量的研究成果尚未检索出来，但透过以上数据，一定程度上还是能反映出以下四个问题：

（1）国内这两方面的研究都是在跟踪国外研究的基础上发展起来的，起步都要晚于国外同行 5 年以上。如在信息查询系统可用性研究方面，国外是从 1996 年起连续每年都有发文，而国内是从 2002 年起连续每年都有发文；在探查研究方面，国外是从 2005 年起连续每年都有发文，而国内是从 2011 年起连续每年都有发文。

（2）国内的研究在范围上可以较快地跟上国外的进展。在信息查询系统可用性研究方面，国内自 2002 年起连续每年都有发文，经过 5 年左右的时间，在研究范围上较快地跟上了国外的进展，如有关发现系统、移动设备的可用性研究在时间上只比国外晚了两到三年，如今已经有较多关于这方面的研究。国内的研究虽然在范围上较快地跟上了国外的进展，但在研究深度上与国外相比则存在不小的差距。例如，在如何支持某一类型用户、某一类型任务的信息查询系统可用性研究上，与国外相比，在深度上有明显的差距。目前，国内在探查研究方面正处于跟踪国外发展的酝酿期，根据信息查询系统可用性研究的发展路径预测，其在近几年时间内会有较大的发展。

（3）国内外在两个方面的研究主力都是计算机和信息管理领域的专业人员。在信息查询系统可用性研究方面，国内外都是信息管理领域的专业人员表现比较突出；在探查研究方面，国外是计算机领域的专业人员表现比较突出，而国内则是信息管理领域与计算机领域的专业人员表现同样突出。如果遵循一项技术从开发到应用的发展路径，相信国内近期会有更多的计算机领域的专业人员参与到探查研究中来。

（4）探查研究、信息查询系统可用性研究存在交集，但从检索结果看，有关探查研究的论文中只有一篇与信息查询系统可用性研究有关[16]。之所以产生交集的文献很少，其原因可能有两点：一是有关信息查询系统支持探查的研究散见于各种信息查询系统的可用性研究内容中；二是有关支持探查的信息查询系统可用性研究尚未引起足够的重视。

2.2　关于探查及交互查询行为的研究

2.2.1　探查研究的发展历程

探查是指用户在信息需求不明确或缺乏任务知识、查询知识、系统知识等的情况下，通过与信息查询系统交互以满足信息需求的信息查询行为。因此，探查具有不确定性、情境性、交互性和探索性的特点。

不确定性是人的一种认知状态，通常会使人产生焦虑或信心不足等情感症状。早在20世纪40年代，申农就创造性地将信息与不确定性理论联系起来，认为信息是用来消除未来某种不确定性的东西。进入70年代后，不确定性理论被应用到信息查询领域中，用于分析用户的信息需求和信息查询行为[17]，研究者们认识到用户的不确定性不仅存在于信息查询开始之前，也存在于信息查询开始之后，即用户在信息查询的各个阶段都可能存在不确定性。用户在信息查询中产生新的不确定性又促使其继续进行查询，进一步探索新的领域[18][19]。

从20世纪80年代开始，随着对用户查询行为研究的深入和超文本、超媒体在信息查询领域的应用，学界逐渐注意到信息探索行为，关注在关键词查询之外支持信息探索和偶然性发现的浏览、导航等查询行为[20][21]。Kuhlthau提出的信息查询过程模型的六个阶段就包括了探索阶段，这一阶段的用户在表达查询主题、使用信息查询系统方面都可能存在问题，他们在查找、阅读有关信息的基础上逐渐熟悉查询主题，并与原有的知识建立起联系[22][23]。

进入20世纪90年代后，支持信息探索的信息查询系统已经有了一个比较明确的名称，如称为information exploration system[24]或exploratory system[25]，并从探索出发得到了更进一步的研究。早在1991年，Waterworth和Chignell提出由结构化任务、目标导向和交互方式构成信息探索的三维模型，指出开发信息探索系统应灵活支持浏览、搜索、导航和中介查询等探查策略[24]。为了更具体地研究信息探索行为，他们把Ellis模型的六种行为整合起来，提出了信息探索行为模型。这是比较早的明确定义信息探索和信息探索系统，提出信息探索行为模型的一篇文献。也就是在此前后，许多研究者把用户与信息查询系统的交互联系起来，研究支持信息探索的理论和界面设计，如Shneiderman和他的同事提出了动态查询界面理论，利用鼠标指针移动或调整滑块位置达到修改查询式、预览查询结果的效果，开发出Dynamic Home Finder、SpotFire、TreeMaps等一系列原型系统[26][27]。这些技术可以使用户快捷地掌握收藏的总体情况，深入地了解记录的数据结构，直观地理解查询界面中各个查询字段之间的关系。而Hearst和她的同事也提出了文本查询的TileBars、利用等级分面元数据的Flamenco、成簇处理查询结果的Clusty等一系列查询界面，在业界颇有影响[28][29]。

与此同时，支持信息探索和偶然性发现的研究也成为这一阶段信息查询研究的重要内容。在Belkin和Cool提出的16条查询策略中，ISS5就属于支持偶然性发现的策略，他们认为设计信息查询系统时要支持偶然性发现，使用户在浏览中发现以前不确定的、感兴趣的信息[30]。Borgman 认为，要设计易于使用的探索性联机目录系统，仍按查询匹配模式设计是远远不够的，他提出要深入研究用户的查询行为，应根据"问题－协调"的信息需求模型进行设计，用户可以用含糊的语词表达信息需求，在与信息查询系统的交互中探索合适的查询词、构建合适的词间关系，在反复提炼中逐步得到所需要的查询结果，查询词、词间关系和查询结果都可以保存、移植，并使用到其他系统中[25]。Fraser 和 Gluck 调查了三种地理空间元数据对判断记录相关性的影响，提出在地理空间元数据设计上要支持偶然性发现的可用性原则，突出用户感兴趣的信息，或者呈现项目之间的内在联系，这一原则是影响查询能否成功的重要因素[31]。上述有关信息探索的研究，着眼于关键词搜索基础上的探索性行为或探索性策略，目的在于利用信息查询系统查找所需要的信息。

进入 21 世纪后，有关探查的研究出现持续"高温"现象。2005 年 6 月，在马里兰大学举行的跨学科的探查界面研讨会上，来自人机交互、心理学、信息检索、信息科学的研究者们探讨了探查界面的设计问题，目的是界定探查的含义，为探查的研究和发展奠定基础[32]。此后，在 2006 年、2007 年的 ACM SIGRIR 会议上都有关于探查的专题研讨会，并出版了专题会议录，由此产生的一系列研究成果发表在 2006 年第 4 期的 *Communications of the Association for Computing Machinery*（ACM）和 2008 年第 3 期的 *International Journal of Information Processing and Management* 上。在 2008 年 NSF 发起的有关未来信息查寻系统的研究项目中，突出强调探查行为和复杂查询情境，构建更强大的人机交互模型；开发新的工具和服务以满足更大的期望和更加综合的信息问题的需要；研究更好的技术和方法评价跨平台、资源和时间的信息查寻[4]。通过举办学术会议和出版专刊，为来自不同领域的研究者提供相互交流的平台，研究者们就探查的基础性问题展开研究，开发支持探查的信息查询系统，制订评价探查系统的指标和方法。

在研究探查及探查行为时需要明确探查和信息探索两个概念。

在探查行为的研究中，Marchionini 的观点很有代表性[2]。他认为，探查行为可以分为查找、学习和调查三类（见图 2－3）。查找是最基本的查询行为，包括事实查询、事件查询及其他目标明确的查询，适合采用分析策略，当前的信息查询系统基本上都支持查找行为。学习是对未知知识的探索和追求，包括获取知识、理解观点，在认知和理解的基础上进行阅读、比较、判断和整合，适合采用浏览和分析相结合的策略。调查是长期的查询，且查询结果要与已有的知识和经验整合，目的是通过知识的积累、分析、归纳和评价，从中发现、预见新知识。调查得到的结果可用于支持计划、决策,把已有知识转化为新知识,在此基础上开展新的研究。与查找相比,探查与学习和调查的关系更紧密一些,更强调用户的参与和系统的交互,在发挥用户自主性的同时持续地、反复地进行探索。探查是一个不断学习和调查的过程,在这过程中也交织着查找,因此,探查是交织着查找、学习和调查的反复的启发式的过程[10]。

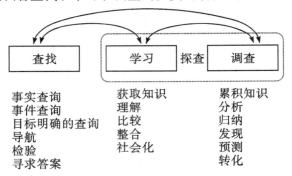

图 2-3 探查行为

信息探索是经过一定的路径到达目标位置、了解目标对象的过程,其中涉及路径、目标位置和目标对象三个方面,这三个方面可能存在的不明确的查询就是信息探索。Waterworth 和 Chignell 的研究认为,信息探索根据用户对目标对象的不同明确程度可以采用浏览和搜索两种策略,搜索是目标对象明确时的查询策略,而浏览是目标对象不明确时的查询策略[24]。用户选择浏览或搜索策略不仅取决于系统的配置,也取决于用户的认知状态和行为方式,即使是目标对象明确的搜索也可能因系统术语难于理解而需要尝试和探索。

信息探索是探查的基础,两者存在着层次上的区别。从一定意义上说,信息查询具有探索性,因为可能存在路径、目标位置或目标对象不明确的情况,但如果把信息探索当作探查,则一切信息查询都会被看作探查。实际上,信息探索的探索性策略或探索性行为与探查有着层次上的区别。探查受问题情境的驱动,即用户查询的目的不只是要寻找答案,更希望能通过学习提高知识水平。探查可以看作信息探索的一部分,是信息探索在层次上的深化和发展[4][33]。

在未来信息查询系统的发展上,支持查找是基点,支持学习和调查是发展方向。信息查询系统在如何支持信息探索上已有很多研究,可以为探查研究提供借鉴和参考,但在目前情况下要完全实现探查的目标则还显得过于宏大,只能在设计方面呈现出支持探查的特征或趋势。以后的信息查询系统不仅要提供查找结果,也要提供其他的信息和资源,与探查有关的工具也将被开发出来并呈现在用户界面上，就像现在的查询界面上有许多支持查找的功能设置一样支持学习和调查行为。因此，以支持查找行为作为基点，支持学习、调查行为作为目标，立足现状追求目标应该是目前探查研究的可行之道。

总而言之，探查是在开放、多维、长时间存在的问题情境驱动下进行的信息查询，在查询交互中特别强调浏览行为，具有探索、反复、多策略的特点，目的是要解决复杂问题和提高认知能力[4][34]。

2.2.2 探查及交互查询行为

2.2.2.1 探查模型

自2005年起，学界提出了多个探查模型，其中影响比较大的除Marchionini提出的探查行为模型外，还有如下几个模型。

在2006年的ACM SIGRIR评价探查系统的专题研讨会上，参会者讨论了与探查相关的模型，White等在此基础上提出了探查过程模型[3]。模型由查询者、查询任务、信息资源、信息查询系统和查询结果五部分组成，如图2-4所示。图中的单箭头方向线表示在探查交互中各部分间的作用及其方向，双箭头方向线表示两部分间的双向作用；信息资源和信息查询系统间的多重箭头表示用户可以选择多种信息资源和信息查询系统，查询结果与用户、任务之间的单箭头方向线表示用户的探查任务是多重反复的查询过程。该模型突出探查的复杂性和动态性，强调探查中学习对用户认知和查询任务的影响，强调用户、任务、系统及系统内部各部分的交互。该模型综合考虑了探查系统的各个方面，为探查系统的设计和评价提供了一个研究框架，为不同领域的研究者提供了统一的模型[9]；但因其过多地考虑探查过程中的各个组成部分，对探查行为本身的描述反而比较简略。

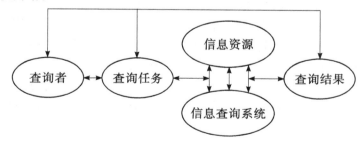

图2-4 探查过程模型

White和Roth在2009年的研究中认为，用户随着探查任务的展开，掌握的背景知识逐渐增多，理解能力逐渐提高，问题情境中有关查询任务和查询知识、系统知识的不确定性逐渐减少，因此，探查过程可以分为探索性浏览和集中查询两个阶段[4]。探索性浏览是通过浏览信息发现有用的内容、掌握与问题情境有关的基本情况，主要行为是发现、学习和调查，类似于提出假设阶段；集中查询是通过信息查询，提取和验证查询结果以实现查询目标，主要行为是构建查询式、检验和提取查询结果，类似于验证假设阶段。两个阶段由用户根据问题情境的不确定性进行选择，没有先后次序。White 和 Roth 的模型是在总结用户查询行为的基础上通过逻辑推演得到的，可以很好地解释用户在问题情境驱动下通过两个阶段的交互逐渐减少查询主题不确定性的过程。由于这一模型能比较准确地描述探查两个阶段中用户认知能力的变化，因而在探查研究领域很有影响力。

张云秋等在2012年的研究中通过对医学专业高年级大学生完成探查任务情况的测试，提出随着用户对问题情境认知的改变，其探查行为表现出从快速浏览到详细浏览再到集中搜索的变化过程[5]。用户在快速浏览阶段提出宽泛的问题，链接深度浅，多次返回查询结果界面；随着对问题情境认知的深入，用户详细浏览并提出较具体的提问，链接加深，呈现出多次交互的过程；随着专业知识的深入，用户集中搜索提出更具体的提问，深度链接，查询主题呈现聚拢趋势。探查过程反映了用户的认知从初步了解、构建系统知识到研究方向不断深入的过程。张云秋等的模型在 White 和 Roth 模型的基础上通过实证调查扩展为三个阶段，并且明确指出了在三个阶段中用户查询行为和认知能力的变化情况。

White 和 Roth 的两阶段模型和张云秋等的三阶段模型都很好地描述了用户完成探查任务时随着问题情境认知的变化，查询策略和查询行为同步发生的阶段性变化，直观形象地揭示了探查过程。但它们只是简略地指出了探查过程的两个阶段或三个阶段，没有明确地指出每一阶段包括哪些具体的查询行为。值得注意的是，这两个模型与1991年 Waterworth 和 Chignell 提出的信息探索行为模型具有一定的相似性，后者把用户目标明确程度不同的查询分为浏览和搜索两种策略，在每种策略下还提出了相应的行为。

由于以上几个探查模型都比较粗略，不适用于深入地探讨信息探查行为，所以，本书将从人机交互模型、信息查询行为模型中寻找有关模型以构建支持探查的信息查询行为模型。

2.2.2.2 人机交互模型

人机交互是指人与计算机系统通过一定的标识和动作实现的交互，研究人机交互的目的在于使计算机系统更有效、高效、令人满意地帮助人们完成任务。人机交互模型是描述人机系统交互机制的概念模型，研究者们已提出了交互模型、用户模型、人机界面模型、评价模型等多个人机交互模型，这些模型从不同角度描述了人机交互中的特点及交互过程，其中一个较早提出且具有较大影响的是 Norman 人机交互模型[35]。Norman 人机交互模型以用户为中心，将人机交互行为分为执行和评估两个阶段，具体包括建立目标、形成意图、描述动作、执行动作、理解系统状态、解释系统状态、根据目标评估系统状态七个步骤，直观地反映了人机交互中用户的行为方式，缺陷是只考虑了系统的界面部分，是一个不完整的交互模型。

Abowd 和 Beale 针对 Norman 人机交互模型的不足，提出了由系统、用户、输入和输出四个部分组成的交互框架模型，用户与系统的每一个交互周期可以分为目标定义、执行、显示和观察四个阶段（见图 2-5）[35]。其中，定义、执行阶段是对用户意图的理解和响应；显示、观察阶段是对系统输出的解释和评价。Abowd-Beale 人机交互框架模型中的输入和输出部分构成了人机交互的界面，四个部分结合在一起能较好地描述交互的一般特征，交互的过程表现在信息在各个组成部分之间的流动和对信息描述方式的转换上。

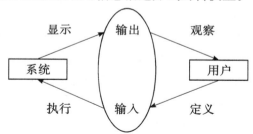

图 2-5　人机交互框架模型

利用人机交互模型进行探查研究的案例并不多，但在信息查询系统可用性研究方面的案例则有一些，这里举出以下两例：

（1）Theng 在分析数字图书馆如何帮助用户明确和实现信息需求时，利用 Abowd 和 Beale 的人机交互框架模型，把用户实现查询目标的一个交互周期分为用户执行、系统响应、系统显示、用户评价四个阶段[36]。他选择了四种数字图书馆，观察并记录受试者与数字图书馆交互以完成浏览任务的情况，发现妨碍用户实现交互目标的主要问题来自用户、系统和设计。Theng 的研究表明，通过对交互周期四个阶段的分析，可以深入细致地发现用户与系统交互中存在的问题。

（2）Cronholm 和 Bruno 曾利用 IT 系统商务交流的基本互动循环（EIAL）模型构成等级分类框架以研究可用性原则的分类问题[37]。EIAL 模型与 Abowd – Beale 模型类似，由理解、执行、响应和反映四个阶段组成，只是把信息发送方和接收方分开，把透过 IT 系统进行交互的各参与方引进来。Cronholm 和 Bruno 等研究的意义是利用交互模型建立起可用性原则的分类体系，把原则的条目规定在分类体系这个情境中，便于理解和使用。

以上研究表明，采用交互模型可以深入细致地分析用户与系统交互的情况，发现交互中存在的问题，用于组织缺乏情境因素的可用性知识。

2.2.2.3 信息查询行为模型

在过去的 30 多年时间里，有许多研究者从不同的角度研究信息查询行为，有多种信息查询模型被提出。

Bates 提出的摘草莓模型认为，用户查询信息就像在现实中采摘草莓一样，每次获取的新信息都可能使他们产生新的想法、改变查询的方向，而信息需求也会随之发生动态的变化[38]。Bates 提出摘草莓模型的目的是探讨查询界面设计中应如何支持用户"摘草莓"的浏览行为，但摘草莓模型更多的是关注信息需求的动态性，而不是信息查询行为本身[5]。

Kuhlthau 提出的信息查询过程模型将信息查询过程分为开始、选择、探索、形成、集成、展示六个阶段，同时分析了各阶段情感和行为的变化[22][23]。Kuhlthau 模型着重探讨用户在信息查询过程中各个阶段的情感和行为变化的情况，但从 Borgman 的信息生命周期模型看，这六个阶段除开始、选择、探索属信息查询行为外，另三个阶段多属信息使用的范围[39]。

Shneiderman 等提出的文本信息查询框架将文本信息查询过程分为制订查询式、执行查询、评价查询结果、精炼查询四个阶段，同时指出了各个阶段界面设计应考虑的可用性问题，为文本信息查询界面的设计提供了相对一致的方法[40][41]。这一框架模型只考虑了信息查询界面设计的问题，不适用于目标不明确或用户不熟悉主题的信息查询行为。

Sutcliffe 和 Ennis 提出的信息查询过程模型通过对用户信息查询行为和认知模式的研究，将信息查询过程分为由明确信息查询问题、描述信息需求、制订查询式和评价查询结果四种行为组成的环形，每一种行为都采用不同的查询策略，而用户的知识、构建查询式的能力和信息需求的类型又会影响其选择查询策略[42]。与 Shneiderman 框架模型相比，Sutcliffe 和 Ennis 模型既适用于目标明确的信息查询行为，又适用于目标不明确的信息探查行为，但这两种模型都属于抽象程度比较高的信息查询过程模型,每一阶段或每一行为都包含了丰富具体的内容。

由于上述信息查询模型都存在一定的缺陷,不适用于组织支持探查的信息查询系统可用性研究成果,这里着重介绍具有较强适应性的 Ellis 信息查询行为模型及其特点,以及 Ellis 模型的扩展研究及其存在的问题。

(1) Ellis 信息查询行为模型。在 Ellis 提出信息查询行为模型之前,研究者们比较多地应用认知理论进行信息查询行为的研究,而应用行为理论进行研究的则不多,尤其是应用行为理论进行信息查询模型实证研究的可谓少之又少。Ellis 认为,在信息查询研究中,从用户行为的角度比从认知的角度更容易把握信息查询的关键问题,应用行为理论比应用认知理论更适合构建信息查询模型[43]。Ellis 在其1987年的博士学位论文中调查了社会学学者的信息查询行为,提出了由开始、连接、浏览、区分、监测和提取六种行为特征组成的信息查询行为模型[44],其博士学位论文的部分内容发表在1989年的期刊中[45];此后他与合作者分别以物理学和化学、工程技术等学科的专家学者的信息查询行为为研究对象,在1993年、1997年提出了适用于这些学科的信息查询行为模型[46][47]。Ellis 及其合作者在该系列研究中把信息查询行为模型的组成成分称为行为特征,在这些模型中共出现了九种行为特征,分别是开始/调查、连接、浏览、区分/区别、筛选、监测、提取、鉴定和结束(见表2-1)。

表2-1 适用于不同学科学者的 Ellis 信息查询行为模型

作者	时间	信息查询行为特征	研究对象
Ellis	1989	开始、连接、浏览、区分、监测、提取	47名谢菲尔德大学社会学研究人员
Ellis、Cox、Hall	1993	开始、连接、浏览、区分、监测、提取、鉴定、结束	18名曼彻斯特大学物理学研究人员和14名谢菲尔德大学化学研究人员
Ellis、Haugan	1997	调查、连接、浏览、区别、筛选、监测、提取、结束	23名石油天然气公司研究中心的研发人员

1) 开始/调查行为 (starting/surveying)。开始/调查行为是信息查询的起点。Ellis 在1989年、1993年的研究中称之为开始,是指初步的信息查询行为;在1997年的研究中称之为调查,如通过求助于以前使用过的或能提供相关信息的资源,包括从同事渠道获取、从老师渠道获取,或查询书目、索引、文献综

述等，在初步信息查询的基础上形成对查询主题的总体认识或确定该主题领域的关键性人物。

2）连接行为（chaining）。连接行为包括前趋行为和后趋行为，是指通过引证关系或其他关系把信息联系起来，以获取新的信息。

3）浏览行为（browsing）。浏览行为是指以结构化或半结构化方式扫描感兴趣的信息，是信息查询中非常重要的一种行为。

4）区分/区别行为（differentiating/distinguishing）。区分行为是指根据信息内容或信息质量筛选信息（1989，1993）。在1997年的研究中，从区分行为中分出了筛选行为，余下部分改称为区别行为，是指根据用户的感受按相对重要程度排列信息。

5）筛选行为（filtering）。1997年的研究从区分行为中分出了筛选行为，是指采用一定的标准或机制查询，得到更准确、更相关的信息。

6）监测行为（monitoring）。监测行为是指跟踪特定的信息或信息源以关注信息的变化。

7）提取行为（exacting）。提取行为是指从信息源中抽取感兴趣的信息。

8）鉴定行为（verifying）。1993年的研究从连接行为中分出了鉴定行为，是指验证查询得到的信息及其来源的准确性，其在1997年的研究中又被并入连接行为中。

9）结束行为（ending）。结束行为是指把查询得到的信息组织起来以便发布或出版（1993，1997）。

（2）Ellis信息查询行为模型的特点。Ellis及其合作者的系列研究表明，Ellis模型具有以下四个特点：

1）各种行为之间的关系具有非线性的特点。各种行为之间的关系要根据用户在信息查询中的情境而定[48]，即这些行为在信息查询中的关系并不固定，不同用户的行为次序可能不同，同一用户在不同时间的行为次序也可能不同，各种行为之间没有固定的次序和关系，它们的发生依情境而定。

2）各种行为之间的关系具有模块化的特点。Ellis模型中的各种行为之间的关系不仅具有非线性的特点，也具有模块化的特点，可以根据具体的情境增加或去除一些行为并按模块组合起来实现信息查询目标。如Ellis等在1993年对物理学和化学学者的信息查询行为研究中增加了鉴定和结束两种行为特征；在1997年对工程技术领域专家学者的信息查询行为研究中把区分行为分成筛选和区别两种行为，把鉴定行为并入连接行为中。这些变化表明Ellis模型的各种行为之间的关系具有模块化的特点，并能根据具体的情境因素增加或去除某些行为。

3）Ellis 模型具有一定的稳定性。Ellis 等从 20 世纪 80 年代中期开始，在十多年的研究中针对三类研究人员提出了九种行为，其中共同的有六种，分别是开始、连接、浏览、区分、监测、提取，即 Ellis 模型中大部分的行为是共同的、经得起检验的。

4）Ellis 模型具有一定的适应性。Ellis 信息查询行为模型是在用户调查的基础上提出来的，其行为特征不仅体现在社会学学者上，也体现在物理学、化学和工程技术领域学者上，即 Ellis 模型对不同学科领域的用户具有一定的适应性。

Ellis 及其合作者的系列研究成果存在的最大缺陷是只从用户信息查询行为的角度研究信息查询系统，不涉及认知和情感的因素，也不涉及不同情境下用户的信息需求问题。此外，Ellis 及其合作者研究的主要是信息检索系统，虽然在研究中也关注了超文本系统，但 Ellis 模型在网络环境下是否仍然具有适应性，即在网络环境下的信息查询系统中用户信息查询行为表现出哪些行为特征，行为特征之间存在着什么关系是需要进一步探讨的问题。

（3）Ellis 模型的扩展研究。Ellis 模型提出来后在学界引起了广泛的关注，其中，在信息行为研究领域，Ellis 于 1989 年发表的论文按照中介中心性排序排名第三[49]。在 Ellis 等研究成果的基础上，以下五种扩展研究很有代表性。

1）Wilson 扩展模型。Wilson 从信息查询过程的角度分析 Ellis 模型（1993），认为 Ellis 模型中的八种行为的发生具有一定的次序，行为之间的区别则很微妙[50]。

2）Meho 扩展模型。Meho 等通过研究非独立国家社会科学学者的信息查询行为，验证了 Ellis 模型（1989），并在 Ellis 模型六种行为的基础上发现了获取、交流网络、鉴定和信息管理四种新特征；提出由查询、获取、处理和结束四个阶段组成社会科学学者信息查询行为阶段模型，各个阶段包含不同的行为[51]。

3）Makri 扩展模型。Makri 等通过调查法律专业师生使用专业电子资源的行为特点，验证了 Ellis 模型，表明法律专业师生的信息查询行为与 Ellis 模型和 Meho 扩展模型具有相似性，从中发现了更新、搜索、校对和编辑四种新行为[52]。Makri 等把这些信息查询行为称为低级行为，由此又总结出确定与定位、获取、选取与处理三类高级行为。

4）Bronstein 扩展模型。Bronstein 在 Meho 扩展模型的基础上考察犹太研究学者的信息查询行为，发现这类学者的信息查询行为与 Meho 扩展模型中的信息查询行为具有相似性，但 Meho 扩展模型并不足以解释这类学者的信息查询行为和策略[53]。Bronstein 把这类学者的研究分为起始、更新、收尾三个阶段，不同的研究阶段会采取不同的行为。

5）Waterworth 和 Chignell 信息探索策略模型。Waterworth 和 Chignell 早在 1991 年就把 Ellis 模型（1989）与信息探索联系起来，提出了信息探索策略模型[24]。他们认为，用户会根据查询目标的不同明确程度采用浏览或搜索策略，当不明确查询目标时会采用浏览策略，Ellis 模型的行为特征具有适应性，主要有开始、连接、提取、评价，然后重复连接等行为；当明确查询目标时采用搜索策略，主要有目标界定、制订查询式、筛查、提取、评价，然后重复构建查询式等行为。

以上基于 Ellis 模型的扩展研究不但验证了 Ellis 模型的稳定性，而且在 Ellis 模型的基础上提出了新的行为特征，也扩展了 Ellis 模型的应用领域。

（4）Ellis 模型及其扩展研究存在的问题。Ellis 模型及其扩展研究存在以下两个问题：

1）Ellis 模型缺少搜索行为。搜索是信息查询中最重要的行为之一，然而在 Ellis 模型中却没有搜索行为。在 1997 年的研究中，虽然从区分行为中分出了筛选行为，但筛选行为的含义与搜索行为有所不同，于是与搜索有关的行为就可能会被分入不同的行为中。如 Azami 等认为，开始行为是初步查询信息的行为，在界面设计中把搜索及进入搜索的设置归入开始行为中[54][55]；Waterworth 和 Chignell 在研究中把信息探索分为浏览和搜索两种策略，Ellis 模型中的浏览行为属于浏览策略的范畴，而搜索策略则包括了目标界定、制订查询式、搜索、提取、评价等行为[24]；在 Makri 扩展模型中则把搜索独立作为一种行为。

2）各种行为的定义不明确。在 Ellis 及其合作者的系列研究中，一共总结出九种行为。其中，在 1989 年的研究中没有鉴定行为，1993 年的研究从连接中分出了鉴定行为，1997 年的研究又将之并回到连接行为中；在 1989、1993 年的研究中都没有筛选行为，1997 年的研究从区分中分出了筛选行为；在 1989 的研究中没有结束行为，1993 年、1997 年的研究增加了结束行为。Ellis 模型原创者的这种变化，一方面表明 Ellis 模型具有灵活性，在一定的情况下可以对有关行为进行调整；另一方面也表明 Ellis 模型中各种行为的定义不够明确，行为之间存在交叉重合的情况。而在 Ellis 模型被其他研究者用于研究 Web 应用或网络信息查询系统后，研究者对各种行为的内涵和外延的理解都显得比较随意。如开始行为作为查询的起点，在这些研究者看来其内容包括厘清查询主题、选择相关资源、确定查询词、进入搜索界面、进入感兴趣的网站，似乎成了一个无所不包、无所不能的行为。浏览行为与区分、鉴定行为的区别不明显，浏览行为中记录列表的扫描标题、作者、主题等与区分、鉴定行为高度重合。

2.3 关于影响信息查询系统性能的情境的研究

2.3.1 可用性与情境

人机交互系统的可用性可以从狭义和广义两个角度来理解。狭义的可用性以系统为中心，是系统在特定用户、特定环境下完成特定目标的一种质量属性；广义的可用性以人机交互为中心，是特定用户在特定环境下为达到特定目标与系统进行交互的性能。因此，无论是从狭义还是从广义的角度来理解，系统的可用性都与系统、用户、任务和环境因素密不可分。脱离情境单独讨论可用性没有任何意义，因为改变了情境也就改变了可用性[6]。例如，对有经验的用户而言，整合了图书馆 OPAC 功能的发现系统，其一站式搜索功能具有很好的可用性，但对没有经验的用户而言，一站式搜索得到的记录数量庞大，反而会增加他们相关性判断的负担。正因为系统的可用性与情境密不可分，甚至可以说情境决定可用性，所以在人机交互系统的可用性研究中必须重视可用性情境的研究，只有明确了具体的情境，才能进一步关注如何设计、评价和提高人机交互系统的可用性。

一般意义上的情境是指环境，即事物、事件、思想、言论等产生的背景，但在信息查询研究领域中，对情境的理解则存在一定的分歧。有的研究者把情境与环境、背景、情景、场景混同，有的把情境理解为工作背景或任务背景，有的则把它扩展到经济背景或社会背景。其中最大的一个分歧是，情境是否包括信息查询系统本身。有的研究者认为情境是与目标实体紧密相关的一系列事物、因素、项目或属性，但不包括目标实体的专有部分[56]；但也有研究者认为在与信息查询交互过程中不仅用户属情境的一部分，系统本身也属情境的一部分，很多时候系统本身如界面、信息对象、技术算法等都是情境的重要组成部分[57]。本书对情境采用的是大外延的界定，即它不仅包括用户及信息查询系统以外的环境因素，还包括系统本身。在用户与信息查询系统交互过程中，除了社会、组织、文化等属于情境因素外，用户及信息查询系统也属于情境因素[58]。

把系统、用户、任务等都作为情境因素的观点也体现在可用性理论研究领域的权威 Bevan 的论述中[6]。Bevan 认为，用户、任务、技术，以及影响交互的实体、组织环境等构成人机交互系统。可用性是人机交互系统在特定情境下使用时的质量属性，其衡量指标主要有有效性、效率和满意度。（见图 2-6）在测量可用性指标时，必须明确规定人机交互系统的使用情境。他在前人研究的基础上于 20 世纪 90 年代提出了适用于一般人机交互系统的情境分类（见图 2-7）。图中所有的情境因素分为任务、用户、设备、环境四大类，在每一大类下又分出二至四级类目，整个分类表直观且易理解，可以比较全面地描述影响人机交互系统的情境因素，比较深入地考察情境因素对人机交互系统可用性的影响。分类表中特别强调环境大类尤其是组织环境对产品可用性的影响，这与作者研究的主要是适用于组织机构的产品有关；分类表中对任务、用户和设备大类的揭示过于简略，特别是设备大类只有有限的几个类目；有些类目的立类存在歧义，如用户大类中的培训、键盘和输入技巧、体能、心智能力、残障或生理局限存在交叉的情况；有些类目的归类存在问题，如有关任务的生理和心理要求归入任务大类，而有关任务经验的类目又归入用户大类。总之，这是一个比较早提出来的、适用于一般人机交互系统的情境分类表，但要用于划分影响信息查询系统性能或用户信息查询行为的情境因素，还需要从信息查询的角度做进一步的改造。

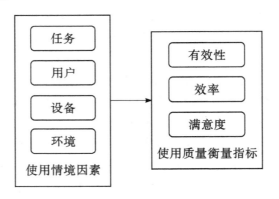

图 2-6　产品使用中的质量

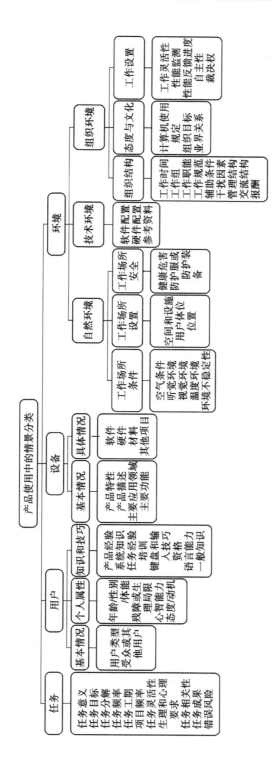

图 2-7 产品使用中的情境分类

2.3.2 影响信息查询系统性能的情境

信息查询研究领域的研究者们对情境有许多不同的理解。例如，Cool 和 Spink 根据用户信息查询行为所处的层次，把信息检索情境划分为信息环境级别、信息查询级别、信息检索交互级别和查询式级别四个级别[59]。他们把信息检索系统当成情境的一部分，在信息检索情境的四个级别之下虽然没有列出详细的类目，但指出它们之间既有区别又有联系；信息检索情境中的信息环境级别比较接近于 Bevan 研究中的环境因素，而另外三个级别主要是关于用户信息查询行为的情境因素，说明用户信息查询行为也可以作为一个重要的特征，用以划分信息查询中的情境因素。

2005 年举行的 SIGIR 研讨会讨论了基于情境的信息检索问题，会议组织者 Ingwersen 和 Järvelin 采用分面分析法把信息检索的情境分为用户、系统和环境三个组面，每个组面又分出亚面和变量[60]。与 Bevan 把情境分为系统、用户、任务、环境四大类有所区别的是，Ingwersen 和 Jävelin 把任务大类中的主要内容并入用户组面中，这样合并会带来一些问题，如用户组面中的动机亚面包括了任务类型和任务级别，也包括了需求类型和需求级别，使动机亚面的内容过于宽泛；把支持用户查询行为、采用查询策略、构建查询式的类目归入用户组面中的历史亚面，导致与系统组面中的查询模式亚面存在较多的重合。此外，与 Bevan 把一部分技术方面的内容归入环境大类不同的是，Ingwersen 和 Jävelin 把技术方面的内容全部归入系统组面中，从目前的信息查询系统广泛使用各种新技术、新设备来看，如何对有关技术设备方面的内容进行分类值得关注。

Xie 提出的计划–条件交互信息检索模型，探讨了数字时代的信息检索用户如何在计划和条件的共同作用下选择查询策略的问题[61]。该模型不仅列出了与交互信息检索有关的情境因素，还指出了这些情境因素之间存在的关系，其中对用户目标、用户任务、交互目的的划分很有特点。模型涉及的类目相对简单，主要是由用户、任务方面的内容构成，也包括了一些系统、环境方面的内容，更重要的是描述了情境因素之间的关系，可用以指导设计支持多种查询策略的交互信息查询系统。

从以上的研究案例看，影响信息查询系统性能和信息查询行为的情境因素如果按 Bevan 的影响人机交互系统可用性的使用情境的划分方法，即分为系统、用户、任务和环境四大部分，则具有直观且容易理解的特点，而且这一划分方法在其他研究信息查询情境因素的案例中已有一定的体现。

2.3.2.1 与系统有关的情境因素

Saracevic 把数字图书馆的评价指标归纳为可用性、系统性能、使用和其他四类[62]。其中,可用性评价分为内容、过程、形式和总体评价四个方面;系统性能评价分为技术性能、过程/算法性能和总体性能评价三个方面;使用评价包括使用方式、使用资源、使用统计、使用什么/何时使用/使用目的等方面;其他类评价是指应用人种学、人类学等方法评价数字图书馆时的指标,如不同群体、语言、文化及具体环境下用户对同样的事物有不同的理解等。透过 Saracevic 提出的数字图书馆评价指标可以发现,影响数字图书馆性能的情境因素除少量属任务、用户或环境方面的因素外,大部分是属系统方面的因素,包括内容、形式、过程和性能因素。需要说明的是,过程和性能这两种情境因素不仅与系统有关,也与用户、任务或环境方面有关,为了避免出现重复和分散,涉及性能的情境因素宜集中在系统方面,涉及过程的情境因素宜集中在任务方面。

Shen 等提出的由信息质量、系统质量、性能期望值、社会影响四个方面组成的评价数字图书馆的模型[63]中,信息质量包括仓储、馆藏、元数据目录、元数据、数字对象等部分;系统质量分为内部和外部两部分,内部质量是指系统服务性能,外部质量是指界面质量。Shen 等的研究对资源方面的划分详细而深入,颇有参考价值。

邱明辉和曾利明在中外研究者提出的网站信息架构可用性评价指标体系的基础上,抽取出较有代表性的指标构成数字图书馆系统信息架构可用性评价框架。框架的核心内容包括组织系统、标识系统、导航系统和检索系统四个部分,每一部分又分出具体项目;底层支持部件涉及元数据、受控词表、分类法等[64]。他们在研究中还探讨了信息架构的四个部分作为设计知识对数字图书馆性能的影响,明确指出数字图书馆性能分为特性和属性两个级别,信息架构中的具体项目作用于不同的可用性特性,而可用性特性又作用于不同的可用性属性。这一研究可以为系统方面的信息架构、性能的构建提供借鉴。

Brecht 根据不同抽象程度,把数字图书馆系统的设计空间分成由用户、任务、空间、页面、功能和界面元素构成的六层金字塔结构,由此形成数字图书馆界面设计的六类模式,其不仅指出了从抽象到具体的界面设计模式,也指出了各种模式间的关系,它是在系统方面有关用户界面比较可行的划分方案[65]。他还通过对 25 个数字图书馆的分析,总结出数字图书馆的详细功能,为数字图书馆的功能组织和系统评价提供了参考工具。

综上所述，与系统有关的情境因素基本可分为资源、信息架构、用户界面、功能、性能、技术设备等方面。

2.3.2.2 与任务有关的情境因素

Sutcliffe 和 Ennis 在研究查询策略时认为，由信息需求转化而来的查询目标对查询策略有着决定性的影响[42]。他们把用户的信息需求分为已知/未知的需求、变化/固定的需求、准确/概括的需求、简单/复杂的需求、数值/文本需求及功能型需求，如查询目标具有历史顺序、时间顺序或比较、因果、评价、判断、数量、身份、属性、分组等关系。Sutcliffe 和 Ennis 探讨信息需求类型的目的是研究用户不同的信息需求对其查询策略的影响，基本上每一类信息需求都包括成对出现的两个方面，分类结果简单且易于理解。

Aula 在研究查询任务对用户构建查询式的影响时，从三个维度对查询任务进行了分类：根据查询结果的明确程度分为事实查询、探索查询、综合查询三类；根据查询结果的具体程度分为开放型查询和封闭型查询两类；根据用户对查询主题表达的准确程度分为宽泛查询和专指查询两类[66]。Aula 对查询任务的分类非常简单且易于理解，多个研究者对信息查询系统性能或用户信息查询行为的研究都以此为依据对任务进行了划分。

Byström 和 Hansen 从信息查询的角度探讨了与信息有关的工作任务框架，他们把任务分为工作任务、信息查寻任务和信息查询任务三个级别[8][67]。在电子环境下信息查寻行为不针对特定的信息系统，而信息查询行为针对具体的信息系统。他们把与信息有关的工作任务分为三个级别，信息查寻任务是工作任务的子任务，信息查询任务是信息查寻任务的子任务，信息检索任务是信息查询任务与检索系统密切相关的一个特例。这一分类方法可以从信息查询行为之外更广泛的领域理解信息任务；但把信息查寻行为看成不针对特定信息系统的行为，把信息查询任务置于抽象的信息查寻任务之下，与有些研究者对信息查询行为的认识有冲突[68]。

研究者们对任务的复杂性有不同的界定。有的研究者认为任务复杂性与用户在完成任务时需要处理的各种信息线索的复杂程度有关，有的研究者认为这与任务有关概念的数量有关。虽然研究者们对任务复杂性的定义不同，但都认为任务复杂性是一个相对的概念，其不仅与主题线索或概念数量有关，也与用户对任务的熟悉程度有关。一般认为，随着任务复杂程度的增加，用户与系统交互的次数也会增加，对查询结果显示方式的要求也会增多。Balatsoukas 等把判断记录相关性与评价元数据元素的数量联系起来，把评价元数据元素不超过两项就能判断相关性的任务称为简单任务,其他的任务称为复杂任务[69]。与任务复杂性类似的是任务难度,它根据用户对任务的评价而定,这是一个主观程度更大的因素。任务的复杂性和任务难度从不同维度对任务进行划分,划分的结果通常分为高、中、低三个级别。从目前的研究看,如何保证其分类的客观性是关键。

Li 和 Belkin 通过文献调查法收集前人划分查询任务的资料,然后采用分面分析法提出了由基本组面、组面、亚面及值组成的查询任务的分面分类体系[70]。查询任务的分面分类体系分成任务的一般组面和普通属性组面两个基本组面。其中,任务的一般组面是描述任务外部特征的组面,包括任务源组面、执行者组面、时间组面、成果组面、目标组面;任务的普通属性组面是描述任务内部特征的组面,包括任务特性组面、用户对任务感受组面。在组面或亚面之下有的类目还有值,如任务源组面的值有自生、激发产生、外部指派三种,定性目标亚面的值有具体、概括、混合三种。Li 和 Belkin 的查询任务的分面分类体系在任务之下先按外部或内部特征分出两个基本组面,然后分别分出若干个组面、亚面及值,这是有关查询任务的最详细的分类列表,也是有关影响信息查询系统性能的情境的最详细的分面分类列表。分面分类体系中的有些类目名称值得商榷,如频率亚面中的频率是指任务评测频率,而不是指任务执行的频率或任务重复的频率;有些类目分得过细,如任务复杂程度分为主观复杂程度和客观复杂程度两个亚面;定性亚面或定量亚面的值与亚面名称不对应;虽然分面分类体系比较详细,但仍缺少一些组面及类目,如有关任务需求的亚面、任务主题的亚面。需要说明的是,分面分类体系中的主题知识级别、过程知识级别两个亚面的内容放入用户情境的主题知识或查询知识中为宜。

综上所述,与任务有关的情境因素十分复杂,基本可分为任务来源、任务主题、任务执行者、重复过程、任务阶段、任务期限、任务评测频率、任务成果、需求存续的阶层、需求目标数量、需求变化情况、需求明确程度、查询方式、查询结果明确程度、查询结果具体程度、任务复杂程度、任务困难程度、任务重要程度、任务紧急程度等。

2.3.2.3 与用户有关的情境因素

Sutcliffe 和 Ennis 在其提出的信息查询过程模型中认为,用户拥有的知识会影响其查询策略。用户拥有的知识分为知识资源和查询实例资源两大类[42]。其中知识资源又分为专业知识、设备知识、信息资源知识、信息查询知识四类;查询实例资源是用户缺乏具体知识时,能从长期记忆、系统设置或查询结果文献中得到的相关信息，实际上可看成知识资源的一部分。所以，能够影响用户选择查询策略的用户知识包括专业知识、设备知识、信息资源知识和信息查询知识四部分，分别是指用户具有的与任务有关的专业主题知识、特定系统的查询知识、特定系统的资源知识、信息查询知识和技巧。由于 Sutcliffe 和 Ennis 探讨的是影响用户选择查询策略的因素，其所谓的用户知识并不涉及计算机知识和网络知识的内容。

Aula 在研究用户知识对构建查询式的影响时认为，用户的计算机知识、网络知识、查询知识、专业知识和资源知识对构建查询式有直接的影响，在研究用户的信息查询行为时必须把这些因素考虑进去[66]。Aula 提出的对构建查询式有直接影响的五类用户知识，类目清晰而明确，与 Sutcliffe 和 Ennis 的研究相比，增加了计算机知识、网络知识的内容，并且把 Sutcliffe 和 Ennis 研究中的设备知识和信息资源知识合并为资源知识，在类目设置上显得较有特色。

Fields 等为了研究不同专业类型的用户在信息查询策略上的差异，调查了信息查询专家与查询主题专家两类受试者在信息查询行为上的区别。前者是图书馆馆员，熟悉信息查询知识但不熟悉查询主题知识；后者是查询主题专家，熟悉查询主题知识但在信息查询知识和数字图书馆知识方面有欠缺[71]。调查发现这两类受试者在重构查询式、扩大或缩小查询结果，在查询中学习专业知识、提取有用的查询词方面有很大的不同。Fields 等的调查表明，用户的专业或职业也是影响其查询行为的重要因素。

综上所述，与用户有关的情境因素基本可分为计算机知识、网络知识、查询知识、资源知识、专业知识、个人属性、访问权限等。

2.3.2.4 与环境有关的情境因素

Saracevic 提出数字图书馆的评价指标时，特别指出了应用人类学方法评价数字图书馆的指标，认为不同语言、文化或具体环境下的用户对同样的事物有不同的理解[62]。

White 和 Roth 在探讨探查发展方向时特别强调要重视对情境的研究，系统应采用更多的技术和方法掌握用户正在完成的查询任务，把握用户当前的任务知识、查询知识、主题知识及社会文化知识[4]。

文化是人们的生活方式及其习得的行为模式、态度和物质的总和[72]。文化具有群体性、特殊性和普遍性等特点，也正因为这些特点，其产生的差异使得群体之间的交流常常发生障碍。黄晓斌和付跃安认为，文化包含多个层面和多种元素，不同层面和元素对数字图书馆可用性有不同的影响[73]。其中，语言、文化隐喻与文化心理是文化的核心要素，在跨文化可用性建设中具有重要作用。

在信息查询研究领域，从与环境有关的情境因素出发进行研究的案例相对要少一些，但是，随着信息查询系统的广泛应用和服务群体的国际化，有关这方面的研究将会不断加强，特别是在信息查询系统的跨文化研究方面。

综上所述，与环境有关的情境因素基本可分为物理、气候、文化、经济、社会等方面。

通过以上文献调查法收集和分析前人研究的影响信息查询系统性能或信息查询行为的情境因素，可以发现这些情境因素的类型很多，划分不当的话容易产生交叉和重复，直接影响信息查询系统性能的设计和评价效果。本书认为，可以把这些情境因素分为系统、用户、任务和环境四大部分，每一部分又进一步分为若干个方面，这可为制订影响信息查询系统可用性的情境分面分类体系打下基础。

2.4 关于信息查询系统可用性的研究

2.4.1 可用性与信息查询系统的可用性

可用性研究是在人机交互系统研究的基础上发展起来的，自 20 世纪 70 年代后相继引入了软件工程、人体工效学、认知心理学、人类学、图书情报学等相关领域的研究成果，逐渐发展为一个跨学科的热点研究领域。

虽然可用性在人机交互领域是一个非常重要的概念，但人们对其内涵和外延的理解存在很大的分歧，即使是在国际标准中，它的定义也不完全相同。如 ISO 9126 – 1 就把可用性规定在狭窄的界面设计和评价的范围内，认为可用性是软件产品的一个质量属性，是软件产品在特定条件下使用时能够被用户理解、学习、使用和吸引的能力；而 ISO 9241 – 11 则从更宽泛的产品使用质量的角度来定义可用性，认为可用性是产品在特定使用环境下为特定用户完成特定目标的程度，以有效性、效率和满意度作为评价指标。这两个可用性的定义都强调可用性并不是产品的内在性能，它只有在使用时才能体现出来，但 ISO 9241 – 11 规定的可用性外延要宽泛得多，除了涵盖 ISO 9126 – 1 中的可用性外延外，还涉及与 ISO 9126 – 1 可用性并列的功能性、效率和可靠性等质量属性[74]。ISO 9241 – 11 对可用性的宽泛定义对本文的研究具有重要的指导意义。

由于可用性的定义尚未形成共识，而在研究和实践中又需要揭示产品可用性属性的指标，于是许多研究者就在可用性属性上进行了深入的研究，这些研究不仅加深了对可用性内涵和外延的理解，也为产品的可用性设计和评价提供了有效的指标。如在人机交互研究领域颇有影响的 Shackel 在1986年就认为可用性包括有效性、易学、灵活、用户态度四种属性；可用性研究领域的大师 Nielsen 在1993年指出可用性包括效率、易学、易记、容错、满意度五种属性。与可用性的定义一样，研究者们对可用性属性的理解也未达成共识。

在信息机构中比较早研究可用性问题的是美国国会图书馆，其在1969年印行的 MARC 手册中有专门一章讨论了计算机和 MARC 磁带格式的可用性问题[75]。自20世纪80年代后，随着信息查询系统的普及，有关信息查询系统可用性的研究在吸收其他领域可用性研究成果的基础上不断深化发展，如国外从1993年起便开始了对数字图书馆可用性评价的研究，而国内从2000年开始有零星的研究[76]。

在信息查询领域，许多研究者就信息查询系统的可用性属性提出了自己的观点。如 Blandford 等从普通用户的角度提出了评价数字图书馆可用性的五种属性，分别是性能、易学、容错、用户体验、使用环境；Jeng 在 ISO 9241-11 的有效性、效率和满意度三种属性的基础上增加了易学性，构成了数字图书馆可用性的评价指标体系；Tsakonas 等在评价数字图书馆的交互三维模型中将可用性评价指标定为易学、易用、界面美观、导航、术语易理解五个属性[77]。出于研究的需要，本文采用 ISO 9241-11 的观点，即信息查询系统的可用性包括有效性、效率和满意度三种属性。根据不同的研究目的、视角、理论和方法，信息查询系统可用性的研究可以分为以系统为中心、以任务为中心、以用户为中心三种研究模式，下面就以这三种研究模式为线索进行总结。

2.4.2 以系统为中心的可用性研究

以系统为中心进行可用性研究是信息查询系统可用性研究中最常采用的一种模式。早期的以系统为中心的模式体现了人机交互研究中以机器为中心、以技术为本的思想。该模式依据行为主义心理学理论进行用户研究，认为用户是被动的，外界刺激是主动的，用户经过训练后都可以适应机器操作的要求[78]。后来的以系统为中心的模式更多地引进了认知心理学和动机心理学的研究成果，提高了研究过程中用户参与的程度，但主要关注的仍然是信息查询系统的技术和信息内容，研究的重点是查准率、查全率、相关性、响应时间等系统性能指标，研究的成果能为信息查询系统的开发提供直接依据。如 Saracevic 认为，以系统为中心的模式分为内容、处理和工程三部分，其中内容部分包括数字图书馆馆藏的选择、组织、存贮和服务等方面；处理部分包括系统完成特定任务的过程、技术、算法、操作等方面；工程部分包括硬件、软件、网络及相关配置等方面[79]。Fuhr等则把这类评价分为网下和网上两部分，前者是根据用户完成的特定任务来评价系统；后者是指数字图书馆在网络上的分布存取和计算的评价问题[80]。

2.4.2.1 可用性指引的研究

研究者在人机交互系统可用性研究中积累了丰富的可用性知识，其中最为典型的就是可用性指引。可用性指引是从可用性知识中提炼出来的抽象程度比较高的可用性知识，根据其不同的抽象程度可以分为原则、法则、指南、推荐、规则等多种类型，其不但有利于积累可用性知识、提高可用性研究成果的可复用性，而且有利于提高设计人员的可用性意识、提高所设计系统的可用性。因此，可用性指引可以在支持探查的信息查询系统开发过程中发挥重要的作用。

从20世纪60年代计算机应用于企事业单位和科研院校起，研究者就开始关注交互系统可用性指引的问题，如早在1976年Cheriton就提出了分时系统的人机交互界面设计指南[81]。进入80年代后，随着计算机在各行业中的应用越来越普遍，为数不少的研究者被吸引到交互系统可用性指引的研究中来。例如，1983年Norman提出了计算机系统的用户界面设计原则[82]；1986年Smith、Mosier推出了软件的用户界面设计指南[83]；1987年Shneiderman提出了交互系统的用户界面设计原则[84]；1988年Brown推出了软件的用户界面设计指南[85]。这一阶段研制的可用性指引主要是关于交互界面的比较抽象的可用性原则，虽然数量不多，但由于研究的时间比较早，其影响非常深远，如Norman的用户界面设计原则和Shneiderman的用户界面设计原则至今仍在交互系统的可用性设计和评价中有广泛的影响力。

进入20世纪90年代，特别是在Web出现后，交互系统可用性问题引起了学界越来越广泛的关注，许多研究者和研究机构加入可用性指引的研究中来，并且编制出各类可用性指引。在这一阶段出现的可用性指引中，有的由个人研制，如Nielsen等提出的用户界面设计的启发式可用性原则[86]；有的由机构研制，如Apple、Microsoft、IBM等网络公司和一些社会组织、科研院校、政府部门推出了本机构的用户界面设计指引并在业界传播，甚至连国际标准化组织（International Organization for Standardization，ISO）也推出了可用性原则[87][88]。也就是在这一阶段，与信息查询系统有关的可用性指引不断被研制出来，如Shneiderman推出了信息查询界面指南[40]，Theng推出了以用户为中心的数字图书馆设计指南[89]。

进入 21 世纪后,有关可用性指引的研究发展成为交互系统可用性研究的一个热点。这一时期不仅推出了数量可观的可用性原则,还推出了更具有情境因素的可用性推荐及模式,这些可用性指引研究的范围可能涉及整个交互系统,也可能只涉及交互系统的某一方面。例如,Bevan、Kincla 推出科技网站可用性指南[90],Johnson 推出用户界面设计原则[91],Welie 推出交互设计模式库[92],Travis 推出 Web 可用性指南[93],Uxpin 推出 Web 用户界面设计最佳实践指南[94]和 Web 用户界面设计模式[95],美国卫生和公众服务部推出以研究为基础的 Web 设计和可用性指南[96],英国政府电子特使办公室推出政府网站设计指南[97],欧盟 Minerva 推出文化机构网站建设原则[98],ISO 推出 ISO 9241-151 Web 用户界面指引[99]。与此同时,在信息查询系统可用性研究方面也推出了许多可用性指引。例如,Elsevier 公司提出图书馆网站可用性设计指南[100],Meyyappan 等总结了以用户为中心的数字图书馆系统设计指南[101],Hearst 提出查询界面设计的基本要求和原则[102],White、Roth 推出探查系统设计原则[4],Wilson 总结查询界面设计推荐[11]。有关信息查询系统某一方面的可用性指引也不断出现。例如,IFLA 推出了 OPAC 显示指引[103],Perez-Carballo、Xie 推出了数字图书馆帮助系统的设计原则[104],Hearst 推出了分面分类查询界面设计推荐[105]。

值得注意的是,进入 21 世纪,有关可用性指引的研究成果不仅出现在个人、机构的著述或研究报告中,还出现在专深的博士学位论文中。例如,Welie 研究的可用性样式[106],Ray 研究 Web 的可用性指南[107],Kules 研究的分类概览界面的设计指南[108]。这些博士学位论文的出现极大地提升了可用性指引研究的水平。

我国在信息查询系统可用性指引研究方面起步比较晚,但进入 21 世纪后也取得了不少研究成果。例如,姜婷婷提出大学网站信息架构评价指标[109],赵宇翔提出公共图书馆网站信息构建可用性评价研究[110],林芳提出数字图书馆评估指标体系[111],朱江、余敏提出数字图书馆网站的可用性框架[112],罗国富提出高校图书馆门户网站可用性指标[113],王茜、张成昱提出手机图书馆网站的可用性设计原则[114],李晓鹏提出提升高校图书馆网站可用性的策略[115]。这些都是近年来具有一定代表性的成果。

可用性指引的研究在引入了软件工程、人体工效学、认知心理学、行为学等多个学科的知识后,经过近半个世纪的发展,形成了许多抽象程度不同的原则、指南、推荐、规则,涉及人机交互系统及信息查询系统的各个方面,不但可用性指引的数量多,而且有些指引的条目数量也非常多,由此产生了可用性指引该如何使用和使用后是否有效的问题，这包括以下三个方面：

（1）可用性指引难于理解。可用性指引描述的通常是目标而不是操作，即为了提高其适应范围而去除了许多情境因素，过分概括导致人们对其意义有不同的理解。

（2）可用性指引难于选用。在同一情境下可以采用多种指引或同一指引的多条条目，存在着如何选用和选用后的顺序问题。

（3）可用性指引难于查找。可用性指引不仅数量多，而且一种可用性指引的条目数量也可能很多，因此，如何把这些可用性指引通过一定的体系组织起来，既便于理解又便于查找使用，是一个值得研究的课题。

2.4.2.2 可用性知识的研究

有关信息查询系统的可用性知识一是来源于学术论著、研究报告、设计总结等文献中包含的可用性知识；二是来源于现有的可用性知识，如来自设计者个人或机构的观察结果或共识；三是从其他交互系统的可用性知识中移植而来[88]。除了来源于学术论著或研究报告中的可用性知识比较集中外，来源于其他方面的可用性知识要么比较分散，要么只是关于系统某一部分的可用性知识。因此，这里重点研究具有代表性的学术论著或研究报告，从人机交互界面、网站信息架构、信息查询系统界面、支持探查的设计四个方面出发分析其研究内容，为本书的总体构架提供参考。

（1）人机交互界面研究。施耐德曼和普莱萨特在2011年出版的《用户界面设计——有效的人机交互策略》一书中，运用计算机、心理学、社会学、人体工效学等多学科的成果，对人机交互系统的用户界面设计进行了全面的研究，内容包括交互系统可用性的一般性问题，支持可用性的系统开发过程、交互方式和设计问题等[27]。该书初版发行于1986年，至今已是第五版，全书汇集了作者和业界的研究成果，在人机交互系统的用户界面设计和可用性研究方面具有广泛的影响力。虽然该书主要探讨的是人机交互系统的用户界面设计问题，但也探讨了可用性指引、交互方式的问题，还专门讨论了信息查询、信息可视化、用户文档和帮助等与信息查询系统密切相关的问题，突出强调了适应不同能力、个性、文化和身体状况的用户需要的可用性问题，对信息查询系统的用户界面设计能起到一定的指导作用。

（2）网站信息架构研究。莫维里和罗森费尔德在2008年出版的《Web信息架构：设计大型网站》一书中认为，网站的信息架构是从用户、内容和情境三个方面着手设计的，其中优先考虑的是用户的信息需求和信息查询行为[116]。

书中详细介绍了信息架构的核心内容,包括组织系统、标识系统、导航系统和搜索系统,在介绍每一部分内容时还加入了作者自己的案例和其他研究者的研究成果。全书针对的是大型网站的信息架构,比较全面地介绍了信息架构的各个组成部分,但对用户、内容和情境三个方面的分析不够深入,可作为研究信息查询系统信息架构的一个参考。

卡尔巴赫在 2007 年出版的《Web 导航设计》一书中分基本设计原则、开发技巧和特殊情境下的导航三部分探讨了导航系统设计的问题[117][118]。其中,第一部分介绍了 Web 导航的基础知识、信息查询行为和导航系统的组成部件;第二部分介绍了设计导航系统的概念模型和具体的实现方法;第三部分介绍了导航与搜索、社会化标签的关系及带有 Web 应用的导航。该书是比较早从可用性角度研究网站导航设计,也是比较早从信息查询的角度考察导航行为的著作,书中附有大量的案例材料,深入浅出地探讨了 Web 导航设计的内容,是研究信息查询系统导航设计的重要文献。

(3)信息查询系统界面研究。Hearst 在查询界面研究上进行了许多开创性的工作,有些技术还被主流的搜索引擎采用,她在总结研究工作的基础上收集了许多研究者或商用系统查询界面设计的成果,于 2009 年出版了 *Search User Interfaces* 一书[102]。书中首先引入信息查询过程模型,然后通过查询过程模型把查询界面的各个方面联系起来,分为构建查询式、显示查询结果、重构查询式、支持查询过程、在查询中整合导航等部分,以及查询个性化、查询界面可视化、文本分析可视化等内容,书中还提出了查询界面设计的基本要求和原则。全书案例多且详细,有许多案例还描述了具体的情境因素,是近年来在查询界面研究方面最为全面、深入的一部专著。但书中也存在一些缺陷,如研究的是查询界面,却没有介绍如何支持用户构建主题、帮助用户完成任务的内容;按信息查询过程组织内容,框架过粗,不便于使用;探讨了一些情境因素的影响,但不够深入细致,特别是没有突出用户和任务情境。

Wilson 在 2011 年出版的 *Search User Interface Design* 一书中,把网络信息查询系统的查询界面分为输入区、控制区、信息区和个性化区四个功能区块,其中,输入区探讨了查询框、辅助元数据,控制区探讨了交互查询、修改、排序、过滤、分组,信息区探讨了查询结果记录的显示方法,个性化区探讨了查询历史、社会网络、个性化设置[11]。书中探讨的内容一部分来自作者收集的案例,另一部分来自其他研究者的研究成果,并在此基础上总结出查询界面设计的可用性推荐。书中虽然探讨的是查询界面,但能从支持学习、决策的角度进行研究,在一定程度上包含对探查的支持;书中认为设计查询界面必须整合多学科人员的知识和技术，提出把查询界面分为四个区域，都是值得重视的观点。但全书主要研究的是查询界面设计的问题，没有探讨不同类型用户或任务的情况，案例也比较少。

（4）支持探查的设计研究。White 和 Roth 在 2009 年推出的 *Exploratory Search*：*Beyond the Query-response Paradigm* 一书中，从理论的角度研究了探查的概念和探查过程模型，书中提出了支持探查的信息查询系统应具有的功能，包括支持查询和快捷提炼查询、提供以分面或元数据为基础的查询结果过滤功能、利用查询的情境、通过可视化呈现帮助理解和决策、支持学习和理解、支持协作、提供查询历史工作区和更新信息、支持任务管理[4]，在每种功能下列举了研究实例，实例的内容都比较简略。该书的主要贡献在于对探查概念、探查过程模型和支持探查的系统应有功能的研究，但提出的过程模型比较概括，对功能的描述也比较简单。

Wilson 等在 2008 年、2010 年的 *From Keyword Search to Exploration*：*How Result Visualization Aids Discovery on the Web* 和 *From Keyword Search to Exploration*：*Designing Future Search Interfaces for the Web* 两个研究中，从支持用户完成探查任务的角度研究了信息查询系统的查询界面。作者把查询结果界面置于信息检索任务、信息查询任务、工作任务的情境之下进行考察，提出了基于任务情境的三层信息查询过程模型[119][120]。利用这一模型，作者探讨了查询结果界面及界面功能对探查行为的支持情况，包括查询结果的组织、分类导航功能、分面导航功能、预览功能、动态操作、查询提示等等，在每种界面或功能下列出了同行研究的成果。报告内容按三层模型及其行为进行组织，显得过于宽泛；其目的是支持完成探查任务，但缺乏其他情境因素的分析，缺少总结性的内容。

Kules 在其博士学位论文 *Supporting Exploratory Web Search with Meaningful and Stable Categories Overviews* 中认为，在探查过程中，用户面对查询结果会有一系列的变化：对信息需求和查询目的有一个从宽泛粗疏到具体深入的过程，对查询术语和相关性判断有一个从模糊简略到清晰系统的过程，对界面呈现和系统交互有一个从陌生摸索到熟悉习惯的过程，他由此提出了支持探查的分类概览界面设计指南，遵循这一指南可以在查询结果界面提供稳定的直观显示的概览，并提供结构化的有意义的类目体系，使用户能更好地把注意力集中在查询任务上，而不是分散在多变的查询结果呈现上[108]。稳定、统一和有意义的查询结果界面呈现是系统设计成功的保证。该文通过实证研究探讨了支持探查的分类概览界面设计指南，其严谨的研究方法值得重视。

我国目前虽然还没有研究者出版过有关信息查询系统可用性研究方面的专

著，但在司莉的《KOS在网络信息组织中的应用与发展》[121]、周晓英的《信息组织与信息构建》[122]、朱本军、聂华的《下一代图书馆系统与服务研究》[123]、周晨的《基于OPAC的图书馆资源整合研究》[124]等专著中都有关于信息查询系统可用性的内容。在黄晓斌主持的教育部人文社会科学研究项目"数字图书馆的可用性评价"（项目编号：09YJA870028）、马翠嫦主持的教育部人文社会科学研究青年基金项目"基于信息查寻过程的数字图书馆可用性评价扩展模型研究"（项目编号：10YJC870026）、黄晓斌主持的教育部博士点基金专项课题"开放存取科技论文网站的可用性评价"（项目编号：20110171110086）和徐芳主持的教育部人文社会科学项目"数字图书馆的用户交互模型与服务改进研究"（项目编号：13YJC870028），都在信息查询系统可用性方面有比较专深的研究。

分析上述与信息查询系统可用性有关的学术论著或研究报告，可发现如下四个特点：

（1）采用一定的模型或行为框架组织内容。以上研究大多是采用查询模型或行为框架组织内容，如Hearst引入查询过程模型把查询界面的各个部分联系起来，Wilson等采用基于任务情境的三层信息查询过程模型探讨查询结果界面及界面功能对探查行为的支持情况，White和Roth在探讨探查过程模型的基础上提出了支持探查的信息查询系统应具有的功能。这些模型或框架有的复杂，有的概括，但引入这些模型或框架有助于进一步探讨界面设置或功能。

（2）研究的最小单位是界面设置或功能。上述研究无论是关于人机交互界面、信息架构还是支持探查的设计，面向的可能是整个系统如人机交互系统、信息查询系统，或者是系统的某一部分如导航设计、分类概览界面，但研究的最小单位都是落实到界面的设置或功能上。

（3）重视总结他人研究成果。以上研究除Kules的博士学位论文外，大多是作者总结他人研究成果，并在结合个人研究的基础上提炼出来的，他人研究成果作为案例或参考资料所占的比重还比较大。

（4）研究结果中包含了可用性指引。以上研究基本都会总结出适用于系统或系统某一部分的可用性指引，为这些系统或系统组成部分的设计和评价提供指引，同时还分别探讨系统界面的设置或功能，或者探讨如何支持信息行为。

透过以上的学术论著或研究报告，也可发现如下三个问题：

（1）可用性知识的来源分散。上述研究完全属于可用性研究的内容只占其中的一部分，在可用性研究中支持探查的内容又仅占其中的一部分，所以支持探查的信息查询系统可用性内容很分散且很不系统，需要从众多的研究中收集起来并组织成系统的知识。

（2）对情境或情境因素缺乏深入的认识。上述研究都强调情境因素对用户与信息查询系统交互的影响，但对情境缺乏完整、全面的认识，特别是对用户或任务的影响往往只是从宏观上强调，而缺乏更深入的、全面的研究。

（3）模型或框架存在缺陷。上述研究中采用的信息查询模型有一部分是适用于探查的，如 White 和 Roth 提出的探查过程模型、Wilson 等提出的三层信息查询过程模型，其他模型则大多是经典的信息查询模型，这些模型的框架比较粗糙，不适合深入地研究信息查询系统对探查行为的支持情况。

总结起来，以系统为中心的可用性研究具有如下三个特点：

（1）研究的目的在于发现系统存在的可用性问题，主要是信息查询系统的性能、内容、技术等方面存在的问题。

（2）评价标准或测试任务由开发者、可用性专家或信息机构工作人员制订。

（3）研究过程中较少强调用户的参与作用。

以系统为中心的可用性研究存在的主要缺陷有如下三个：

（1）在研究过程中起主导作用的是开发者、可用性专家或信息机构工作人员，用户参与程度比较低。

（2）根据国际标准或可用性专家的理解设置评价指标，存在简单化、抽象化的弊病。

（3）受试者执行任务后把操作体验转化成要求回答的问题，在这过程中存在着理解的偏差。

2.4.3 以任务为中心的可用性研究

以任务为中心的可用性研究模式是在研究用户利用信息查询系统完成查询任务过程中，通过测试系统对不同类型任务的支持情况，发现用户与信息查询系统交互中是存在问题的。以任务为中心的可用性研究要求受试者必须代表真实的用户，执行的是真实的任务，在执行任务过程中详细地记录受试者的行为和现场情境，目的在于发现系统对各类任务的支持情况及存在的问题。

当用户需要处理数量庞大的查询结果记录时，即使系统提供排序方法也要耗费大量的时间去查找，但如果把分类体系与查询结果结合起来，用户不仅可以在相应的类目中查找到所需要的记录，还可以在制订简单的查询式后通过类目限定查询的范围，非常适合目标不明确的探查任务。在 Käki 开发的 Findex 系统中，查询结果界面与常规的搜索引擎结果界面类似，能按一定的顺序显示记录列表，且在界面左侧能显示出自动生成的分类类目列表，用户可以按类目限定查询结果，显示出该类目的记录列表[125]。用户测试表明，当目标记录并非处于列表前面的位置时，采用查询结果分类呈现比采用排序方法更为有效；当查询不熟悉的主题或不明确的任务时，查询结果分类呈现有助于找到相关记录；当选用的查询词过于宽泛或过于专指时，查询结果分类呈现有助于用户完成探查任务。Käki 是比较早从探查角度研究查询结果分类呈现的一个研究者，这些与查询结果分类呈现有关的研究成果现在都体现在常规的搜索引擎中。其后有许多研究者都开展了这方面的研究，其中 Hearst 在比较了查询结果自动聚类和等级分面分类两种呈现方法的优缺点后认为，如果等级分类体系能与自动聚类结合起来，那等级分面分类会有更好的发展前景[126]。

随着分面在信息查询界面中的广泛应用，有许多研究者探讨了分面在完成信息查询任务中的可用性问题[9][127]。Kules 等研究了 OPAC 查询界面中的分面对用户完成探查任务的影响[128]。他们把 OPAC 查询界面分为筛查区、分面区、查询结果区、面包屑导航①区、导航链接区、排序区、提示区和选择框区 8 个区域，要求受试者完成 2 个目标明确的查询任务和 4 个探查任务，从中测试受试者的视觉在界面各个区域的驻留时间和转换次序。测试发现受试者在完成查询任务过程中视觉驻留在查询结果区、分面区、筛查区的时间最长，表明分面区有助于用户深入地理解主题，也表明分面区在探查中发挥着更重要的作用，在某些查询阶段，分面区甚至可能比查询结果区重要。测试中受试者从查询结果区出发或进入查询结果区的视觉转换次数几乎占了 50%，从分面区出发或进入分面区的视觉转换次数占了 38.5%，比从筛查区出发或进入筛查区的视觉转换次数明显高出一等，表明受试者在完成探查任务时使用分面明显多于筛查。而在传统的 OPAC 中，构建查询式、精炼查询式等主要的查询行为都是在筛查区完成的。在界面中增加了分面区后，分面发挥了重要作用，有的受试者甚至认为无须筛查，直接利用分面就能解决问题。测试表明分面在完成探查任务中起着重要的作用，在设计信息查询系统时应把分面整合进来以支持探查任务。

信息查询系统应支持用户的查询行为以实现相应的查询目标，但系统的某些特征虽然具有快捷有效的特点，却不一定能支持用户实现查询目标，而有些特征则既有可能帮助也有可能妨碍用户实现查询目标。Diriye 在其博士学位论文中研究了查询界面如何支持目标明确的查询任务或目标不明确的探查任务的情况。作者调查发现，简单查询界面支持目标明确的查询任务，而复杂查询界面由于

---

① 面包屑导航：这个概念来自童话故事《汉赛尔和格莱特》，面包屑导航的作用是告诉访问者他们目前在网站中的位置以及如何返回。（参见百度百科）

支持复杂的查询策略，因而更支持探查任务，由此分析了查询界面功能、元素或显示信息等界面特征对信息查询行为的阻碍、促进和补充作用，并进一步研究了查询界面与查询任务之间的关系[129]。研究发现，有些界面特征对查询行为起着促进和补充作用，支持用户完成查询任务，有些界面特征则会干扰用户完成任务。在探讨查询界面特征对不同信息查询任务影响的基础上，他推出了一组支持探查任务的界面。

Vakkari 研究了受试者在完成查询任务的不同阶段时在选用查询词、选择查询策略和判断相关性方面的变化，以及信息查询系统应如何支持查询行为的问题[130][131]。他考察了受试者在撰写研究报告的开始和结束两个阶段时所使用的查询词和查询策略变化的情况。对于不熟悉查询运算符和查询策略的受试者来说，查询任务从开始阶段到结束阶段，随着查询主题知识的不断深入，使用的查询词类型和数量有明显的变化，但采用的运算符和查询策略则没有明显的不同。受试者随着查询主题知识的深入会采用更多的查询词，尤其是下位词，但如何使用这些查询词则需要查询知识，即要把用户的查询知识与选用的查询词、运算符和查询策略有效地结合起来构建复杂的查询式。相应地，系统应支持受试者在两个阶段中查询行为的变化，如能为用户呈现替换策略中使用过的同位词、上位词、下位词和相关词；在查询结果记录数量较少时向用户推荐使用 OR 运算符和平行策略，或推荐相关词、运算符、查询策略，由用户自行扩展，以提高查全率。

我国的研究者对以任务为中心的可用性研究并不多。汪明等以在校研究生为受试者，要求利用西南科技大学图书馆网站完成 12 个任务，统计和分析受试者完成任务的比率、时间、链接次数和对利用网站完成任务的满意度，在此基础上发现图书馆网站在内容、交互、视觉三个方面存在的问题并就如何提高图书馆网站可用性提出了建议[132]。

（1）强调信息查询系统要支持用户完成查询任务，认为研究信息查询系统的可用性不能只研究系统采用的新技术或新界面，也不能只研究系统支持用户的查询行为或使用偏好，还要研究系统如何支持查询任务或在多大程度上支持查询任务[33]。

（2）重视信息查询系统支持各类信息查询任务的研究，研究系统对不同明确程度、困难程度、复杂程度及不同阶段等类型任务的支持情况，研究的目的在于设计更可用的系统以支持用户完成各类查询任务。

（3）必须选择真实的用户在真实的情境下执行真实的任务，才能发现系统对各类任务的真实的支持情况及存在的问题。

（4）能有效地发现可用性问题。采用以任务为中心的方法进行信息查询系统可用性研究，不需要太精细的条件，却能有效发现可用性问题，提高所设计系统的可用性。

以任务为中心的可用性研究存在的主要缺陷主要有如下六个：

（1）任务类型多样，如何设置任务、保证任务的代表性决定着研究的信度和效度。

（2）在测试过程中，由于大部分任务是虚构的，受试者常常要在用户和被测试对象两种角色间转换。

（3）为了控制测试的进程，只能设置一些简单的阶段性任务，难以开展复杂的综合性任务。

（4）只能设置有限数量的任务，只能发现执行任务中所涉及的功能或设置存在的可用性问题，不能发现未涉及的功能或设置存在的问题。

（5）通常采用简易测试法，样本数量难以达到统计学意义的要求。

（6）与任务有关的可用性研究成果不仅存在于以任务为中心的可用性研究中，也存在于各种用户行为和信息查询系统研究中，如何把这些可用性知识提炼出来并用于指导系统设计并非易事。

2.4.4 以用户为中心的可用性研究

从20世纪80年代后期起，人机交互研究逐步转到以用户为本的价值观上来，其标志是采用动机心理学和认知心理学改进人机交互系统的设计，目的是让系统适应人的行为和认知，这一观念应用到信息查询系统可用性研究上就形成了以用户为中心的可用性研究模式[78][85]。以用户为中心的模式在关注信息查询系统技术和内容的同时，突出强调用户类型、需求特征、查询行为、工作环境、服务模式与可用性之间的关系，试图从心理学、社会学、人类学、人体工程学等角度研究用户，吸收用户参加信息查询系统生命周期各个阶段的设计以提高系统的可用性。

（1）探讨影响用户接受信息查询系统的指标。为了揭示用户对数字图书馆可用性的接受程度，Koohang、Ondracek提出了简单性、舒适性、用户友好、可控性、可读性、信息充足/与任务匹配、易导航、易识别、获取时间、相关性、一致性、可视性这12个指标，要求受试者利用数字图书馆完成查询任务后，分别评论使用后和理想状态下对这12个指标的感受，然后再分析受试者的年龄、性别、网络经验、年级、熟悉数字图书馆的程度对这两组数据的影响[133]。研究认为这12个指标是数字图书馆是否可用的内在特性，也是影响用户接受程度的重要指标,因此在设计和评价数字图书馆时必须重视这些指标,以保证系统的可用性。

(2)探讨用户个体差异对信息查询系统可用性评价的影响。李月琳、张向民通过用户测试,要求35名受试者分别在三个数字图书馆中完成浏览和搜索两项任务,探讨受试者的性别、受教育程度、搜索经验、搜索技能、浏览经验、浏览技能这些个体差异对数字图书馆可用性评价的影响[134]。他们发现受教育程度、性别、浏览技能、搜索技能和浏览经验在不同程度上影响受试者对数字图书馆可用性不同方面的评价,认为在设计数字图书馆时要考虑用户个体差异的需求,如与博士、硕士研究生相比,应为本科生提供更简单、易用的数字图书馆及其使用指南。

拥有不同查询知识的受试者使用不同的界面完成查询任务时具有不同的效果。Dillon 和 Song 早在1997年就研究了艺术资源数据库的文本界面和图形界面对具有查询知识经验和缺乏查询知识经验用户的影响,通过比较完成任务的时间、查准率和导航经过的节点数,发现利用两种界面完成任务时,有经验的受试者完成任务的速度明显要快于没有经验的受试者,受试者是否有经验对查准率的影响不明显,而图形用户界面能够显著减轻受试者导航的工作量,由此认为图形用户界面能够提高普通用户利用数据库的效果[135]。

不同专业领域的受试者对信息查询系统的可用性有不同的理解。Jahn 应用人类学研究模式对德国国际关系和地区研究信息网络门户网站 IREON 进行了可用性研究[136]。他采用焦点人群法测试了7位国际关系和地区研究专业的学生利用数字图书馆和互联网查找信息的区别,发现受试者缺乏专业领域的文献知识和提高查询效率的基础知识,希望能直接、免费获得文献,这有可能使他们轻视 IREON 书目记录的重要性;采用多元走查法约请了5位图书馆学或信息服务业的专家评价系统,发现系统查询功能单一、查询结果不便浏览、页面用词过于专业、使用图标含义模糊;采用自言自语协议,要求6位国际安全事务研究人员、6位国际关系和地区研究领域硕士以上的学生执行特定任务,发现受试者缺乏信息查询的基础知识,他们希望能直接获取文献,当无法直接获取时会关注获取途径的提示,这表明对用户有可能轻视 IREON 书目记录的担心是多余的,系统采用的图标含义模糊,受试者更喜欢按时间顺序排列查询结果。

(3)探讨熟悉或不熟悉系统的受试者使用分面导航或关键词搜索功能完成任务的情况。Wilson 和 Schraefel 在真实情境下考察了22位受试者使用 Newsfilm Online Archive 网站的分面探查或关键词搜索功能查询影视剪辑的行为[137]。原以为受试者在不熟悉系统时会比较多地采用分面探查的功能,在熟悉系统后会更多地采用关键词搜索的功能,但实际情况是受试者在两个阶段使用分面导航和使用关键词搜索的次数基本持平,而且两种功能还经常交替使用。作者分析认为,分面导航能把多个分面呈现出来,有利于用户理解馆藏结构,构建更具表达性的查询式。所以,当受试者不熟悉系统时会比较多地使用分面探查,一旦熟悉后会更多地使用关键词搜索的假设是不成立的。这可为查询界面如何设计分面导航功能提供借鉴。

张蒂采用焦点小组法测试了具有一定的查询知识但没有使用过发现系统的大学生受试者,收集他们使用清华大学水木搜索和北京大学未名搜索的情况,包括对这两种发现系统的功能认知、体验感受和未来期望[138]。研究发现,首先,受试者重视对发现系统的第一印象,要求界面简单且容易进入;其次,受试者能利用已有的查询知识应用发现系统的主要功能,但仍需要有关高级查询和应用技巧的培训;再次,受试者希望发现系统能根据他们的信息需求改进全文链接的功能,真正快捷地获取全文;最后,受试者希望发现系统能实现交流反馈渠道的畅通并重视他们的个性化需求。这为了解特定用户的信息需求和有针对性地设计发现系统提供了依据。

以用户为中心的可用性研究具有如下五个特点:

(1) 强调用户参与。认为用户参与贯穿于系统开发的整个生命周期,包括制订开发规划、确定使用环境、分析用户及组织需求、提出设计方案、进行用户测评等,每一环节都强调用户参与[139]。

(2) 重视用户研究。研究不同类型、不同组织和社会情境下用户的信息需求、信息查询行为和认知方式,目的在于设计更可用的系统以满足用户的信息需求。

(3) 信息查询系统不存在普遍可用性。许多研究者都反对采用普遍可用性的标准来研究信息查询系统的可用性,他们认为在可用性研究中如果不考虑用户类型、组织和社会等情境因素的话是毫无意义的[140]。

(4) 能更深刻地理解信息查询系统的交互效果。采用以用户为中心的方法研究信息查询系统可用性,通过引入社会学、心理学、人类学的研究成果,能够更全面、深入地理解用户与信息查询系统交互的效果。

(5) 能有效地发现可用性问题。采用以用户为中心的方法进行信息查询系统可用性研究,不需要太精细的条件,也无须太多的花费,却能有效地发现可用性问题,提高所设计系统的可用性[136]。

以用户为中心的可用性研究存在的主要缺陷有如下四个:

(1) 用户类型多样,如何划分用户类型、保证用户的代表性决定着研究的信度和效度。

（2）不同类型的用户有不同的需求、行为和认知方式，各种研究如果不明确用户类型，会导致研究结果之间缺乏可比性。

（3）用户与开发者或评价者之间对可用性的理解存在差异，调和他们之间的分歧并不容易。

（4）与用户有关的可用性研究成果不仅存在于以用户为中心的可用性研究中，也存在于各种用户行为和信息查询系统研究中，把这些可用性知识提炼出来并用于指导系统设计也非易事。

2.5 小结

信息查询系统可用性的研究经过 40 多年的发展积累了丰富的可用性知识，这些可用性知识除了集中反映在与可用性有关的论著或研究报告中外，还散见于信息查询系统或用户查询行为的研究中。为了把这些知识组织起来成为一个支持探查的信息查询系统可用性知识体系，以促进探查研究和可用性研究的发展，必须做到以下四点：

（1）大量的可用性研究成果不只是以可用性指引的形式存在，而且还以可用性知识的形式存在，这些以不同形式存在的可用性研究成果应采用一定的方法把它们组织成一个既便于设计者查找使用，又便于研究者查缺补漏的整体。

（2）可用性知识不仅存在于以系统、用户或任务为中心的可用性研究中，还存在于用户查询行为研究中，需要从情境因素出发考察信息查询系统是如何支持不同情境下用户的信息需求的。

（3）在信息查询系统的可用性知识中，支持探查的内容只占其中的一部分，对于这部分可用性知识，需要根据探查行为的特点进行划分并且要求易于扩充。

（4）采用信息查询过程模型或探查模型组织可用性研究成果都显得比较粗糙，不适合深入地研究信息查询系统对探查行为的支持情况。因此，很有必要制订一个组织框架，把信息查询系统的可用性知识组成一个整体，既支持探查行为，又易于扩充。

第 3 章
理论基础与组织框架

本章通过讨论探查和探查行为，提出支持探查的信息查询行为模型和影响信息查询系统可用性的情境分面分类体系，构建支持探查的信息查询系统可用性理论框架，为管理信息查询系统可用性研究成果中支持探查的内容提供组织框架。

3.1 探查理论

3.1.1 探查

探查是在开放、多维、长时间存在的问题情境驱动下进行的信息查询。探查特别强调浏览行为，是在问题情境的驱动下交织着查找、学习和调查的信息查询，具有探索、反复、多策略的特点，目的是解决复杂的问题和提高认知能力。信息查询系统在目前的情况下要完全实现探查的目的还显得过于宏大，只可能在设计方面呈现出某些支持探查的功能或设置，但这样的功能和设置以后一定会越来越多，就像现在的查询界面上有许多支持查找的功能和设置一样支持学习和调查行为。

探查受问题情境的驱动。问题情境是指用户的经验和知识不能解决信息查询过程中遇到的不确定性时的情境。对用户而言，不确定性可能是内生的，如个人的兴趣和爱好；也可能是外生的，如组织分派的任务。当用户感觉自身的知识状态、认知模式存在不确定性时，就需要更多的信息才能消除认知的鸿沟，于是产生了信息查询的需求。用户通过信息查询能够逐渐了解问题情境，深化和细分问题，进而明确查询目标，在多次反复的基础上逐步实现信息需求[119]。驱动探查的问题情境是非结构化的，用户需要获取更多的信息才能实现查询目标。

用户需要探查主要有三方面的原因：一是不熟悉查询目标的专业知识，即需要学习查询目标的主题知识；二是不能确定如何实现查询目标，包括实现查询目标的技术和方法；三是不能确定查询目标，需要通过查询才能明确查询目标[4]。因此，用户探查的具体目标也许并不明确，但最终目标一定是获取知识，提高其在某一领域的知识水平。探查的任务多种多样，可以是建构知识成果，如撰写学术论文或技术报告，也可以是促成某种行动，如购买商品或安排行程。所以，探查的目的不只是为了查找信息，更主要的是为了学习和调查。根据以上内容可以总结出探查有以下四个主要特点：

（1）情境性。探查受问题情境的驱动，通过情境可以为用户提供与任务相关的信息[58]。用户在信息查询过程中，除了实现信息需求外，还希望能学习到专业知识、查询知识和系统知识，通过逐渐掌握这些情境因素的知识，更好地理解查询任务，准确地表达信息需求，有效地扩展查询主题，准确地评价查询结果。

（2）交互性。用户在与信息查询系统交互过程中，能根据查询需求灵活地设置有关项目，与此同时，系统能根据用户的操作提供有用的反馈信息。如在查询界面中设置分面导航后，可以预览每个类目的记录数量；通过选择上位类、同位类或下位类的类目，可以扩大、缩小或改变查询范围；当鼠标指针悬浮在类目名称之上时，可以自动高亮度显示查询结果列表中该类所属的记录，同时显示出该类的子类目及其记录数量；当鼠标指针悬浮在查询结果的某一记录之上时，可以自动高亮度显示分类导航中该记录所属的类目。

（3）不确定性。用户对查询主题的熟悉程度直接影响其对任务要求和查询结果的理解，即使其熟悉查询主题，但在任务复杂程度和现有知识不足等因素作用下，其信息查询过程仍充满不确定性。探查的过程可以看作用户在信息查询过程中不确定性逐渐减少，任务知识、查询知识和系统知识等逐渐增加的过程。

（4）探索性。用户在探查中查找信息只是其中的一个目的，更重要的目的是探索未知领域、提高对未知世界的认识。用户在探查中结合搜索、浏览、试错等策略，整合分析、判断、综合等能力，在查询得到的信息及各种信息行为的作用下理解查询主题、发现新的知识[127]。

3.1.2 探查行为

在利用信息查询系统完成查询任务的过程中，用户执行的一个个具体的操作称为动作，一个或一组目的明确的动作称为行为。相应地，可以利用人机交互模型来考察用户与信息查询系统的交互情况，可以利用信息查询行为模型来考察用户利用信息查询系统的查询行为。

3.1.2.1 查询交互框架模型

利用交互模型可以深入地分析用户与系统交互的情况，发现交互中存在的问题，用于组织缺乏情境因素的可用性指引，以便于用户的理解和使用。本书以 Abowd – Beale 人机交互框架模型为基础，结合 Theng 的研究成果，总结出适用于信息查询系统的查询交互框架模型，把用户实现查询目标的一个交互周期分为用户执行、系统响应、系统显示、用户理解四个阶段（见图 3 – 1）。用户执行是指用户围绕查询目标而实施的行为；系统响应是指信息查询系统对用户查询行为的响应；系统显示是指信息查询系统对查询结果的反馈；用户理解是指用户了解信息需求和信息查询系统的行为指令，形成行动目标。

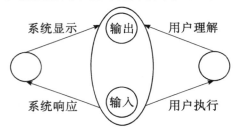

图 3 – 1 查询交互框架模型

在查询交互框架模型中，妨碍用户实现交互目标的主要问题来自用户、系统和设计。来自用户的问题是指由于用户原因而出现的错误，如用户输入错误或者错误理解屏幕显示的信息；来自系统的问题是指计算机或远程服务器的问题，如下载速度慢或服务器没有响应；来自设计的问题是指系统设计存在功能缺陷或错误，如不能限定查询范围或使用用户无法理解的专业术语，这一类问题最后都可以归结为来自用户或系统的问题。

3.1.2.2 支持探查的信息查询行为模型

Ellis 模型中的行为特征具有非线性模块化的特点，可以组合起来构成信息查询过程模型；同时，Ellis 模型扩展后也适用于探查行为，可用于指导信息查询系统的设计。Ellis 模型及其扩展模型 Meho、Makri、Bronstein 等提出了十多种行为，包括开始/调查、连接、浏览、区分/区别、筛选、监测、提取、鉴定、选择、更新、记录、交流网络、信息管理、综合、分析、写作、校对编辑、结束等行为,这些行为不仅包括信息查询行为,还包括信息管理、信息使用行为,限于篇幅,本书只能有选择地研究与探查行为密切相关的调查、连接、筛查、审阅、区分五种行为,对其他行为如监测、提取、结束、选择、更新等则留待后续做进一步的研究。这五种行为中,调查、连接和区分行为在 Ellis 模型中有类似的对应;而审阅行为是在 Ellis 模型的浏览行为基础上增加鉴定行为的内容;筛查行为是在 Ellis 模型中所没有的,包括输入查询词、选择运算符、构建查询式、修改查询式等一系列行为。以上五种行为是支持探查的最基本的行为,与监测、提取、结束以及分析、综合、更新等行为结合在一起,构成支持探查的信息查询行为模型(见图 3 – 2)。

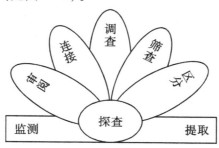

图 3 – 2　支持探查的信息查询行为模型

由于 Ellis 模型及其扩展模型对各种行为的定义并不明确,本书在此对这些行为做出明确的界定,着重强调每种行为作用的信息对象和在信息查询系统中支持这些行为的功能。

(1) 每种行为作用的信息对象级别。每种行为作用的信息对象可分为五级:①资源级。由若干个数据库或期刊等来源组成的集合,如中国知网(CNKI)、CALIS 外文期刊网。②来源级。数据库或期刊等由若干个文献或文献记录组成的集合,如 CNKI 中国学术期刊网络总库、Science 杂志网站。③文献级。查询得到的文献或文献记录,包括目录记录或全文。有时候把文献、文献记录分开,文献级专指查询得到的全文文献,记录级专指查询得到的不包括全文的目录记录。④内容级。查询得到的文献的内容,如作者在文中使用的语词、图片、数据、观点或段落文本等。⑤查询式级。在查询过程中用于表达信息需求的表达式。

(2) 系统支持每种行为的功能。在信息查询过程中,信息查询系统要支持用户的查询行为,帮助用户实现信息需求,最后都要落实到系统的功能及设置上。Wrubel 和 Schmidt 为了测试联邦搜索查询界面基本设置的可用性,提出了详细的查询界面基本设置列表[141];Brecht 在分析了 25 个数字图书馆系统后总结出数字图书馆的详细功能[65]。本书根据这些研究,在界定每种行为时列出支持该行为的相应功能。以下是对支持探查的五种基本行为的界定:

1)调查行为。Ellis等在1989年、1993年的研究中把信息查询的起点称为开始,在1997年的研究中称为调查,本书采用调查的名称,因为这一行为的目的是要了解信息查询任务或任务下各主题的情况,采用调查比开始更准确。书中把接受任务后或完成任务中主题发生重大变化后了解任务或主题的行为称为调查。

调查行为是信息查询的起点,其不仅要确定信息查询的主题,还要制订信息查询的策略,由此出发逐步形成对该主题的总体认识。如果把信息查询系统、用户、任务等情境因素结合起来考虑,调查行为中的用户就需要学习信息查询的方法、了解信息查询系统的知识、明确信息查询的任务、表达信息查询的主题,因此,调查行为虽然处于信息查询起点的位置,却极为复杂,很多时候其本身就是一个信息查询的过程。

根据用户对查询主题的熟悉程度,调查行为可以分为对熟悉或不熟悉主题的调查行为,前者是指用户对该主题已有相当的了解,对查询任务有比较明确的认识,对查询结果有一定的预期;后者是指用户对该主题了解甚少,对查询任务模糊不清,对查询结果无法预期。在网络环境下用户可以通过文献评论、个人收藏的资料或他人推荐的信息了解查询主题的总体情况,也可以访问百度、谷歌或百度百科、维基百科等掌握主题的基本信息,还可以通过门户网站、机构数据库或是其他网络资源获取该主题的详细信息。调查行为的主要目的是掌握该主题的总体情况,此外还需要掌握信息查询的一般知识,了解信息查询的一般策略,熟悉数据库或网络信息资源的基本情况。

2)连接行为。连接行为是利用文献间的引用、推荐或相关关系导向用户感兴趣的信息。在信息查询中,根据连接信息的位置可以分为内连接和外连接,前者是指同一文献内不同部分之间的连接,后者是指文献与文献之间的连接;根据连接的方向顺序可以分为前趋连接和后趋连接,如在引证关系中前者是由当前文献导向施引文献,后者是由当前文献导向引用文献。连接行为除了存在于具有引证关系的文献之间外,还存在于与该文献有关的文献之间,包括不同描述级别的文献、保存在一起的文献、同一来源的文献、同一主题的文献、同一类目的文献、同一作者的文献、同一机构的文献以及具有推荐关系的文献之间。

3)筛查行为。搜索行为是在信息查询过程中与构建和处理查询式有关的行为,包括输入查询词、选择运算符、构建查询式、修改查询式、保存查询式、组合查询历史等行为。Ellis 等在 1989 年、1993 年的研究中都没有提到搜索行为，可能是因为 Ellis 模型（1989，1993）是在用户访谈的基础上总结出来的，在那些用户看来，搜索行为就隐含在查询行为中；之后的 Ellis 模型（1997）则分出了筛选行为，是指采用一定的标准或机制得到更相关、更准确的信息。在 Meho 等和 Makri 等的研究中都提出了搜索行为，但并没有对这一行为做出界定。值得注意的是，在 White 和 Roth 提出的探查模型中，集中查询阶段的主要行为就是搜索行为[4]。本书认为，搜索行为是一种重要的探查行为，不能再隐含在其他查询行为中，但用搜索行为来命名与构建和处理查询式有关的行为，两者的外延明显不对等，故在本书中将之称为筛查行为。筛查行为主要是指在具有明确的查询目标的情况下，通过输入题名、主题词、关键词等表征内容特征的词，限定作者、时间、类型、来源等控制条件，然后提交给信息查询系统的行为。

4）审阅行为。浏览行为是以结构化或半结构化方式扫描、识别感兴趣的信息，包括评价和鉴定等行为的内容。在网络环境下，浏览行为是一种非常重要的信息查询行为，用户只需要通过鼠标的滚动和点击就可以浏览页面内容，实现在同一页面内或不同页面之间的转换，如在网上浏览期刊论文时，除了可以浏览论文内容外，还可以链接到该刊的目录列表，浏览同期的其他论文标题和作者，也可以链接到期刊的编辑机构，浏览期刊的编者和主办单位。浏览行为作用的信息对象级别可以是资源级、来源级、文献级或内容级，其中最常见的是文献级浏览，包括利用标题、作者、主题、文献类型等分组列表扫描目录、索引、文摘、参考文献甚至文献全文；其次是内容级浏览，包括扫描文献的主要内容或通过章节标题链接到相应的章节内容。浏览的目的是评价信息对象的主题、内容、数量及新颖性、权威性、可靠性、准确性、相关性、覆盖面等。在评价查询结果记录的相关性时，除了要根据相关文本进行判断外，还要从功用、新颖性、信息量和准确性等角度进行考察；评价时可以采用直接评价或间接评价方法，前者是根据用户的知识和经验直接做出判断，后者需要利用工具、咨询他人或通过查询信息后才能做出判断。需要说明的是，这里的浏览行为是指以结构化或半结构化方式扫描感兴趣的信息，为了不与信息查询中的浏览行为混淆，在本书中将之更名为审阅行为。

5）区分行为。区分行为是指根据信息的内在或外在特征选择信息。在 Makri 的研究中，筛选和选择行为在一定程度上可以看作区分行为[52]。区分行为可以分为直接区分和间接区分两种，前者是根据一定的标准直接审阅信息，从中选择满足需求或感兴趣的内容，如利用文献主题、内容结构、权威性、覆盖面、获取速度等进行区分；后者是根据字段或项目自动进行筛选，从中得到需要的信息，如利用题名、作者、主题、来源、机构名称、发表时间、文献类型进行区分，也可以根据信息源或文献的重要性、相关性进行区分，而排序是最常见的一种支持区分行为的功能。

以上每种行为作用的信息对象类型和在信息查询系统中支持这些行为的功能见表3-1。

表3-1 系统支持探查行为的功能

序号	行为	作用的信息对象	支持该行为的功能
1	调查	资源级、来源级、文献级、内容级、查询式级	显示查询式、查询历史、查询结果记录列表、记录详细信息、参考文献、施引文献、热点文献、相关文献，显示分面及控制词汇信息，显示标签、注释、评论，显示查询结果记录数量、书目统计信息，提供拼写检查、查询词提示功能、查询示例、帮助功能
2	连接	资源级、来源级、文献级、内容级、查询式级	连接基本查询/高级查询界面，连接字顺导航、地区导航、分面导航、分类导航，连接同一作者的文献、相同机构作者的文献、最近增加的记录、参考文献、施引文献、热点文献、相关文献、查询结果记录列表、记录详细信息、期刊编辑机构、期刊封面/目次
3	筛查	资源级、来源级、文献级、内容级、查询式级	基本查询/高级查询（输入查询词、限定字段、限定查询结果、拼写检查、提示查询词，使用布尔运算符，选择排序方式、显示格式）、二次查询、网址查询、参考文献查询、非文本查询、专家查询，从查询结果中排除记录，保存查询历史
4	审阅	资源级、来源级、文献级、内容级	选择显示格式、排序方式，字顺浏览、地区浏览、分面浏览，浏览同一作者的文献、相同机构作者的文献、最近增加的记录、参考文献、施引文献、热点文献、相关文献，查询结果记录列表、记录详细信息、书目统计信息，浏览标签、注释、评论
5	区分	资源级、来源级、文献级、内容级	基本查询/高级查询（输入查询词、限定字段、限定查询结果，使用布尔运算符）、二次查询，从查询结果中排除记录，选择显示格式、排序方式，字顺浏览、地区浏览、分面浏览，浏览相关文献，查询结果记录列表、记录详细信息，增加标签、注释、评论

第3章 理论基础与组织框架

上面界定了五种支持探查的最基本的行为，并列出了在信息查询系统中支持这些行为的功能，可以发现：①行为之间存在交叉和联系。如连接行为与审阅行为、筛查行为与区分行为之间存在交叉，而调查行为本身可能又是另一个信息查询的过程，区别这些行为的依据主要是实施行为的目的。②一种行为需要得到多种功能的支持。如筛查行为除了要有基本查询/高级查询的支持外，还要有非文本查询、专家查询、保存查询历史等功能的支持。③一种功能可以支持多种行为。如显示查询结果记录列表、记录详细信息可以支持调查、连接、审阅、区分行为，其区别只是功能所支持的行为实现的目的不同。

本书从支持探查行为的角度出发，选择表3-2中的七种功能展开深入的分析。选择这些功能的标准是：在信息查询系统中，每一种行为都要得到若干种功能的支持，从这些功能中选择比较有代表性的功能，如在表3-1列出的支持调查行为的功能中，帮助功能是用户了解查询任务或查询主题的最为综合的一种功能；这些功能不仅能支持相应的行为，而且具有信息机构的专业特点，如分面导航功能、叙词功能和相关性评价功能都能体现信息机构的专业特点；所有这些功能组合起来，可以比较全面地揭示出信息查询系统的主要部分支持探查行为的情况，如叙词功能、标签云功能、构建查询式功能组合起来能揭示出系统支持筛查行为情况，而七种功能组合起来能揭示出系统支持探查的五种基本行为的基本情况。

表3-2 选择研究的支持探查行为的功能

序号	行为	功能	选择理由
1	调查	帮助功能	用户在信息查询过程中的每一个行为或每一个步骤都可能离不开帮助
2	连接	分面导航功能	分面导航可以限定查询范围、提供情境信息，更重要的是，通过组面及其选项可以导航到相关记录
3	筛查	叙词功能	选择查询词表达信息需求是信息查询中最关键的一个环节，叙词功能具有信息机构的专业特点
		标签云功能	以简洁直观的可视化形式为用户提供查询词提示功能
		构建查询式功能	构建查询式是信息查询过程中最复杂的一个环节
4	审阅	相关性评价功能*	审阅查询结果记录列表、记录详细信息的重要目的是评价查询结果的相关性
5	区分	排序功能	通过字段或项目的排序识别和区分记录

*审阅查询结果记录列表或记录详细信息的功能名称太长，这里用相关性评价代称

3.2 影响信息查询系统可用性的情境

3.2.1 信息查询系统的可用性与情境

信息查询系统必须在一定的情境下运行，对影响信息查询系统可用性的情境因素进行全面的研究，特别是对情境因素进行分类，可以看作研究信息查询系统可用性的起点。当前对影响信息查询系统可用性的情境因素的研究很分散，比较多的是从查询交互的角度进行研究，而且往往局限在某一方面或有限方面，缺乏更全面深入的剖析。信息查询系统可用性以有效性、效率和满意度作为衡量指标，而影响信息查询系统性能的情境因素基本上也会影响信息查询系统的可用性，因此，本书利用前人研究的影响信息查询系统性能的情境因素的成果（见本书2.3部分），提出一个比较完整的影响信息查询系统可用性的情境分面分类体系，以帮助人们更好地理解信息查询系统运行中的情境、分析影响信息查询系统可用性的情境因素。该体系既可用以探讨各种情境因素之间的关系，又可用以支持信息查询系统的设计和评价。

3.2.2 情境分面分类体系

本书把影响信息查询系统可用性的情境大类分为系统、任务、用户和环境四个组面。这一划分方法与Bevan的影响人机交互系统可用性的使用情境[6]的分面划分方法保持一致，而且这种划分方法在影响信息查询系统性能或信息查询行为的情境研究中也有所体现。对影响信息查询系统可用性的情境大类的4个组面的内容规定如表3-3所示。

表3-3 情境大类

序号	组面	组面内容
1	系统	系统是指搜索引擎、OPAC、数字图书馆等信息查询系统，是研究信息查询系统可用性的最重要的一部分，在查询过程中发挥着关键性作用。信息查询系统的信息架构及其底层支撑部件是影响信息查询系统可用性的主要内容，包括资源、界面、功能、查询性能、技术设备等因素

续表 3 – 3

序号	组面	组面内容
2	任务	任务是指用户为了实现信息需求的目的而与信息查询系统进行的交互，是研究信息查询系统可用性的重要组成部分。主要包括任务的目的、主题、结构、维度、阶段、时间限制等因素
3	用户	用户是指具有不同人口统计学特征、身体特征、认知特征的信息查询系统的用户，是研究信息查询系统可用性的又一重要组成部分。主要包括年龄、性别、知识、经验、专业、职业、生理状况和教育程度等方面，重点是用户具有的专业知识、系统知识、查询知识、认知能力等因素
4	环境	环境是指除系统、任务、用户以外影响信息查询系统可用性的情境，主要包括物理、气候、经济、社会、文化环境等因素

3.2.2.1 系统组面

影响信息查询系统可用性情境的系统组面可以分为资源、信息架构、用户界面、功能、性能、技术设备6个亚面（见表3-4）。

表 3 – 4　系统组面

序号	亚面	亚面内容
1	资源	此处的资源是指信息查询系统所拥有的各种类型的资源，包括仓储、数据库、目录、目录记录、记录项目、数字对象等。资源还可以根据专业、主题、来源、格式或媒体等做进一步的细分
2	信息架构	信息架构是关于如何组织信息、设计信息空间以帮助用户有效地实现信息需求的一门科学，核心内容包括组织系统、标识系统、导航系统和查询系统，及底层支持部件元数据、受控词表、分类法等
3	用户界面	用户界面是介于用户与系统之间，为两者交互而设计的，目的是使用户能够方便有效地操作系统，完成预期的任务。信息查询系统的用户界面根据不同的抽象程度可以分为用户、任务、空间、页面、功能和界面元素六类
4	功能	功能是由界面元素构成的可支持用户行为、完成任务的设置。如为了支持探查的调查、连接、筛查、审阅、区分行为，系统设置了相应的功能。凡研究这些功能可用性的入此，研究这些功能对各类用户、任务支持情况的入用户或任务组面

续表 3-4

序号	亚面	亚面内容
5	性能	性能是指系统所具有的性质和能力，根据其不同抽象程度可以分为属性和特性两类。从最高抽象程度上表征系统可用性的是属性，分为有效性、效率、满意度三个指标；在实际中更多地用于表征系统可用性的是特性，分为用户适应性、一致性、标识明确、反馈帮助、易导航、任务匹配、易学性、容错、可获取性、审美感、胜任感等指标。资源、信息架构、用户界面、功能组面的组成部分都可作用于不同的可用性特性，而可用性特性又作用于不同的可用性属性
6	技术设备	技术设备是指构成系统的软件、硬件、材料和技术方法，比较典型的如设备（PC/iPad）、架构（P2P/分布式/Intranet）、网络连接方式（有线/无线）等

3.2.2.2 任务组面

影响信息查询系统可用性情境的任务组面可以分为任务来源、任务主题、任务执行者、重复过程、任务阶段、任务期限、任务评测频率、任务成果、需求存续的阶层、需求目标数量、需求变化情况、需求明确程度、查询方式、查询结果具体程度、查询结果明确程度、任务复杂程度、任务困难程度、任务重要程度、任务紧急程度 19 个亚面（见表 3-5）。

表 3-5 任务组面

序号	亚面	亚面内容
1	任务来源	根据任务来源的不同可以分为内部和外部两类。其中，来源于用户内部的任务可以是在日常生活或工作中自生的，也可以是在信息查询过程中受激发而产生的；来源于用户外部的任务是根据一定目的而设置的
2	任务主题	根据任务涉及的主题可以分为三类，第一类是与日常生活有关的任务，第二类是与科研工作有关的任务，第三类是综合性的任务
3	任务执行者	根据任务的不同执行者可以分为两类，一类是由用户个人完成的任务，另一类是由两个或两个以上用户合作完成的任务
4	重复过程	根据完成任务的过程是否重复可以分为两类，一类是一次性完成不重复的任务，另一类是重复某些过程或整个过程的任务

续表 3-5

序号	亚面	亚面内容
5	任务阶段	根据任务所处的阶段可以分为三类，第一类是任务的开始阶段，第二类是任务的中间阶段，第三类是任务的结束阶段
6	任务期限	根据任务完成的期限可以分为两类，一类是在短期内需要完成的任务，另一类是在比较长的时间内完成的任务
7	任务评测频率	根据任务评测的频率可以分为三类，第一类是只评测一次的任务，第二类是间歇评测若干次的任务，第三类是经常进行评测的任务
8	任务成果	根据查询结果的类型可以分为实际成果、智力成果、事实性信息、图片类信息、混合成果等
9	需求存续的阶层	根据需求存续的阶层，需求可以分为长期需求、主要需求、查询需求、交互需求四类。需求激发形成任务，四类需求激发形成长期任务、工作任务、查询任务、交互任务。四类需求之间存在着层次关系，长期需求影响着主要需求，导致产生查询需求，查询需求决定着交互需求，即高一级需求影响决定着低一级需求
10	需求目标数量	根据需求目标的数量可以分为两类，一类是单一目标的需求，另一类是多重目标的需求
11	需求变化情况	根据查询过程中需求的变化情况可以分为两类，一类是固定不变的需求，另一类是会发生变化的需求
12	需求明确程度	根据用户对信息需求的不同明确程度可以分为两类，一类是具体、清晰、明确的需求，另一类是宽泛、未知、模糊的需求
13	查询方式	根据用户完成任务的行为方式可以分为搜索任务、浏览任务、综合任务三类。其中，搜索任务是指目标明确的，主要通过搜索行为完成的任务；浏览任务是指没有具体目标的，主要通过导航行为完成的任务；综合任务是以上两者的结合
14	查询结果具体程度	根据查询结果的具体程度，任务可以分为事实查询、探索查询、综合查询三类。其中，事实查询得到的是数据、事实、事件等具体的答案；探索查询得到的是与查询主题有关的一般性认识或基本文献；综合查询得到的是与查询主题有关的尽可能多的文献
15	查询结果明确程度	根据查询结果的明确程度，任务可以分为开放型查询和封闭型查询两类。其中，开放型查询是指查询结果没有明确答案的查询，主要对应于探索查询；封闭型查询是指查询结果具有明确答案的查询，主要对应于事实查询和问答式查询

续表 3-5

序号	亚面	亚面内容
16	任务复杂程度	根据客观或主观的指标判断任务的复杂程度
17	任务困难程度	根据客观或主观的指标判断任务的困难程度
18	任务重要程度	根据客观或主观的指标判断任务的重要程度
19	任务紧急程度	根据客观或主观的指标判断任务的紧急程度

3.2.2.3 用户组面

影响信息查询系统可用性情境的用户组面可以分为计算机知识、网络知识、查询知识、资源知识、专业知识、个人属性、访问权限 7 个亚面（见表 3-6）。

表 3-6 用户组面

序号	亚面	亚面内容
1	计算机知识	用户具有的计算机知识或操作技巧，常分为有经验或没有经验、熟悉或不熟悉等类型
2	网络知识	用户具有的网络知识或使用技巧，常分为有经验或没有经验、熟悉或不熟悉等类型
3	查询知识	用户具有的信息查询知识或查询技巧，常分为有经验或没有经验、熟悉或不熟悉等类型
4	资源知识	用户具有的特定系统资源的知识，或称为系统知识，常分为有经验或没有经验、使用过或没有使用等类型
5	专业知识	用户具有的与查询任务有关的专业主题知识，常分为有经验或没有经验、熟悉或不熟悉等类型
6	个人属性	用户具有的人口统计学特征、身体特征或认知特征等，包括性别、年龄、民族、区域、性格、习惯、专业、职业、职称、身体状况、教育程度、认知能力等内容

续表 3-6

序号	亚面	亚面内容
7	访问权限	用户利用网络或资源的权限，常分为匿名、受限、授权使用等类型

3.2.2.4 环境组面

影响信息查询系统可用性情境的环境组面可以分为物理、气候、经济、社会、文化 5 个亚面（见表 3-7）。

表 3-7 环境组面

序号	亚面	亚面内容
1	物理	交互场所的物理环境，如视觉、听觉、空间设施等因素
2	气候	交互场所的气候环境，如气候的冷、热、干、湿等因素
3	经济	交互场所的经济环境，如报酬、支付能力等因素
4	社会	交互场所的社会环境，如社会组织、管理结构、规章制度等因素
5	文化	交互所处的文化环境，如语言、隐喻、文化心理的影响等因素

情境分面分类体系分为系统、任务、用户和环境 4 个组面，每个组面又进一步细分出亚面，从而能够比较完整、全面地揭示出影响信息查询系统可用性的情境因素，为深入地研究各种情境因素对信息查询系统可用性的影响提供了可能。情境分面分类体系可用于组织信息查询系统的可用性知识，发现在信息查询系统可用性研究中存在的薄弱环节，进而发挥可用性知识的作用和提高可用性研究的水平。这里需要说明以下三点：

（1）情境分面分类体系中类目的划分并没有严格遵守分类原则，类目间存在交叉重复的现象，如任务组面中的查询结果具体程度、需求明确程度亚面的内容，用户组面中的查询知识、资源知识亚面的内容都存在交叉，这是因为现实中确实存在这些类型的因素，于是被保留了下来。

（2）情境因素对信息查询系统可用性的影响效果可以分为正面的促进作用、负面的阻碍作用和没有作用三种情况[129]，究竟是哪种效果要根据具体情况而定。例如，针对不同查询知识的用户，信息查询系统的可用性表现为系统能在多大程度上支持、不支持或不影响特定查询知识的用户。

（3）在信息查询系统可用性研究中，从系统、用户、任务等情境因素出发的研究成果比较丰富，而从环境因素出发的研究成果相对要少很多，为了节省篇幅，本书暂不讨论有关环境因素影响信息查询系统可用性的内容，留待以后补充完善。

3.3 支持探查的信息查询系统可用性理论框架

根据以上对支持探查的信息查询行为模型和影响信息查询系统可用性情境的研究，为了组织有关信息查询系统可用性的研究成果，本书从设计知识和信息行为两个方向展开讨论，提出支持探查的信息查询系统可用性理论框架。

3.3.1 设计知识方向

信息查询系统的设计知识是指人们在信息查询系统设计和评价中积累起来的能提高系统性能的知识。设计知识的范围非常广泛，其中与可用性相关的知识包括设计技术、信息架构、信息组织以及底层的控制词汇和元数据等知识，最直接相关的是可用性知识。

信息查询系统的可用性知识是指人们在信息查询系统可用性设计和评价中总结出来的能用于指导信息查询系统的设计和评价，并能在一定程度上提高信息查询系统可用性的知识。可用性知识的来源有三个：一是学术论文、研究报告、设计总结等文献；二是设计者的观察结果或共识；三是从其他交互系统的可用性知识中移植而来。

信息查询系统的可用性指引是信息查询系统可用性知识中的一部分，是在可用性知识的基础上提炼出来的可用性法则、指南、推荐、规则等的概称。与其他可用性知识相比，可用性指引比较抽象，比较少考虑具体的情境因素，在指导信息查询系统的设计和评价上的作用更加稳定、有效。

3.3.2 信息行为方向

信息行为是指人们生产、处理或获取信息相关的行为，包括查寻、获取、传播、组织和利用信息等行为。其中，信息查询行为是信息查寻行为的子行为，是指用户有目的地与数字图书馆等特定的信息查询系统交互以满足信息需求的信息查寻行为，包括浏览、搜索、阅读、订购等行为，这些行为是用户为实现查询目标而进行的一个或一系列动作的组合[142]。信息查询中的交互行为是指用户与信息查询系统通过界面进行的一系列实现信息沟通的行为，整个交互的过程可以看作一个输入和输出的过程。用户为实现查询目标通过界面向系统发出指令，而系统根据指令把处理后的结果通过界面呈现出来。在信息查询系统中交互行为可以细化为动作，从这点上可以认为，用户与信息查询系统的交互行为构成了用户利用信息查询系统的查询行为的基础。

3.3.3 理论框架

把支持探查的信息查询系统可用性知识向设计知识和信息行为两个方向展开，从而构成支持探查的信息查询系统可用性理论框架（见图3-3）。

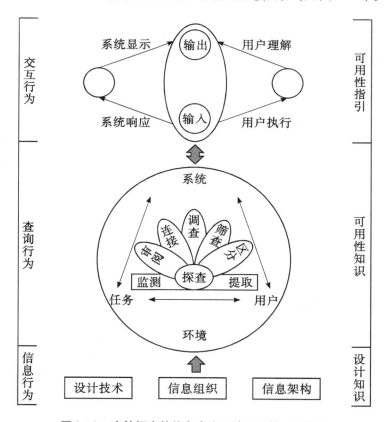

图3-3 支持探查的信息查询系统可用性理论框架

在图3-3中，理论框架右侧是设计知识方向，列出了包括设计技术、信息组织、信息架构等设计知识及设计知识中与可用性直接有关的可用性知识，同时把可用性知识中具有更稳定、更抽象特点且比较少考虑情境因素的可用性指引独立出来。理论框架左侧是信息行为方向，列出了用户的信息行为及其子行为——信息查询行为以及查询行为中可以从动作层面进行考察的交互行为。

从动作层面上看，交互行为比查询行为更少涉及情境因素，现有的研究也表明可用性指引适于指导信息查询系统中支持交互行为的设计，相应地，采用交互模型也适用于组织可用性指引。本书利用查询交互框架模型把用户实现查询目标的一个交互周期分为用户执行、系统响应、系统显示、用户理解四个阶段，通过这四个阶段组织可用性指引。

与可用性指引相比，可用性知识具有更具体、更关注情境因素的特点。从其来源看，一般都是在具体的情境因素下得到的，因而可用性知识适于指导信息查询系统中支持查询行为的设计，相应地，采用特定的查询行为模型也适用于组织可用性知识。本书利用支持探查的信息查询行为模型，把可用性知识按支持探查的调查、连接、筛查、审阅、区分五种基本行为分开；由于每一种行为都是在具体情境下发生的，所以支持每一种行为的可用性知识都与系统、任务、用户等情境因素相关。

支持探查的信息查询系统可用性理论框架具有模块化的特点，如研究不同情境因素对信息查询系统可用性的影响时，可以从情境分面分类体系中选择相应的因素进行研究；研究不同交互模型下的信息查询系统可用性知识时，可以和本书一样采用 Abowd – Beale 人机交互框架模型组织可用性指引，也可以换成其他的人机交互模型。

支持探查的信息查询系统可用性理论框架具有扩展性的特点，如可以在目前支持探查的五种基本行为的基础上增加信息使用、信息管理行为，也可以在情境中扩展不同类型设备、不同类型网络等因素。

3.3.4 提出理论框架的意义

支持探查的信息查询系统可用性理论框架把设计知识、信息行为、影响信息查询系统可用性的情境因素结合起来，为完整深入地管理信息查询系统可用性研究成果中支持探查的内容提供了一个组织体系。这一组织体系有利于组织信息查询系统可用性的研究成果，为指导系统设计和评价提供指引；有利于发现信息查询系统可用性研究中的薄弱环节，避免出现重复研究现象，提高研究的整体水平。

3.3.4.1 为管理信息查询系统可用性的研究成果提供了一个组织体系

长期以来，信息查询系统可用性的研究成果对系统开发的指导作用处于脱节的状态，表现为既不关注研究成果的"可用性"，又不重视研究成果的累积效应。之所以会出现这种状况，其中的一个重要原因是缺少有效的方法对信息查询系统可用性的研究成果进行组织和管理。本书提出的支持探查的信息查询系统可用性理论框架，为全面管理信息查询系统可用性研究成果中支持探查的内容提供了一个组织体系，利用这一组织体系能够把信息查询系统可用性研究成果组织起来成为一个完整的知识体系，明确每一部分可用性知识在体系中的位置，便于从中找到所需要的可用性知识，发挥可用性知识在信息查询系统设计和评价中的指导作用。

3.3.4.2 有利于深入研究信息查询系统可用性

利用支持探查的信息查询系统可用性理论框架，不仅可以全面地组织信息查询系统可用性研究中支持探查的内容，还可以根据情况深入地选择一种或多种设计知识、信息行为或情境因素展开研究。例如，在研究信息查询系统对用户行为的支持时，经常用新手和专家两类用户的查询行为进行对比，由于对专家的定义十分含糊，很有可能在一项研究中被称为专家的用户在另一项研究中却成了新手，而引入本书研究的情境分面分类体系后，可以很明确地界定用户是不是专家，是哪一方面的专家。又如，在当前的信息查询系统可用性研究中，研究者们往往集中研究一些热点领域，而其他领域却无人问津，利用这一理论框架可以从中发现研究的薄弱环节或者进行创新组合，如当前对环境组面影响信息查询系统可用性的研究比较薄弱，有关不同文化用户查询行为的研究就有可能成为值得研究的课题。

支持探查的信息查询系统可用性理论框架也为本书的研究提供了一个组织框架。本书根据支持探查的信息查询系统可用性理论框架，于第4章采用查询交互框架模型把支持交互的信息查询系统可用性原则分成四个阶段组织起来。第5章采用支持探查的信息查询行为模型选择信息查询系统的七种功能，从可用性角度分析这些功能对系统、任务、用户情境因素的支持情况。第4、5章研究的内容组成了支持探查的信息查询系统可用性知识体系，通过第6章的实证调查，采用可用性测试法掌握目前的信息查询系统对探查行为的支持情况和存在问题，把理论知识与现实状况联系起来，在第7章中提出提高支持探查的信息查询系统可用性的策略。

第 4 章
支持交互的信息查询系统可用性原则

本章根据可用性指引的特点,重点探讨可用性指引中的可用性原则,选择六种与信息查询系统有关的可用性原则,利用查询交互框架模型将其条目先按交互阶段,再按可用性特性划分组织成为支持交互的信息查询系统可用性原则。

可用性指引是在可用性知识的基础上提炼出来的、抽象程度比较高的可用性知识,其能用于指导交互系统的设计和评价,并能在一定程度上提高交互系统的可用性。根据不同的抽象程度和应用领域,可用性指引可分为如下六类:

(1) 可用性原则。它是在交互系统开发生命周期中能用以指导开发决策、实现可用性顶层目标的设计知识,其来源于人们在设计和评价过程中总结出来的经验和知识,具有抽象化和普遍性的特点。可用性原则的例子如系统应与现实世界相匹配[143]。可用性原则可以分为可用性法则和可用性指南两类:①可用性法则。它是可用性原则中最抽象、最具有普适性的一部分,在各类可用性指引中处于顶层的位置。如费茨定律[144]就是可用性法则的一个典型例子。②可用性指南。它是对可用性法则进行细化后形成的适用于特定领域的可用性指引。与可用性法则相比,可用性指南较为具体、较易理解,能够反映特定的用户需求或设计要求。可用性指南的实例如慎用图书馆专业术语[100]。可用性指南与可用性法则的区分并不是很明显,在很多情况下统称为可用性原则,如 ISO 9241-110 对话原则[145]的内容具体且条目多,实际上是属于可用性指南的范围。

(2) 可用性推荐。它是指针对特定需求的相对比较具体的解决方案,其在表述上比可用性原则更为清晰明确,更不容易产生理解上的偏差。例如,为了提高易读性,标签云中的标签应使用无衬线的字体[146]。可用性推荐可以分为设计规则和工效学算法两类:①设计规则。它是针对特定系统功能或设置而制定的一系列要求,据此进行设计能在不同系统、界面或界面元素间保证一致性。例如,设计主页时要求标题的识别性好;为重要内容设置链接;导航区应遵循统一的格式,避免被误认为是广告的链接;导航项应按逻辑顺序或任务顺序排列；为旧版设置链接[93]。②工效学算法。在设计规则的基础上根据需要设定每条规则的权重或引用次序，以此进行设计能保持一致性。例如，Design Advisor 软件根据界面元素的类型、大小、颜色和位置，利用工效学算法预测用户视觉在界面上移动的次序。

（3）设计模式。它是指以可用性原则和可用性推荐为基础研制的、在特定情境下行之有效的界面设计方案。如在 Welie 构建的交互设计模式库[92]中，每个设计模式由名称、问题、方案、适用范围、方法、原因、样例七部分构成，对适用的情境做了明确的规定。

（4）可用性标准。它是指用于规范交互系统的功能或操作的标准文档，可分为国际标准、国家标准、行业标准和内部标准。如国际标准 ISO 9241 – 151 Web 用户界面指引。

（5）可用性风格。它是指为系统设计而制订的使之具有统一的外观、操作方法的可用性原则、推荐或设计模式的集合。如 IBM 公司推出的系统界面设计原则[147]，其关注自己系统的设计风格，以突出系统的可识别性。

（6）独立性指引。它是指用户、设计者或评价者在系统测试和评价中形成的共识，通常出现在学术论文或研究报告中，用以解决特定的如某一元素在界面放置的位置或者是宽泛的如完成某一类任务的可用性问题。

可用性指引从可用性原则（包括可用性法则、可用性指南）、可用性推荐（包括设计规则、工效学算法）到设计模式，在抽象程度上形成了一个从抽象到具体的金字塔形层次结构，相应地，其应用领域也形成了一个从宽泛到专门的金字塔形层次结构[37]（见图 4 – 1）。其中，抽象层次最高的是可用性法则，

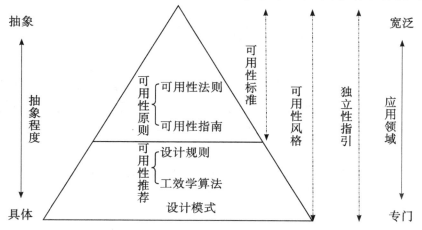

图 4 – 1　可用性指引的类型

如 Nielsen 等的启发式可用性原则，这些法则的条目比较少考虑情境因素，可以为交互系统的设计和评价提供一个框架，由于内容过于宽泛，因而难于把握如何应用的界限；对这些法则进行细化后形成适用于特定系统、用户及情境的可用性指引，如 Welie 的交互设计模式库，由于这些模式的描述深入而具体，因而能行之有效地指导具体系统的设计和评价。

本文选择与信息查询系统有关的可用性原则展开研究，理由如下：

（1）与可用性原则相比，可用性指引中的可用性推荐和设计模式针对系统的某一部分如界面元素或设置做出规定，涉及比较多的情境因素，适用面比较窄，比较容易理解；而可用性原则的抽象程度要高得多，适用面也要广得多，存在着难于理解、难于查找使用的问题，需要把它纳入一个组织结构中，通过组织体系赋予每条条目以情境因素，以便查找和使用。

（2）可用性推荐和设计模式由于比较具体，如果要组织一个完整、全面地反映信息查询系统的可用性推荐或设计模式，条目的数量将会非常庞大且不容易控制；而由于可用性原则要抽象得多，把与信息查询系统有关的可用性原则组织成一个体系，其条目的数量则属于可以控制的范围。

（3）目前，在可用性原则研究方面，主要是通过对人机交互系统的测试或评价，从中总结出提高系统可用性的知识，进而提升为可用性原则；或者利用可用性原则评价人机交互系统的可用性，从中发现可用性问题，进而为提高系统可用性提出建议。但面对如此众多又难以查找利用的可用性原则，对于如何将之组织成为一个完整、全面的体系却研究得不多。

4.1 可用性原则的作用

利用可用性原则，一方面有利于帮助设计者提高可用性意识，发挥其可复用的特点，从而高效地设计信息查询系统；另一方面有利于促进评价者与用户的交流，从而有效地发现可用性问题，与开发过程紧密结合，设计出更有用的信息查询系统。

（1）培养可用性意识。可用性原则用简明扼要的语言描述可用性知识，易于阅读和记忆，有助于设计者培养可用性意识，自觉地把可用性知识应用在系统设计中。

（2）积累研究成果。可用性原则可来自已有的原则集、学术论文或研究报告，也可来自系统开发中形成的经验和知识。把这些分散的可用性知识通过一定的方法组织起来，即可成为指导系统设计和评价的可用性原则。

（3）提高可用性知识的可复用性。从可用性知识中总结提炼出来的可用性原则应用于指导同类系统的开发，具有可重复应用和降低开发成本的优点。

（4）提高开发效率。可用性原则具有易于阅读、行之有效和可重复应用的特点，利用可用性原则进行系统开发，能避免出现常见的可用性问题，极大地提高所开发系统的质量。

（5）评价系统可用性。根据可用性原则编制的可用性检查列表，可用于检查和发现系统中存在的可用性问题，尤其是应用在自动可用性评价工具中，具有节省时间、降低成本、与开发过程紧密结合的优点，不仅可以发现可用性问题，甚至还可以修复发现的可用性问题[148]。

但是可用性原则可能产生以下五个问题：

（1）不容易理解。可用性原则的内容比较抽象，描述过于简洁，存在着难以理解的问题。如 Shneiderman 用户界面设计原则和 Nielsen 启发式可用性原则中都有"保持一致性"条目，其内容同样简明扼要，都没有解释该条目何时使用、如何使用和为何使用，没有说明该条目与其他条目的关系，在理解上容易产生歧义。

（2）抽象难用。可用性原则的内容越抽象，使用越困难。如 Shneiderman 用户界面设计原则的"保持一致性"条目，其应用领域从概念、界面到交互，非常之广泛，于是成为一条几乎无法实现的条目[149]。相比较而言，内容越具体的原则其应用领域越小，对系统设计和评价越具有指导意义，如 Shneiderman 的"保持一致性"条目下的"界面色彩、布局、字体、拼写应保持统一"，就很容易应用在界面元素的设计和评价上。

（3）缺乏情境因素。由于知识、经验、任务的差异，不同的人对抽象的可用性法则、指南会有不同的解读。如对于"一致性"条目，设计者可能从形状、数量或者是否与现实世界相匹配来考虑，而使用者则可能从自己的知识、经验和使用目的来考虑。也就是说，在不同的人看来，一致性可能是完全不同的概念，如果不考虑情境因素的话，要达到所谓的一致性几乎是不可能的[150]。

（4）难以取舍。原则中的一条条目可能影响几条条目，或者一条条目的影响力可能由几条条目的影响力组合而成，因此，是否遵循某一条条目并不是一个简单的决策过程，它需要在众多因素间权衡取舍。例如，许多研究者指出，遵循一致性的系统具有易学性，但具有易学性的系统并不一定易用，即一致性支持易学性但会影响易用性，特别是对有经验的用户而言，强调一致性往往会降低使用效率。所以，在设计或评价系统时，是否遵循"一致性"条目必须综合考虑多种因素。

（5）抑制创造性。有研究者担心，设计者一旦养成遵循可用性原则的意识就会形成思维定式，以后遇到类似的问题时首先就会想到如何遵循可用性原则，然后才考虑如何创新，长此以往会固化设计者的思维，抑制设计创新。

4.2 相关可用性原则的选择及其分析

在第 2 章的研究状况中提到，可用性指引的类型多、数量多，有些指引的条目也很多，存在着难以查找也难以使用的问题。为了研制一个支持交互的信息查询系统可用性原则，本书选择了六种与信息查询系统有关的可用性原则进行比较分析，从中抽取出支持信息查询系统可用性的条目纳入可用性原则的组织结构中去。选择这些可用性原则的标准是：可用性原则针对的是信息查询系统或与信息查询系统有关的交互系统的网络应用；具有较强的代表性，在国际范围内具有一定的影响力；内容有特点，能比较完整地描述其适用内容；组合起来覆盖面广，能比较全面地支持信息查询系统的主要方面。此外，还要求可用性原则可以从网络或公开出版物中得到；描述比较准确且易于理解。这六种原则如下：

（1）Shneiderman 用户界面设计原则。Shneiderman 用户界面设计原则[27]是施耐德曼在 1987 年出版的《用户界面设计：有效的人机交互策略》中提出来的，他在交互系统界面设计经验的基础上总结出用户界面设计的八条可用性条目，又被称为"八条黄金法则"。该书至 2009 年已出版到第 5 版，而用户界面设计原则的内容也推陈出新，不仅成为业界指导交互系统设计的重要原则，也在指导信息查询系统的设计上得到很好的应用。

（2）Nielsen 启发式可用性原则。Nielsen 启发式可用性原则[143]是由 Nielsen 等在 1990 年提出来的，是在分析交互系统界面设计存在的可用性问题的基础上总结出的指导用户界面设计的十条条目。由于其提出的时间比较早，且得到许多可用性专家的认可，因而在交互领域的可用性研究中具有广泛的影响力。

（3）Minerva 可用性原则。Minerva 是欧盟为实现文化和科学内容的数字化、长期保存和可获取而构建的网络平台，于 2003 年推出了《文化机构网站手册：为民众保证质量》[98]，提出保障图书馆等文化机构网站建设质量的八条可用性条目，目的在于指导文化机构网站的建设，达到有效、高效和满意的效果。

（4）ISO 9241 – 110 对话原则。ISO 在原 ISO 9241 – 10 的基础上于 2006 年

推出了《ISO 9241-110-2006 人机交互作用的人类工效学。第 110 部分：对话原则》[145]，共有七条条目。这一对话原则不考虑具体的对话技术，重点关注交互系统的界面开发，目的在于为交互系统的设计和评价提供一个框架，避免在开发中出现不必要的可用性问题。

（5）Elsevier 图书馆网站的可用性设计指南。Elsevier 公司结合已有的网站可用性设计指南和图书馆可用性测试结果，于 2004 年提出了图书馆网站的可用性设计指南[100][151]，共有九条条目，2007 年又推出了第 2 版，目的是使用户在图书馆网站中快捷方便地找到电子资源。

（6）OPAC 显示指南。IFLA（国际图书馆协会联合会）在征询全球图书馆的意见和建议后，于 2005 年推出了 OPAC 显示指南[152]，其中与可用性有关的条目共有八条，重点关注书目信息的显示问题，不涉及具体的界面和技术，也不涉及查询命令和帮助功能，目的是使图书馆设计的 OPAC 在书目显示上能达到最基本的要求。

以上六种与信息查询系统有关的可用性原则具有如下特点：

（1）编制者不同，但都具有较大影响力。Shneiderman 用户界面设计原则、Nielsen 启发式可用性原则都是在个人研究的基础上提出来的，提出的时间都比较早，也极大地影响了后续其他原则的研制。值得注意的是，Shneiderman 等早在 1997 年就利用其原则指导和评价数字图书馆的设计，这也是比较早的采用可用性原则评价信息查询系统的一篇文献[40]。ISO 9241-110 对话原则、Minerva 可用性原则都是由国际性组织编制的，都设有专门的编纂机构且经多年研制而成，因而用词准确、描述精到，特别是由 ISO 研制的 ISO 9241-110 对话原则，在国际上具有很大的影响力。Elsevier 图书馆网站的可用性设计指南、OPAC 显示指南分别由 Elsevier 公司和 ILFA 研制，两机构在图书馆界都颇有影响力。

（2）应用范围有区别，但均适用于信息查询系统。Shneiderman 用户界面设计原则、Nielsen 启发式可用性原则都针对的是交互系统，但前者侧重于用户与系统之间的交互行为，而后者侧重于界面对象、功能和设置。ISO 9241-110 对话原则针对的是世界范围的交互系统，包括网络应用，而 Minerva 可用性原则针对的是欧盟的文化机构网站，包括图书馆网站。Elsevier 图书馆网站的可用性设计指南、OPAC 显示指南都是针对图书馆的网络应用，但前者关注的是包括 OPAC 在内的图书馆网站，后者只关注 OPAC 显示的问题，不涉及界面的其他方面。相比较而言，Shneiderman 用户界面设计原则、Nielsen 启发式可用性原则、ISO 9241-110 对话原则的应用领域要广泛得多，而另三种原则要专指得多。

（3）抽象程度和组织结构上有特点，值得其他原则借鉴。Shneiderman 用户界面设计原则、Nielsen 启发式可用性原则针对的都是交互系统的最抽象的原则，在组织结构上都采用扁平结构，在每一条目下以不完全方式列举出其内容，但条目的含义宽泛，比较难于把握。相比较而言，ISO 9241－110 对话原则、Minerva 可用性原则的抽象程度下降，具体程度增强，其中，ISO 9241－110 对话原则在组织结构上采用等级结构，在每一条目下列出二级条目；Minerva 可用性原则采用扁平结构，在每一条目下以不完全方式列举出内容。Elsevier 图书馆网站的可用性设计指南、OPAC 显示指南都采用等级结构，在每一条目下列出二级条目，在二级条目下列举出详细的内容，描述具体明确。

4.3 可用性原则的组织结构

可用性原则的组织结构是指围绕一定的目的、采用一定的方法把可用性条目组织成一个完整的体系结构。可用性原则的条目除了可以根据可用性指标进行组织外，还可以根据条目字顺、语义关系或适用的界面元素、功能等多种方法进行组织。在上述六种与信息查询系统有关的可用性原则中，条目比较少的 Shneiderman 用户界面设计原则、Nielsen 启发式可用性原则、Minerva 可用性原则这三种原则在组织结构上采用扁平结构，在每条条目下列举出内容，而另三种条目多的原则则采用等级结构，在二级条目下再列举出内容。尽管上述六种可用性原则在编制者、应用领域、抽象程度和组织结构等方面有很大的不同，但综合起来条目的覆盖面很广，可以比较全面、完整地揭示出影响信息查询系统可用性的主要内容。为了便于理解、便于利用，有必要采用一定的组织结构把这些条目组织起来，规定每条条目在组织结构中的位置和次序，明确其含义，由此形成一个易于查找、易于浏览的结构体系。

本书从查询交互行为的角度，利用查询交互框架模型，将六种可用性原则的条目根据其适用范围分入交互周期的用户执行、系统响应、系统显示、用户理解四个阶段，对一些不能划入以上四个阶段的条目，增加一个"其他"类别，用于集中"规范化""可用性测试"等内容。由于分入每个阶段的条目数量比较多，为了便于组织和查找这些条目，本书在 Folmer 等提出的从软件架构层次实现可用性的可用性设计框架[153]的基础上，在每个阶段下按条目所能影响的可用性特性做进一步的细分，从而形成先按交互阶段、再按可用性特性划分的可用性原则分类等级体系。

在 Folmer 等提出的可用性设计框架中，整个框架分为可用性问题域、可用性方案域和把这两者联系起来的可用性特性三部分：①可用性问题域主要是解决可用性的界定问题，包括可用性是什么、由哪些属性组成、如何评价等。②可用性方案域提供实现软件可用性的设计知识，如可用性指引（包括可用性法则、指南、推荐、标准）以及设计技术、信息组织、信息架构等。③可用性特性居于问题域和方案域中间，是从方案域中综合出来的对软件可用性属性有直接影响的特性，如易导航、一致性、反馈帮助等，这些特性受设计知识的影响，又影响可用性属性。通过可用性特性，方案域中的可用性指引等设计知识对可用性属性发挥影响，从而使软件架构能更好地支持可用性（见图4-2）。

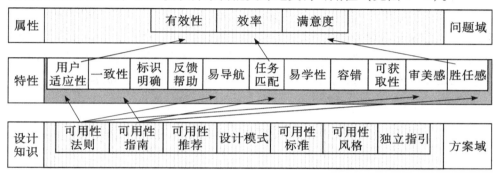

图4-2 可用性指引对可用性的影响架构

依据Folmer等的可用性设计框架，笔者在以前研究[64]的基础上，把分入4个阶段的条目按其对可用性特性的影响再分入11个可用性特性（见图4-2）。这11个可用性特性分别是：①用户适应性，指系统具有对不同用户需求、偏好、能力和经验的适应性，能根据用户的要求进行个性化设置；②一致性，指系统的语词、界面、操作方法等具有一致性；③标识明确，指系统标识如文本、图标、链接、导航项、查询语词等要准确简洁；④反馈帮助，指系统在运行过程中应及时提供反馈信息，使用户易于获取使用帮助或操作指引；⑤易导航，指用户能够简捷灵活地通过导航获取所需要的信息；⑥任务匹配，指系统应根据用户任务提供相应的信息；⑦易学性，指用户为学习使用系统需要付出的努力的程度，常与助记性结合起来；⑧容错，指系统具有防错和纠错功能，指引用户正确操作；⑨可获取性，指不同能力、语种或环境下的用户能够得到的系统提供的服务；⑩审美感，指系统的界面布局、功能设置或操作过程给人以愉悦的感受；⑪胜任感，指用户在使用系统过程中产生的能力得到肯定的感受。

本书采用查询交互框架模型的交互阶段和可用性特性两级类目，把六种与信息查询系统有关的可用性原则的条目组织成一个体系，成为一个比较完整、全面地揭示出支持交互的信息查询系统可用性原则。这一方法组织起了可用性原则的条目，规定了每一条目在体系中的位置和次序，使用户既可以从交互阶段的角度又可以从可用性特性的角度查找可用性条目。通过浏览整个体系，可以了解影响交互各个阶段和各种可用性特性的可用性条目，能够更有目的地利用和充实可用性条目，提高可用性原则对信息查询系统设计和评价的指导作用，使原则本身更具有"可用性"[88]。在这里需要说明的是：①把六种可用性原则中的条目组织成一定完整的体系是一项非常烦琐而周密的工作，本书只能尽可能地把各种原则中的条目纳入相应的等级体系中，但不能保证影响多个交互阶段或影响多种可用性特性的条目都无一遗漏地纳入多个交互阶段或多种可用性特性中。②由于六种可用性原则的应用范围有区别——分别应用于对话、界面、网站和交互系统，因此，条目中相似的内容可能会用不同的表述方式。本书尽可能在语境方面保持一致，但更全面的内容需要参考六种原则的原文。

4.4 支持交互的信息查询系统可用性原则

下面将六种与信息查询系统有关的可用性原则的条目先按交互阶段，再按可用性特性划分，组织成一个支持交互的信息查询系统可用性原则，既可以从交互阶段的角度出发又可以从可用性特性的角度出发利用可用性条目。

4.4.1 用户理解阶段

用户理解阶段是用户了解信息需求和系统的操作指令，形成行动目标的阶段。

4.4.1.1 用户适应性（用户理解阶段）

（1）与用户相适应。系统应使用用户熟悉、含义明确、易于理解的单词、短语、图片、图像和标识。界面的数据结构及组织形式应以用户认为恰当的方式呈现，符合用户的语言文化习惯。例如，界面的菜单、标签、帮助、内容信息、导航工具、类目名称、代码标识等都应使用官方语言或所服务区域的用户语言；界面默认使用的是官方语言；如果所服务区域的用户使用两种或两种以上的官方语言，则应提供这几种语言的界面；对于国际用户应提供英语或另一种主要语言的界面。对于采用多种语言著录的目录，应遵循不同语言的排版要求；当同一实体采用多种语言著录时，记录应按语言分开显示，使用界面语言的记录优先排列。

（2）慎用专业术语。用户大多不熟悉图书馆等信息机构的专业术语或面向系统的词汇，因此，在界面上不应使用缩写。例如，不用"OPAC"而用"联机公共查询目录"。设计者必须明确，在他们看来浅显易懂的语词标识和操作方法，在用户看来却是难以把握的鸿沟。例如，很多用户都不能准确地理解图书馆的专业术语，包括目录、资源、联机数据库、施引文献、引用文献等。

（3）适应个性化需要。系统应提供多种界面供用户选择。系统应为不同群体或不同需求的用户提供不同的界面，如文本界面、图形用户界面、语音识别界面和触摸屏界面；应为不同熟练程度和查询要求的用户提供不同的界面，如基本查询界面、高级查询界面和专业查询界面；应为特殊或特定需求的用户提供不同的界面，如在图形用户界面之外，还应为残障人士或网速较慢区域的用户提供文本界面。

（4）查询界面应体现用户的需求。用户可以自行构建查询式，选择一个或多个数据库，根据一个或多个属性查找、识别、选择和获取文献。用户可以选择查询结果列表的排序方法，设置查询结果记录的显示方法，包括记录显示的项目及其次序。用户还可以选择查询界面的语言，设置默认的查询方法和查询结果显示格式。

4.4.1.2 一致性（用户理解阶段）

界面、界面元素及其操作方法应具有一致性。界面应使用一致的字体、字号、颜色、拼写方法和数据格式，保持统一的排版风格和交互方式；应遵循系统的惯例，保证语词标识在界面呈现、菜单、提示和帮助中的一致性，使用户在相同情境下不必担心使用不同的语词标识。系统的功能应与用户对功能的理解保持一致，系统在贯穿任务始终的显示方式和操作方法上应保持一致，用户可以根据已有的知识和经验理解界面、界面元素及其操作方法，不必担心在相同情境出现不同的状况或需要不同的操作。

4.4.1.3 标识明确（用户理解阶段）

（1）系统显示的信息应清晰明了。文本字体、字号和颜色要适当，数据库名称、信息机构名称要清晰明确，图标直观且有意义。文本数据、代码数据、类目类号的输入格式应与显示格式保持一致，如记录中由标引员输入的文本大小写和标点符号应与显示结果保持一致；出版物的格式、类型、语种、读者对象、处理级别等代码数据和分类号一样，不仅显示代码也显示类目名称；用于查询的分类号与揭示馆藏位置的索取号应区分明显。

（2）标识应具有提示性。文本、图像、图片、标志等标识应尽可能直观、规范，如有必要，应提供文本标识。按惯例突出显示超链接，超文本链接采用蓝色字体加下划线，已访问的超文本链接呈现为紫色；当鼠标指针移动到超链接之上时，统一改变为手形标志并显示出链接的标签和目标地址。

（3）界面对象应具有预设性。当用户看见界面对象的某些特征时就知道应该如何操作，例如，需要点击"确定"按钮才能完成操作步骤时系统应突出显示该按钮。

4.4.1.4 反馈帮助（用户理解阶段）

（1）帮助信息应简洁明了。最佳的系统是不需要任何帮助就可以使用的。但为了便于用户熟悉系统、解决使用中出现的问题，仍需要提供帮助功能，提供帮助文档、教学视频、即时聊天、FAQ等帮助工具。帮助信息应简洁明了，重点关注用户的任务，明确列出完成任务的步骤。对每种数据库资源都应详细描述其链接方式、使用方法、覆盖范围、内容类型和限定条件，如果系统只能查询信息机构网站的信息而不包括期刊等数据库资源，必须做出明确的说明。帮助信息应尽可能显示在独立的窗口上，不影响用户浏览查询页面的其他内容，不妨碍用户继续执行当前的任务。

（2）帮助内容应与情境有关。系统应提供基于情境的帮助。例如，在限定字段查询时应提供有关该字段的帮助；在查询结果记录数量过多或过少时应提供缩小、扩大或改变查询范围的帮助；在用户输入出错时应提供排除错误的帮助。

（3）提供查询结果记录数量为零时的处理方法。当查询结果记录数量为零时，系统应提供有针对性的解决方案。这可能是数据库中没有符合条件的记录，如没有所查询主题、标题或作者的文献；也可能是查询式存在问题，如输入有误、查询词过于专指、字段限定出错，系统应区分可能的情况并提供相应的处理方法。

（4）帮助功能应易于获得。帮助功能应可见且易于调用。帮助功能的链接及其调用应具有一致性，在每个页面上都应设置帮助功能的链接，最好固定在页面右上角的位置，易于用户需要时找到链接并调用帮助功能。

4.4.1.5 任务匹配（用户理解阶段）

（1）提供适合用户需求和任务要求的界面，使用户关注任务本身而不是关注用于完成任务的技术，支持用户高效地完成任务。界面应避免提供与用户完成任务不相关的信息，因为任务要求决定了用户需要的信息的质量、数量和类型，呈现不恰当的信息会降低效率，增加用户的认知负担。

（2）命令的功能应易于理解，用户能够在命令与命令能够实现的功能之间建立起对应关系，例如，在查询框中输入的就是查询文本，而点击"检索"按钮就是提交查询请求。遵循现实世界的惯例，按自然或逻辑的次序呈现信息，输入、输出的格式要与任务相符，如果任务需要输入的是典型值就应该设置为默认值。

（3）信息机构网站不能只根据信息机构管理的需要组织信息，而是要根据用户任务提供一站式服务。在学术型图书馆中，用户认为最重要的或利用频率最高的任务分别是：完成研究任务所需要查找的期刊论文、索引或图书资料；查找辅导资料如讲义、教辅书和相关资料；查找图书馆的信息，如位置、开放时间；获取使用图书馆或图书馆网站的帮助信息。学术型图书馆最应该关注的是第一项任务。

（4）系统应采用多种方法组织和呈现信息，使用户能够通过多种路径发现信息，提高获取信息的可能性。其中，分类法和主题法是组织信息的主要方法。有的用户查询信息时明确需要期刊论文，因此有必要按资源类型区分出期刊、书目、索引、图书等类目；有的用户喜欢从学科主题出发快速浏览资源，因此有必要从学科分类角度组织资源，如专门设置"计算机类"页面列出所有的与计算机学科有关的图书馆数据库、免费的网络资源和重要的参考书刊，通过学科导航引导用户使用相关的资源。

4.4.1.6 易学性（用户理解阶段）

（1）易于理解。系统应根据用户需求显示信息，做到易于阅读、理解和记忆。系统显示的信息要符合内容最少的设计原则，要求尽量简洁。在交互中呈现的不相关信息会影响用户对相关信息的理解，降低相关信息的可见性，影响下载的速度。页面长度要基于用户的要求，不必显示太多的信息。例如，图书馆网站中有大量的期刊时，只显示出用户需要的、最重要的几种期刊；否则，不仅会影响下载速度，也会影响用户阅读、理解和记忆。

（2）尽可能减少用户点击的次数。由于用户大多是为了完成查询任务才访问信息机构的网站，因此网站应把主要的数据库链接放置在主页上，方便用户快速进入资源。用户进入资源的路径越短，对网站的满意度就越高。一般认为，用户从主页进入资源的点击次数最好不超过 3 次，并且在该过程中应始终有一种在信息机构网站范围内的感受。

（3）助记性。界面、界面对象及其操作方法应具有助记性，使用户通过认知而不是记忆进行操作，以减轻记忆的负担。用户处理信息受短期记忆的影响，要求界面显示的信息要简洁且具有一致性，突出用户需要的相关信息，避免出现不相关的信息，并能为用户分配足够的时间用于学习代码、记忆操作内容和操作序列。界面对象及其操作方法具有可见性，使用户无须记住在不同部分间切换时的交互信息。页面太长时要以压缩形式显示，用户选择的内容可以放大浏览，尽量不用滚动屏幕就可以浏览主要内容；用户访问过的记录可以返回并重新利用；为用户提供命令语法、缩略语、代码以及其他信息的在线帮助。

4.4.1.7 可获取性（用户理解阶段）

保障残障人士获取网络信息资源实际上就是保障普通用户在特殊环境下也能获取信息资源，只要遵循 W3C（World Wide Web Consortium，万维网联盟）的可获取原则，就能解决用户在特殊环境下如光线灰暗的室内或在颠簸飞行过程中的可获取性问题。因此，对残障人士或网速较慢区域的用户要提供文本界面，如在提供触摸屏界面时还要提供鼠标和键盘；要为不同群体或需求的用户提供不同的界面，如 GUI（Graphical User Interface，图形用户接口）、文本界面、语音识别界面和触摸屏界面等。

4.4.1.8 审美感（用户理解阶段）

信息机构网站是用户获取信息资源的入口，其可用性有助于用户查找所需要的信息，所以，设计网站界面时要注意审美，采用的颜色要尽可能少，使用的图片容量要尽可能小，保证界面简洁美观；尽量少用或不用动画、闪烁移动的文字。排版时要减少网站 LOGO 和导航条占用的页面空间，使用户不用滚动屏幕就可浏览主要内容。

4.4.2 用户执行阶段

用户执行阶段是用户围绕查询目标而实施行为的阶段。

4.4.2.1 用户适应性（用户执行阶段）

用户能根据已有的知识和经验理解界面对象及其操作方法，这要求系统的功能应与用户对功能的理解保持一致，同时减少用户完成任务所需要的操作次数。

系统应为不同性别、年龄、技术、设备、经验等类型的用户提供不同的交互方法，例如，系统应为新用户提供更多的帮助，为有经验的用户提供快捷方式。系统还应支持用户经常性的操作行为，例如，采用伸缩/隐藏显示、功能键、快捷键、宏命令等方法提高熟练用户的效率。

4.4.2.2 一致性（用户执行阶段）

贯穿任务始终的界面、界面元素及其操作方法应保持一致；相似情境下的操作、操作方法及操作序列应保持一致，如输入密码时必须连续输入两次，执行删除操作时必须有确认的步骤等；自始至终的命令应保持一致。

4.4.2.3 易导航（用户执行阶段）

（1）导航设置具有一致性。导航条的导航性能良好，导航选项的呈现、操作具有一致性。导航条通常位于每个页面的顶部，通过突出显示导航选项以表明用户目前所处的位置，通过可视化呈现以避免用户出现迷航现象。超链接的设置具有一致性，超链接文本采用下划线，访问过的超链接文本变换颜色，便于用户区分访问和未访问的超链接文本；当鼠标指针移动到超链接之上时，应统一改变为手形标志并显示出链接的标签和目标地址。面包屑导航条以可视化的形式显示出用户目前所处的位置及其与主页间的路径。系统应清晰地指出用户目前所处的位置、如何到达这一位置、如何返回前一位置、如何进入下一位置以及有需要时如何退出系统。系统应为用户完成任务提供多种导航方法，如提供多种导航路径导向用户所需要的文献。

（2）采用多种方法组织导航结构。图书馆等信息机构网站的主页除了要列出进入电子资源的链接外，还要列出常用信息资源或数据库的链接，使用户能以尽可能少的点击次数进入资源。为了提高获取信息的可能性，应按分类、主题、作者、机构等多种方法组织信息，以便用户通过多种路径发现信息。利用链接把不同类型的信息联结起来，有助于用户找到相关的信息。如把 OPAC 扩充为联邦搜索，用户既可以查询馆藏数据库的信息又可以查询期刊论文的信息；如果 OPAC 只能查询得到馆藏数据库的信息，则应设置链接把用户引导到图书馆的电子资源页面。

（3）支持从记录信息导航到相关信息。系统在查询界面中应支持通过记录信息导航到所有相关的信息，包括以下六个方面：①从书目记录导航到书目记录，这些书目记录之间可能存在一定的关系，如整体与部分的关系或同一期刊前后不同刊名的关系。②从书目记录导航到所有与该记录有关的规范记录。

③从一条规范记录导航到其他规范记录，如从个人名称到作品，从原团体名称到现团体名称，或从主题标目到相关的用、代、分、属、参标目。④从规范记录导航到所有的书目记录。⑤在树形结构的不同级别的实体记录间导航。⑥提供目录以外信息的链接，如从书目记录连接到封面、内容目次、电子期刊、图书馆网站主页等，在这些界面中都要设置明显的链接以返回原目录。

4.4.2.4 易学性（用户执行阶段）

系统应采用多种方式支持用户学习使用系统。系统的界面应有助于用户学习隐含概念的使用方法；应提供适当的帮助使用户逐渐熟悉系统；应提供中间环节和最终结果的充分反馈，以便用户能从中学习使用方法；在不妨碍完成任务的情况下，应允许用户探索完成任务的步骤。用户需要学习的知识应尽可能少，只要输入少量的必要信息，系统就能够按要求提供相关信息。

系统应提供反向操作功能，使用户的每一个操作都可以返回前面的状态。反向操作的单元可以是一个独立的操作，如输入数据；也可以是一个步骤，如删除操作；还可以是一系列操作，如查询历史。具有反向操作功能的系统能缓解用户使用的焦虑感，鼓励用户尝试不熟悉的操作，提高用户使用系统的效率。

4.4.2.5 任务匹配（用户执行阶段）

适合任务要求的界面能使用户关注任务本身而不是关注用于完成任务的技术，支持用户高效和有效地完成任务。在交互中应为用户提供完成任务有关的信息，避免出现不相关的信息。输入和输出的格式要与任务相匹配；如果任务需要输入的是典型值，该值就应该设置为缺省值。操作步骤应适合完成任务，省略不必要的步骤，对于可由系统完成的步骤应通过反馈由用户选择最容易理解的方式执行。系统应提供多种方法帮助用户灵活地完成任务，如通过多种导航路径导向用户需要的文献，同时提供快捷方式以减少用户操作的次数。

4.4.2.6 胜任感（用户执行阶段）

（1）支持用户控制。系统应对用户的操作做出反馈，使他们能产生一种掌控系统的胜任感，如在执行操作前需要用户确认，在完成操作后提供系统反馈。系统应为用户完成任务提供多种操作方法，如提供多种导航路径导向用户所需要的文献。在交互中用户可以按照喜欢的步骤和顺序进行操作，按照偏好设置参数和输出结果。用户能选择一个或多个数据库，能浏览一条或多条记录，能通过多种路径发现信息，能控制交互的方向和步骤直到目标的实现。用户与系统的交互不应是用户受制于系统，而应是用户可以根据自己的需求和偏好进行操作，在整个查询过程中始终能感受到系统处于自己的控制之中。

（2）鼓励用户探索、使用系统。系统应鼓励用户成为操作的主导者而不是响应者。在不妨碍完成任务的情况下，应允许用户探索交互的步骤，其间用户只需要掌握基本的知识，只需要输入少量的信息，系统就可以按要求提供相关信息。用户在使用中遇到交互中断、操作失误等特殊的或不熟悉的情况时，可以自行决定中止目前的状态，选择"重复"或"恢复"操作，这些操作都能使用户产生控制系统的满足感。用户与系统的交互应透明化，用户能从中了解系统的状态，如显示"需要输入的数据"或"即将进行的步骤"等信息。

4.4.3 系统响应阶段

系统响应阶段是系统响应用户查询行为的阶段。

4.4.3.1 反馈帮助（系统响应阶段）

（1）系统应提供及时恰当的反馈。系统应提供及时的反馈，且反馈要符合用户的期望。例如，当响应时间与用户期望的时滞差距较大时应提示用户。反馈的内容应客观、规范、有建设性，有助于用户形成对整个系统的概念性认识。系统应提供中间环节和最终结果的反馈，还应支持用户进行探索性操作，以便用户学习系统的使用方法。

（2）系统对每一步操作都应提供相应的反馈。对不常用或重要的操作，反馈信息应充分一些；对常用或比较次要的操作，反馈的信息可以简略一些。值得注意的是，有经验或没有经验的用户对反馈信息有不同的要求，系统应为这两类用户提供不同的反馈信息。

（3）反馈信息应具有自描述性。用户与系统的交互应透明化，能通过反馈对处于交互的哪一阶段、可以采用什么操作、操作将得到什么结果有一个明确的预期。交互中每一步骤所提供的反馈都可以使用户了解系统的状态，尽可能做到不用帮助功能就可以完成交互。例如，在用户输入数据时系统应提供具体的格式和单位；对经常输入的典型值应设置为默认值。

4.4.3.2 容错（系统响应阶段）

（1）降低用户出错的风险。系统能预防出错比发生错误后提供帮助更为有效，系统要么排除容易出错的条件，要么设置查错的功能，并在用户确认后实施操作，如将不可用的菜单选项设置为灰色、禁止在数值输入框中输入字母、提供查询词拼写检查功能等。

（2）系统应提供处理错误的简明方法。系统反馈的出错信息要具体明确，尽可能不用专业术语，避免出现语法错误。当用户出错时，系统应帮助用户诊断错误、识别错误并从错误中恢复过来。系统应能检测错误，保持系统状态不变，或者提供简明的、易于理解的处理方案；错误提示信息不应使用代码，而应使用简洁的语言描述，恰当地指出存在的问题、可能的原因并提供建设性的解决方案。当输入出现明显错误时，无须用户修改或用户稍做修改就能达到预期的目的，如用户提交注册信息后，系统发现其中的邮政编码有误时，不应该让用户重新填写整个表单，而应引导用户修改出错部分的信息。

（3）系统应具有撤销和恢复功能。系统能够撤销错误的操作，以鼓励用户尝试不熟悉的操作；出错后能够恢复到操作以前的状态，包括恢复到一个操作或系列操作以前的状态。

4.4.3.3 可获取性（系统响应阶段）

系统状态具有可见性。系统运行过程中应通过适当的反馈使用户了解系统运行的状态，如在下载文献时显示下载全文需要的时间或下载剩余部分需要的时间，在用户提交表单后返回收到的确认信息。系统在查询的每个阶段都应该提供充分的反馈信息，如在查询结果中系统应提示使用的查询式；出现在查询结果记录中的查询词应反相显示；当查询结果记录数量太多、太少或为零时系统应提供相应的解决方案。系统与用户间的交互要保证闭合进行，交互操作应进行分组，如分成开始、中间、结束三组，每组操作完成后应提供反馈信息，一方面使用户获得完成任务的满足感和胜任感；另一方面也提醒用户不要分心，接下来准备下一组的操作。

4.4.4 系统显示阶段

系统显示阶段是系统反馈查询结果的阶段。

4.4.4.1 用户适应性（系统显示阶段）

系统应采用多种方法组织和呈现信息，使用户可以通过多种途径发现信息，提高获取信息的可能性。

（1）按用户任务或使用频率组织信息。图书馆等信息机构网站不能只根据管理的需要组织信息，而应根据用户任务或使用频率提供一站式服务。学术用户认为最重要的或执行频率最高的任务分别是：为完成研究任务查找期刊论文、索引或图书资料；查找讲义、教辅书、网络资源等课程资料；查找图书馆的位置、开放时间等信息；查找图书馆或网络资源的帮助信息。

（2）按类型、学科或课程组织信息。有些用户具有明确的信息需求，如教师和研究生通常只查询期刊论文，因为在学术研究中期刊论文比图书或其他类型的资源更重要。因此，系统应把信息资源中的"期刊、图书、DVD"等资源类型显示出来，以方便用户查找信息。

有些用户没有明确的信息需求，这时系统应按学科主题组织信息，以方便用户从主题出发浏览信息。例如，设置"计算机类"资源页面，列出所有与计算机学科有关的数据库、免费网络资源和参考书刊，通过学科导航引导用户使用相关资源。

针对本科生的信息需求，系统还应按课程组织信息。因为这类用户的需求是以课程及作业为中心，他们不能很好地利用学科导航，却喜欢通过课程来查找信息。

4.4.4.2 任务匹配（系统显示阶段）

系统对用户查询行为的反馈，包括呈现在主页、查询结果页面、查询结果概览页面、查询结果详览页面中的信息，都要与用户任务相适应。

（1）主页。信息机构网站应在主页的显眼位置提供搜索功能，放置各类研究资源及数据库的链接，有助于用户快速利用资源。用户进入资源的路径越短，对网站的满意度就越高，用户从主页进入资源的点击次数最好不超过 3 次，并且能有始终是在图书馆网站范围内的感受。在图书馆等信息机构所属单位的主页上还应设置导向图书馆网站的链接，如在大学网站的主页上设置图书馆网站的链接，不仅能提高图书馆网站的可见性，而且能提高图书馆资源的利用率。

（2）页面布局。网站页面设计要符合有效显示和屏幕显示最佳实践指南的基本原则，达到合理、清晰、易理解、易导航的要求。所有页面的字体和颜色都应保持一致，使网站在界面上显得比较统一和专业，同时在排版风格、使用术语、拼写形式和交互方式上也应保持一致。合理利用页面空间，确保页面的正文部分充分利用页面空间，减少网站 LOGO（徽标）和导航条占用的顶部空间，尽可能使用户不用滚动屏幕就可以浏览页面的主要内容。导航条通常位于页面的顶部，通过突出显示的按钮或选项表明用户目前所处的位置。在页面的右上角位置设置帮助链接，当用户遇到困难时能从中得到帮助。页面设计应具有灵活性，能满足不同类型用户的需求。对于不同群体、不同需求的用户应提供不同界面任其选择。

（3）搜索功能。搜索功能可根据一个属性或多个属性构建查询式，查找、识别、选择和获取用户所需要的文献。系统应确保用户能够理解搜索的类型和范围，并提供所查询资源的有关信息，如版权说明、支付条款和访问密码等。大多数用户希望网站搜索功能能搜索图书和期刊等全部的馆藏资源，如果只能搜索部分馆藏资源，系统要有明确的说明。

（4）各种查询功能及查询结果的显示。系统应提供不同的查询功能并显示相应的书目记录、规范记录或索引。在查询书目记录时，应显示一条或按照有意义的顺序显示多条书目记录，用户可以选择显示一条、多条或全部记录；在限定查询规范记录时，应显示一条或按照有意义的顺序显示多条规范记录，用户可以选择一条或多条规范记录导向显示全部规范记录或书目记录；在非限定查询规范记录时，应显示一条书目记录或按照有意义的顺序显示多条书目记录，用户可以选择一条或多条规范记录导向显示全部规范记录、书目记录或该字段的索引列表。

（5）查询结果界面的显示。在查询结果界面中显示的书目记录、规范记录或索引是否有用，取决于查询的目的、查询得到的书目记录的数量和相关性。用户应可以设置查询结果的显示方式，也可以在查询的每一步骤中查找相关的规范记录或索引。查询结果列表中记录的显示格式应保持一致，显示出的项目至少能使用户识别记录，同时显示出查询结果的记录数量。记录中需要显示哪些项目要根据查询的目的和查询的信息类型而定。当查询结果的记录数量比较大时，应设置专门的命令或功能进行处理，如把查询结果记录分入多个概括性标目中或按记录顺序号分段显示、转向查询结果列表指定的位置、返回列表开始的位置、切换到不同标目的记录等。当查询结果只有一条记录时，应直接以详览显示。在查询结果列表中，用户可以选择一条、多条或全部记录以详览显示，也可以通过记录列表链接到规范记录或索引列表。

（6）FRBR 化记录的显示。在 FRBR（Functional Requirements for Bibliographic Record，书目记录功能需求）化记录中，书目记录的显示格式应与 FRBR 不同级别的实体保持一致。当同一级别有多个实体时，应在相应级别中集中显示，同时还应提供与不同级别书目实体相对应的导航工具，如从一个作品导航到作品的所有内容表达。

（7）查询结果概览界面记录的显示。在查询结果概览界面中，当查询结果列表有多条记录时必须按有意义的而不是随意的顺序排列记录，系统应提供多种排序方法给用户选择。查询结果列表应可按字顺、数字、年代、分类号、相关性、混合方法排列。如果查询结果列表中的记录涉及多语种、多国别或多地区，应可按语种、国别或地区排列；如果查询结果列表中的记录用多个语种著录或同一实体用多个语种著录，应可按不同语种分别排列，优先排列使用界面语种著录的记录；如果查询结果列表中的记录按主题标目排序，应先按主标题排序，主标题相同的再按副标题排序。在详览界面中，记录显示的缺省顺序应与查询结果记录列表中的顺序相同。

（8）查询结果详览界面记录的显示。在查询结果详览界面中，记录应显示出实现目录功能所必须的项目。记录中的项目应按有意义的次序排列，出现在记录中的查询词应突出显示。系统应提供多种书目记录的详细显示格式给用户选择，包括完整的书目记录详细显示格式。在缺省状态下应采用完整书目记录详细显示格式，即显示出所有的代码或非代码字段。提供多种规范记录详细显示格式给用户选择，包括完整的规范记录详细显示格式。在主题标目或分类号后显示出目录所采用的主题词系统或分类系统。在规范记录中，如果标题后还有副标题，应把副标题逐级显示出来。

（9）增加相关链接。把不同类型的资源通过相关链接联结起来，可以增加查找的入口，方便用户查找到更多的信息。如把 OPAC 与发现系统整合起来，用户在查询馆藏书目的同时还可以查询得到期刊论文；如果 OPAC 只能查询馆藏书目，则应设置链接把用户引导到电子资源页面，以便用户找到需要的电子资源。

4.4.4.3 可获取性（系统显示阶段）

界面中的菜单、标签、帮助、反馈信息、导航工具、类目代码等都应使用官方语言或所服务对象熟悉的语言，如果服务对象有几种官方语言，就应该提供这几种语言的界面。对于国际用户，应提供英语或其中一种主要语言任其选择。对于由多语种著录而成的目录列表，应遵循不同语种的排版要求。查询得到的记录用多个语种著录时，应按不同的语种分开排列；查询得到的同一实体有多种语言著录的记录时，应优先排列使用界面语种的记录，如有可能，也可以按国家或地区的顺序排列；查询得到的记录用多个语种著录或同一记录用多种语言著录时，应优先排列使用界面语种的记录。用户可以选择界面使用的语种，将之设置为记录显示的默认格式。当同一实体有多种语言著录的记录时，用户可以选择按自己喜欢的语种显示。

4.4.5 其他

无法分入以上四个阶段的可用性条目，集中在这一类别中。

4.4.5.1 规范化

设计系统时应遵循有关的国家标准、国际性标准以及普遍接受的惯例,包括机读目录格式、编目规则、音译和意译、主题系统、字符串集、国际标准书号、显示格式、文档规范、协议方面的规范和惯例。

4.4.5.2 可用性测试

设计信息查询系统时遵循可用性原则,从理论上说能在一定程度上提高系统的可用性,但能在多大程度上提高可用性,是否还会产生其他问题则需要经过可用性测试的检验。可用性测试可以分为正式测试和非正式测试两种,非正式测试无须花费太多的时间和开支就能得到有价值的数据。可用性测试还可以在系统开发过程中随时进行,以尽早发现和修改可用性问题。系统经过多次反复的可用性测试和修改,一定会使用户有更好的体验。

4.5 小结

本章采用先按交互阶段,再按可用性特性划分的可用性原则分类等级体系,把六种与信息查询系统有关的可用性原则组织成为支持交互的信息查询系统可用性原则。采用这一分类等级体系组织可用性原则,不仅规定了可用性原则的条目在体系中的位置和次序,而且可以从交互阶段、可用性特性的角度查找条目。通过浏览整个体系,了解影响各个交互阶段和各种可用性特性的条目,进而更有目的地开发和充实条目,提高可用性原则对信息查询系统设计和评价的指导作用,使可用性原则本身更具有"可用性"。通过本章的研究,还发现以下四个问题:

(1) 编制可用性原则是一个知识管理的过程。长期以来,可用性研究成果对系统设计的指导作用处于一种脱节的状态,表现为不太重视研究成果的"可用性",不太关注研究成果的累积效应。编制可用性原则的过程是一个知识管理过程,通过对系统设计和评价知识的总结,把隐性知识转化为显性知识;同时,与软件开发、用户研究、市场调查、组织决策结合起来,可以成为组织机构知识管理系统的一个重要组成部分。

(2) 遵循可用性原则必须考虑情境因素。系统设计遵循可用性原则可能在一定程度上提高系统的可用性,但并不意味着遵循可用性原则就一定能提高系统的可用性,不遵循可用性原则就一定会降低系统的可用性,也就是说遵循可用性原则是系统可用的必要非充分条件。例如,设置有高级搜索功能的网站,在设计页面时要遵循"为高级搜索功能提供显眼的链接"的原则,但有测试表明,一般用户使用高级搜索功能很少能得到满意的结果,特别是对没有经验的用户而言,使用高级搜索功能很多时候就意味着失败,即遵循这一条原则意味着将降低网站的可用性[154]。正如Kellogg所言,"单纯地讨论一致性原则没有意义"[150],不考虑情境因素,单纯地讨论可用性原则同样没有意义。这些情境因素包括系统内容、信息架构、界面设计及用户、任务,还包括原则的条目与条目之间对系统可用性的影响关系。

(3)可用性原则的条目不能单独用于指导设计。可用性原则的条目不能单独理解,更不能单独使用,必须把若干条相关的条目结合起来综合考虑。一个典型的例子是关于主导航条在页面上放置位置的争论:有研究者根据人脑左右两个半球不同功能的分工,认为把导航条放置在左侧、内容放置在右边有利于人脑处理信息;也有研究者从计算机软硬件的特点出发,认为主导航条放置在右侧更为有效,尤其是使用触碰板的手提电脑更是如此;还有研究者通过测试用户完成任务的时间后证明,导航条分别放置在左右两侧时导航效率的差别并不明显[155]。在这些研究者中,Nielson的观点值得关注,他认为导航条放置在右侧靠近滚动条位置有利于提高鼠标的点击效率,内容放置在左边符合用户的阅读习惯,但考虑到鼠标移动的轨迹和用户使用鼠标的习惯,主导航条放置在左侧更有利于提高可用性[156]。Nielson对主导航条在页面上放置的位置除了考虑到鼠标移动轨迹和点击速度外,还考虑到用户的阅读习惯、鼠标使用习惯的一致性问题。他在综合考虑这些因素后认为,放置在左侧更有利于提高可用性;但这也存在一个问题,如果用户是左撇子,或者正文采用的是右对齐文本或竖排文本的内容,他的观点又值得商榷了。

(4)遵循可用性原则不能取代可用性测试。前面提到,遵循可用性原则进行设计是系统可用的必要非充分条件,遵循可用性原则对提高系统的可用性有着积极的作用,但能在多大程度上提高可用性,是否又会产生其他问题则必须经过可用性测试的检验。要保证系统的可用性,最关键的还是要进行可用性测试。即使采用非正式的可用性测试,无须耗费太多的时间和开支也能得到有用的数据,系统经过多次的可用性测试和修改后,一定能使用户有更好的体验[100]。

第 5 章
从可用性角度分析支持探查的信息查询系统的功能

本书第 3 章分析了支持探查的五种基本行为及信息查询系统支持这五种行为的功能,从中选取了有代表性的七种功能,分别是支持调查行为的帮助功能,支持筛查行为的叙词功能、标签云功能、构建查询式功能,支持连接行为的分面导航功能,支持审阅行为的相关性评价功能,以及支持区分行为的排序功能。本章把有关信息查询系统可用性的研究成果,按每种功能所影响或支持的信息查询系统可用性的系统、任务和用户情境因素展开分析,深入探讨这些功能如何提高信息查询系统可用性的问题,从支持探查的角度把这些成果组织成提高信息查询系统可用性的知识体系。

5.1 帮助功能

在利用信息查询系统完成查询任务的过程中,用户的每一个行为或每一个步骤都可能需要帮助,如熟悉信息查询系统、构建查询式、评价查询结果等都可能离不开帮助;在很多情况下,一个查询还可能成为另一个查询的帮助,如学习系统的查询方法、检验查询策略的可行性、比较查询结果的完整性等,这些查询本身就是其他查询的帮助;在有些情况下,寻求帮助的范围还可能扩展到信息查询系统以外,如使用翻译工具翻译查询词、利用其他资源评价查询结果、通过咨询人员获取专业指引等,这些资源都超出了信息查询系统的范围。正因为信息查询与寻求帮助之间存在着密不可分的关系,而寻求帮助对学习信息查询系统的使用知识、提高信息查询系统的使用效率有着重要的影响,所以很有必要探讨在信息查询中帮助系统的设计问题。

帮助系统有狭义和广义之分。狭义的帮助系统是指信息查询系统的帮助功能,是信息查询系统的组成部分,其主要目的是帮助用户克服信息查询中出现的问题，提高使用的效率。帮助功能包括在用户界面上点击"Help"/"帮助中心"按钮后出现的显式的帮助信息，也包括信息查询系统提供的或者在用户界面上显示出来的隐式的帮助信息，因此，帮助功能的范围非常广泛，甚至可以认为除一般的搜索和浏览功能之外，所有有助于用户利用信息查询系统的功能都属于帮助功能[157]。广义的帮助系统是指包括信息查询系统的帮助功能在内的由联机帮助、用户教程、FAQ、社区帮助以及咨询人员等组成的帮助资源，其范围超出了信息查询系统，涵盖了包括信息查询系统在内的许多的信息资源。本书从广义的角度理解帮助系统，但侧重点是研究狭义的信息查询系统的帮助功能。

5.1.1 帮助功能的作用

帮助功能在用户使用信息查询系统过程中发挥着重要的作用。特别是用户在缺乏查询知识或资源知识时使用信息查询系统会遇到各种问题，需要获取相应的帮助信息，因此，系统提供的帮助功能不仅会影响用户完成查询任务的效果，也会影响用户使用系统的感受，从而影响用户对系统的整体评价。此外，帮助功能还能提高系统的使用效率，增强用户的自主性，减少用户培训的时间，提升系统的用户体验。

帮助功能虽然具有重要的作用，但很多用户在查询过程中并不喜欢使用，即使使用后对其评价也不高，主要原因在于以下三个方面：

（1）从帮助功能而言，帮助信息使用专业术语，用户不容易理解；帮助内容过于冗长，浏览一个主题需要多次翻屏；帮助内容不全面，往往缺少用户需要的信息；查找途径单一，常常找不到需要的信息；导航存在问题，用户浏览时经常出现迷航现象；帮助功能难以操作，很多时候会干扰用户正在进行的查询任务。

（2）从用户方面而言，有的用户不知道系统的帮助功能，有的用户则不了解帮助功能；有的用户在测试中表示会去阅读帮助文档，但在实际查询时不一定会使用帮助功能；大多数用户学习使用系统是通过试错而不是通过浏览帮助信息，即用户常常是在低效的状态下使用系统；用户遇到问题时往往直接找人咨询，实在无人可以咨询时才会利用帮助功能；用户并不关心系统本身，关心的是如何利用系统获取信息完成查询任务。

（3）从用户与系统交互的习惯而言，用户一般不喜欢"Help"这一标识，如果改用"Hints"或"Tips"更能激励用户尝试使用[158]；用户调用帮助功能后通常是简略地浏览帮助信息开头部分的内容，粗略地点击排在前面的超链接，而不是仔细阅读全部内容；一些帮助功能不符合用户的使用习惯，如用户往往喜欢对话式帮助或弹出式帮助，而大部分帮助功能仍属文本帮助。

5.1.2 系统因素

5.1.2.1 帮助功能的类型

信息查询系统的帮助功能有很多种，具体有以下五种类型：

（1）按帮助功能是否明显可见，可以分为显式帮助和隐式帮助两种。前者是指通过点击界面设置的"Help"或"?"按钮后显示出名称中带有"帮助"的帮助信息；后者是指非显式提供的有助于用户使用信息查询系统的帮助信息，常见的如 FAQ、"关于我们"、"联系我们"、网站地图、词汇表、分类表、信息查询系统介绍等。

（2）按帮助功能的呈现方式，可以分为内置式帮助和外置式帮助两种。外置式帮助类似 WinHelp，在打开的新窗口中显示出帮助信息，以树状列表的形式详细地列出系统功能、查询方法和常见问题，有的还有搜索功能，可以搜索帮助信息；内置式帮助是在用户当前窗口的适当位置显示出帮助信息，包括用户界面的文本信息、工具提示、主题列表、快捷菜单选项、帮助面板等[159]。

（3）按帮助功能与信息查询不同部分的关系，可以分为一般性帮助和专门帮助两种。一般性帮助提供有关信息查询系统的浏览、搜索、提取等方面的综合信息，如 FAQ、"关于我们"、信息查询系统介绍等；专门帮助提供关于信息查询某一方面的专门信息，如术语帮助、与资源有关的帮助、与导航有关的帮助、与搜索有关的帮助、与浏览有关的帮助、与提取有关的帮助、与个性化定制有关的帮助等。

（4）按帮助功能提供的不同内容，可以分为描述性帮助、指导性帮助、过程性帮助和示例性帮助。描述性帮助是指在帮助信息中以描述性语言揭示资源内容、查询方法、获取渠道以及如何解决在查询中遇到的问题，是最常见的一种帮助类型；指导性帮助是指以链接形式或列表形式为用户提供解决问题的方法，常用于指导复杂的或具体的查询任务；过程性帮助是指在完成任务的过程中分步骤为用户提供指引，常用于指示搜索、浏览或提取信息的步骤；示例性帮助是以案例的形式为用户提供指引，较为常见的是提供构建查询式的示例，最为有效的是提供演示性的案例。

（5）按帮助功能提供的不同格式的信息，可以分为文本、图片、多媒体和交互式等类型的帮助。文本帮助提供文本型的帮助信息，是帮助信息的主要类型；图片帮助除了提供文本内容外，还提供图片信息；多媒体帮助提供文本、图片、音频、视频类型的帮助内容；交互式帮助通过用户与信息查询系统的交互提供帮助信息。

此外，帮助功能按不同的提供者可以分为内容提供者的帮助、第三方帮助和社区帮助；按不同的支持对象可以分为功能帮助、任务帮助、常见问题帮助；按不同的调用机制可以分为基于情境的帮助、超文本帮助、任务导向型帮助、对话式帮助、弹出式帮助；按不同的适用范围可以分为术语帮助、策略帮助、构建查询式帮助、一般性帮助。

5.1.2.2 帮助功能的实现

帮助功能的设计应遵循简约的原则。简约并不是简略，其设计取决于如何在帮助信息、组织结构、呈现方式和调用方式等方面做出恰当的选择。

（1）帮助信息。帮助信息应包括名词术语定义、界面对象描述、系统功能介绍、资源覆盖范围、信息查询方法、典型案例和常见问题等，在图书馆等信息机构网站上还应设置针对特定学科的帮助功能。帮助信息应覆盖整个系统，要求描述准确、内容全面、不出现错误的信息、不遗漏重要的内容；帮助信息应由专业人员编写，要求文字简洁、描述准确，使用平实的用户语言，尽量不使用专业术语；帮助信息要充分考虑用户的知识和经验，为不同需求的用户提供不同详略程度、复杂程度的信息，而且要随系统的升级而及时更新。

（2）组织结构。帮助信息必须按照用户、流程或规划好的内容进行分类，形成不同等级的帮助主题，每个帮助主题就是一个最基本的完整的信息单元[160]。帮助主题的内容应尽可能简洁，一般不应超过两个屏幕；但也有研究者认为，如有必要其内容可以适当长一些[161]。由于用户寻求帮助的目的主要是解决查询中遇到的问题，因此这里讨论按任务流组织的联机帮助的结构。

任务流是用户利用系统完成的任务及其流程。帮助信息按任务流进行组织可以有两种方式：一种是按帮助主题的使用频率进行组织，使使用频率高的主题比使用频率低的主题更显眼、更容易调用；另一种是按流程有关的主题进行组织，使用户能够按流程的连贯性和可预测性查找帮助信息[162]。这两种组织方式应能进行转换，使用户能快捷地找到帮助主题。

（3）呈现方式。帮助功能多以主题列表、导航图或树形目录等形式呈现[163]。其中，树形目录形式呈现最为常见，其帮助主题以树形结构的形式显示在左侧，相应的帮助内容显示在右侧，能够直观地显示出帮助主题间的层次关系且易于在各主题间转换。在呈现帮助主题时应该为出现在帮助内容中的其他帮助主题提供链接，同时还应该在相对固定的位置上显示出相关主题的链接。相关主题可以揭示出任务流，如前继的主题和后续的主题；也可以揭示出任务间的等级，如同级主题、上级主题和下级主题；还可以链接到其他相关的任务，如查询结果处理主题可以链接到查询历史主题和全文链接主题。在帮助主题中必须注意链接的设置，包括各种链接的位置、次序、名称都必须保持一致，使用户能够快速地在相关帮助主题间切换。

（4）搜索功能。帮助功能把帮助主题按一定的结构组织起来，可以提供浏览服务，但当用户只知道帮助信息的关键词时，则希望其能提供关键词搜索服务。搜索功能通过输入的查询词快速定位到包含该词的帮助内容，用户浏览后如果不满意可以重新进行搜索，也可以根据帮助信息中显示的相关链接连接到相关的帮助主题。因此，帮助功能中的搜索功能和浏览功能能起到互补作用，两者必须紧密结合起来。可在帮助功能中设置专门的搜索界面或者在树形目录的适当位置设置搜索功能，使用户既可以通过浏览获取相应主题的帮助内容，又可以通过搜索快速定位包含查询词的帮助内容。

（5）编制典型案例。帮助功能应根据用户的使用情境和可能出现的问题编制具有指导意义的典型案例，由此可以帮助用户快捷地学习系统的使用方法，为缺乏查询经验的用户提供入门的操作指南，为经验丰富的用户提供提高查询策略的方法。在案例中还可把帮助主题链接起来，为用户提供更进一步的信息[96]。

（6）调用方式。系统应提供多种快捷的调用方式以方便用户获取帮助主题。帮助功能的调用方式主要有如下五种：

1）通过主题列表调用。在主题列表中应按任务流组织帮助主题，形成用户易于理解的组织结构。用户通过组织结构可以快速地查找到需要的帮助主题，若找不到帮助主题，还可以快速地确认是否查找有误或者需要改变查找策略。

2）通过相关主题链接调用。相关主题链接应出现在帮助主题的相对固定的位置上，可以按主题字顺、任务次序或图形化等方法有规律地组织起来，使用户易于浏览、选择。

3）通过全文搜索调用。全文搜索的范围不限于帮助功能，也应能搜索整个信息查询系统。利用搜索功能可以快速链接到帮助主题中包含查询词的位置，然后通过链接关系扩展得到更多的相关主题。

4）通过用户界面链接调用。通过用户界面中的文本、图片等页面元素链接调用帮助主题，能针对用户目前执行任务的情况和遇到的问题提供帮助信息，具有基于情境的特点。用户在这种情况下即使没有找到有用的帮助信息，也可以通过主题列表或搜索功能做进一步的查找。

5）通过 Wizards 向导调用。Wizards 向导根据用户所遇到的问题，列出多个帮助主题选项供用户选择，通过交互逐步明确用户的需求，直到为用户提供最具针对性的帮助信息。

值得注意的是，调用帮助主题时不应改变用户执行任务的状态，显示帮助信息时不应覆盖正在执行任务的界面。

5.1.2.3 帮助功能的设计原则

信息查询系统帮助功能的设计应遵循如下原则：

（1）具有自描述性。理想的信息查询系统的查询界面应具有直观易用的特点，用户基本上不需要专门的帮助就可以实现信息需求。这要求查询界面、界面元素、功能设置及其操作应具有自描述性，用户只要看到界面及其对象的某些特征就知道如何操作。例如，需点击"确定"按钮才能完成的操作，界面应突出显示该按钮[164]；当鼠标指针指向该按钮时应显示出其功能的提示信息，提供简洁明确的文本指引；在相似情境下按钮的操作方法或操作序列应保持一致，以减轻用户的记忆负担，提高操作效率。

（2）提供交互式服务。系统不应提供千篇一律的联机帮助、网络教程或案例演示，而应在交互的基础上掌握用户的需求情况，为用户提供更具针对性的帮助信息[165]。交互式帮助具有动态性和易于理解的特点，是帮助功能中性能最为突出的一种帮助类型。有测试表明，用户喜欢交互式帮助，而信息查询系统的帮助功能普遍存在着缺乏交互的问题[166]。因此，在设计帮助功能时应该把系统、用户及其他情境因素结合起来，围绕着交互环节展开，才能设计出更有用的帮助功能，促使用户更主动地使用系统提供的服务[167]。交互式帮助包括即时聊天、FAQ、查询历史、Wizards 向导、交互式搜索帮助等，有些信息查询系统的网络教程也具有交互性能，而最典型的是基于情境的交互式帮助。

（3）提供基于情境的帮助信息。基于情境的帮助是指系统针对用户和任务的需要提供与情境密切相关的帮助信息。受系统、用户和任务等各种复杂因素的影响，基于情境的帮助要求通过与用户的交互以掌握各种情境因素间的关系，为用户提供更具有针对性、更切合实际的帮助信息。如 MDL 设计的化学数据库查询系统的帮助功能就是比较早的一种基于情境的帮助[159]。

基于情境的帮助与信息查询系统有关，一个设计良好的系统不仅其每种功能都要有相应的帮助信息，其每个术语、对象也要有相应的帮助信息，在很多情况下整个界面就是系统帮助功能的一部分；基于情境的帮助不仅包括显式帮助,也包括隐式的帮助,如控制词汇、组织结构、记录字段、查询历史、馆藏介绍等信息都能起到帮助的作用。基于情境的帮助也与用户的专业知识、查询知识和资源知识有关,在交互的基础上掌握用户查询中存在的问题和需要完成的任务,根据用户的查询策略提供相应的帮助。基于情境的帮助还与任务有关,只有在交互中了解任务进展情况,才能为用户提供更有用的帮助信息[165]。

（4）设计规范化。设计规范化的系统有利于用户学习查询知识、积累查询知识并移植到其他的系统中去,既能节约学习的时间、减少培训的开支,又能加快学习的进程、提高使用的效率。帮助功能的规范化包括帮助类型、内容名称、放置位置和调用方法四个方面[157]。信息查询系统往往提供多种类型的帮助,如一般性帮助、专门帮助,外置式帮助、内置式帮助,隐式帮助、显式帮助,但没有统一规定每个信息查询系统究竟应采用哪些类型的帮助。帮助信息可能出现在名称如"Help"、帮助中心、"FAQ"、"关于我们"、系统论坛、工具提示、帮助面板、信息查询系统介绍的链接中,缺乏查询经验的用户往往不能从名称上确定怎样才能最快地找到帮助信息。各个信息查询系统设置的"帮助"入口也没有统一的位置,有的出现在页首或页脚位置,有的出现在页面的左侧或右侧,有的设置在主导航条中,有的设置了专门的"帮助"按钮,用户往往需要上下左右浏览页面后才能找到"帮助"入口。帮助功能的调用也有多种方式,有的可以自动调用;有的需要鼠标点击"帮助"按钮或鼠标指针悬停在相应的对象上才能调用;还有系统的帮助功能需要通过快捷方式调用,而大部分用户因为不熟悉快捷方式也就无法调用帮助功能。

（5）支持合作帮助机制。用户在遇到查询问题时通常会优先咨询他人而不是直接利用系统的帮助功能,因为求助于人具有针对性强、节约时间、快速有效等特点;也有调查表明,用户解决查询问题时最喜欢的一种方法是与图书馆馆员、信息查询专家或遇见过同样问题的用户进行交流[166]。因此,如何发挥图书馆馆员、信息查询专家或信息查询系统网站的作用,把即时聊天、FAQ、网站论坛整合到信息查询系统中来值得研究。同样地,如何组织各类研究人员把发表的与信息查询或信息查询系统有关的著述,以及用户在各类论坛或社区中创建的内容整合到帮助中来也值得研究。此外,如何通过智能化的合作机制为具有相同问题的用户提供个性化帮助,使用户得到更准确、更有效的帮助信息也是值得研究的一个问题。

（6）支持学习查询策略。许多信息查询系统都是从专家的角度考虑查询策略,也就是说,缺乏查询经验的用户必须通过用户教育或学习专家的查询策略才能获得更高的查询性能,但这一方法在实践中并不可行。因为普通用户只关

第5章 从可用性角度分析支持探查的信息查询系统的功能

心如何获取所需要的信息,并不关心如何使用信息查询系统。因此,用户教育中的内容如如何选择专指词、泛指词,如何组合词间关系,如何设置限制条件,如何编制查询式等需要在利用信息查询系统过程中引导用户逐步学习和掌握。例如,在精炼查询中,当用户不知道如何更换或补充查询词时,系统应根据初始查询情况提供查询词提示列表给用户选择,与此同时,系统还应提供基于情境的帮助信息,如利用文氏图直观地显示以每一个查询词或查询式进行查询时的结果记录数量,以便用户及时修改查询式,学习构建复杂的查询式。在这方面,谷歌的帮助功能存在一些问题,如用户在谷歌查询框中输入"and"或"+"构建查询式时,系统因为不支持这两个逻辑运算符而把它们当成停用词,但系统既不为用户提示输入存在问题,也不提供相应的修改建议,这一处理方式显然是不恰当的。

(7)与浏览和搜索功能相结合。准确地描述信息需求是信息查询过程中最重要的一个环节。但用户由于缺乏系统知识、查询知识或专业知识,可能无法准确地表达信息需求,这时系统就应该把帮助功能整合到信息查询过程中来,为用户表达信息需求提供有效的帮助。例如,把分面导航、分类导航、相关文献推荐、相关词提示功能等浏览工具结合到查询过程中来,把文献的组织结构呈现给用户,使用户无须使用查询词、构建查询式就可以利用组织结构进入所需要的主题。浏览工具的作用也说明,帮助功能如果不与用户任务流结合起来就会失去其大部分作用。

5.1.3 任务因素

信息查询系统的帮助功能应与信息查询过程紧密结合,为用户完成查询任务提供有效的支持。如用户在信息查询过程中浏览系统提供的词表时,词表应具有提示作用,便于用户从中比较、选择恰当的查询词;词表应具有浏览功能,便于用户通过语词链接扩展选词,在这个过程中,系统的帮助功能与信息查询过程必须紧密地结合在一起。可以说,用户利用系统完成查询任务的过程也是不断调用帮助功能的过程[168]。

5.1.3.1 支持调查行为

为了帮助用户熟悉查询任务,系统应为缺乏查询知识、系统知识或专业知识的用户提供帮助。如在查询界面的查询框中提示输入文本的样式,在查询框附近显示查询式的实例,在查询界面的适当位置设置"帮助"按钮等,便于用户调用帮助功能。

（1）帮助用户了解查询知识。系统通过帮助功能可以为用户提供帮助文档、网络教程或演示案例，提供各类信息查询的方法和实例；也可以以问答形式指导用户进行查询，如"如何查找书目""如何缩小查询范围"，每个问题的答案都应提供如何选择查询词、构建查询式、优化查询策略的方法和案例。

（2）帮助用户熟悉系统。查询界面上按钮的标识都应该明确一致，易于理解；当鼠标指针指向该按钮时应显示出其功能的提示信息；在浏览帮助信息时应不妨碍用户正在执行的任务，且易于返回当前的查询界面。

（3）帮助用户熟悉馆藏。当鼠标指针指向馆藏标识时应显示出馆藏名称，描述其收藏范围，点击进入后应在合适的位置上显示出各个馆藏的帮助信息。为了便于用户选择馆藏，应采用具有识别意义的名称或图标作为馆藏标识；为了便于缺乏经验的用户进行查询，在缺省状态下最好设置查询全部馆藏；在查询结果列表中应显示出每条记录的来源馆藏。用户可以根据馆藏标识限定查询结果的范围，也可以根据记录数量判断馆藏与查询主题的相关程度。

在这里需要特别强调，由多个馆藏组成的信息查询系统如果发现系统的资源问题，这些信息查询系统必须在其帮助功能中明确列出所有馆藏的名称、收藏范围和查询方法，在其查询结果列表中应显示出记录的来源馆藏。此外，如果发现系统中的某些馆藏元数据项目著录不完整或不全面，可能出现无法查询一些馆藏记录的情况，也必须在帮助功能中做出说明[169]。

（4）帮助用户了解专业知识。系统应像谷歌一样可以通过输入简单的疑问句进行查询，如输入"什么是黑死病""认知模型是什么"，查询结果列表中除了提供查询结果记录外，还应提供有关该主题知识的答案；查询界面呈现的专业术语可以直接链接到主题知识页面，无须用户输入专业词汇或选择馆藏；查询界面可以为用户推荐主题词表、分类类目表，既便于用户选择查询词，又便于用户了解与查询主体有关的信息。此外，还应推荐百度百科、百度知道一类的查询辅助工具，便于用户熟悉专业知识、选择查询词。

5.1.3.2 支持连接行为

信息查询系统应提供连接工具帮助用户完成查询任务。分面导航、分类导航和相关文献推荐等连接工具能把文献的组织结构呈现出来，使用户无须选择查询词、构建查询式就可以获取感兴趣的内容。

（1）系统应支持用户在界面、界面各部分以及各种功能间转换时不受浏览器的制约，无须使用浏览器的导航设置，直接利用系统的导航功就能进行连接，用户在该过程中能够把握目前所处的位置、前继的路径和后续的方向，能够利用分面导航、面包屑导航或查询历史等设置随时返回曾经经过的路径或者进入新的路径。

（2）系统应提供专门的设置，便于用户在浏览查询结果记录或全文内容时阅读和连接到所需要的信息。例如，出现在文中的查询词应反相高亮度显示，以便于用户阅读理解；在界面上显示出可能包含相关信息的位置，以便于用户选择连接；设置几个最有可能的入口节点，每个节点导向与用户需求最相关的位置[104]。

5.1.3.3 支持筛查行为

系统应支持用户的筛查行为，为用户构建查询式、修改查询策略提供帮助。

（1）构建查询式。构建查询式是信息查询过程中最重要的一环，即使是一个具有丰富查询知识的用户也不可能熟悉所有信息查询系统的查询方法，在构建查询式时不可避免地会出现如何选择查询词、限定字段、使用逻辑运算符等问题。

系统应为用户提供查询词提示功能和拼写检查功能。查询词提示功能应提供单词、短语、缩写、全称、专有名词以及词的单复数、词形变化等，还应提供查询词的近义词、上位词、下位词和相关词；当输入的查询词出现拼写错误时，应推荐正确的拼写形式。

系统在用户构建复杂的查询式时应提供基于情境的帮助，如何限定查询字段、如何使用布尔运算符等，提示构建复杂查询式的方法和示例。

为了及时揭示查询的效果，查询结果的记录数量应可以预览。当用户输入查询词、限定查询字段、建立查询词间的逻辑关系后，系统应显示出可能得到的查询结果记录的数量，便于用户预先掌握查询的效果，及时修改查询式，这在构建复杂查询式时特别有用。

（2）修改查询策略。用户在查询过程中很少修改查询式，虽然有时也能意识到需要改变查询词、变换词间关系，但很少去尝试，通常在修改一两次查询式后，如果还不能达到满意结果，就会放弃查询或改用其他的查询方法[170]。因此，系统在查询过程中应针对查询结果记录的数量为用户提供基于情境的交互式帮助。

当查询结果记录数量太多时，系统应建议缩小查询范围，如改用专指词、增加查询词、采用"AND"运算符或设置字段限定、位置限定等，使查询结果更加专指；当查询结果记录数量太少时，系统应建议扩大查询范围，如改用泛指词、减少查询词、采用"OR"运算符或取消字段限定、位置限定等，使查询范围更加宽泛；当查询结果记录数量为零时，系统应建议检查输入的查询词是否有误、尝试使用其他的查询词、改用较常见的查询词或减少查询词的数量。系统只是根据查询结果记录的数量提供相应的建议，具体的操作由用户去决定。在交互过程中尽量不要改变查询的状态，不要干扰用户正在执行的任务。

当出现查询错误时，系统应提示出错并提出建设性的解决方案，不能只显示操作无法完成或者操作失败的信息，不能只显示出错代码而不指出具体的出错信息，不能在出错信息中使用用户无法理解的专业术语。用户通常认为查询出错的主要原因是对信息需求的描述不准确、限定字段出错、构建查询式存在问题，所以系统应通过反馈机制及时提供查询提示词和修改查询式的帮助，提供基于情境的查询策略指引，使用户在潜移默化中理解和掌握查询策略[168]。

5.1.3.4 支持审阅行为

查询结果界面呈现的记录应具有识别性，有助于用户评价记录的相关性。在查询结果列表界面中应显示记录的标题、作者、关键词、文献来源和发表时间等字段信息；在记录详细信息的界面除了要显示记录列表中出现过的各字段的信息外，还要显示所有的关键词、主题词、分类号、摘要、图表、公式、文献目录、封面和相关文献的信息，如有可能还要显示部分正文的信息，以便用户评价相关性；有些信息如作者、来源、图表等还应提供更具体的内容的链接，便于用户评价文献的可靠性和权威性。为了便于识别记录，系统还应合并查询结果中重复的记录，或者以树形结构的形式显示出不同实体级别的记录，如谷歌 Scholar 合并不同版本的所有记录，EBSCO 发现系统以树形结构的形式显示不同实体级别的记录。

当用户无法评价记录的相关性时，系统应通过交互的方式提供基于情境的帮助信息，指示用户评价记录中的信息和信息源，或者以自动方式评价用户选定的记录并生成总结，帮助用户判断其价值。

5.1.3.5 支持区分行为

系统应为查询结果列表设置排序功能或分面导航、分类导航功能，使用户能够快捷地从查询结果列表中区分出所需要的记录。区分的方法要直观且易于理解，如排序算法要浅显易懂，分面选项的组合要具有逻辑性，用户经过尝试后能较快地掌握区分的方法。

5.1.4 用户因素

用户在信息查询过程中，受系统知识、查询知识和专业知识等因素的影响，经常会遇到各种问题；而系统在开发过程中由于对用户需要研究得不够深入，导致帮助功能的设计可能存在诸多问题，在用户求助时难以达到满意的效果。因此，设计帮助功能必须充分考虑用户因素。

5.1.4.1 支持具有不同系统知识或查询知识的用户

在设计帮助功能时必须考虑用户的系统知识、查询知识和使用偏好。目前的帮助功能一般是针对缺乏系统知识、查询知识的用户而设计的，对有经验用户的需求则考虑不够。实际上，由于缺乏经验的新手只会使用熟悉的语词构建查询式，很少修改查询式或进行二次查询，喜欢采用浏览策略和试错策略，因此，新手需要的是能熟悉信息查询系统和专业知识的帮助；而老手喜欢实例性帮助以扩展查询，通过更换查询词以扩大或缩小查询范围，通过优化查询策略以获得更有效的查询结果，因此，老手更需要构建复杂查询式或解决查询具体问题的帮助[168]。类似地，用户对不同类型的帮助功能也有不同的偏好。在描述性、指导性、过程性和实例性四种帮助功能的类型中，最为常见的是描述性和指导性帮助，但用户偏好演示性或示例性帮助。因此，要有效地发挥帮助功能的作用，就必须更多地设计过程性、演示性帮助，并且要与其他帮助功能结合起来[157]。

5.1.4.2 支持具有不同专业知识的用户

用户在信息查询过程中应有控制进程的感受，能够通过帮助功能掌握查询主题的变化和进展情况。因此，信息查询系统应有类似于 CNKI 的"个人数字图书馆"帮助功能的设置，以记录用户的查询历史和查询主题知识的变化情况。这项功能一是记录用户的问题，如初始问题和查询式等，随着查询主题的深入还可以记录新的问题、新的查询式、问题所处的阶段及仍需解决的问题等；二是记录用户与系统交互的情况，如使用的查询词，构建的查询式，与分类表、主题词表交互的情况，系统反馈的信息等；三是记录查询结果、下载得到的全文及相关文献，显示文献间的关系；四是根据查询式自动进行查询并与同行分享信息，利用提示功能告知用户最新的信息。

5.1.4.3 适应用户的使用习惯

用户使用帮助信息时通常有两个习惯：一是不会主动阅读帮助信息，二是只有在遇到困难时才会阅读帮助信息[171]。这就是说，用户习惯性地认为帮助信息与正在执行的任务关系不大，使用帮助信息会使他们产生一种技不如人的感觉；但在遇到问题时他们还是会想到帮助功能的。所以，在如何使用户感受到帮助功能确实有用，促使其更主动地使用帮助功能是一个非常值得探讨的问题。

帮助功能是否有用要从五个方面考虑，即与情境有关、信息有用、易于调用、不干扰正在执行的任务、易于获取[159]。要促使用户更主动地使用帮助功能，在设计信息查询系统时应坚持如下五点：①提供基于情境的帮助，指帮助功能要与用户的查询过程紧密结合，能够根据系统、用户、任务等情境因素提供帮助信息，内容简洁、方案切实可行。②帮助信息有用，指系统提供的帮助信息确实能解决用户目前所遇到的问题，包括信息内容的描述准确全面；信息组织结构化，易于从中找到帮助内容；系统提供的解决方案具有全面性和针对性；帮助内容、结构、呈现、使用方法易于理解[172]。③帮助功能易于调用，指帮助功能处于显著位置或可以通过多种方式调用，典型的如帮助图标及其放置的位置显眼且具有一致性，帮助功能可以通过菜单条、工具条、"帮助"按钮、快捷键、Wizards 向导、鼠标悬浮在对象上方或内置方式调用。④不干扰用户正在执行的任务，指调用帮助功能时不会使用户分心，避免出现新的模式，不影响用户与系统正在进行的交互，如在信息查询界面通过帮助面板显示与任务有关的帮助主题，无须占用太多的显示空间；要显示更多的帮助信息时可以打开另一个窗口，而原窗口可以继续执行查询任务。⑤帮助信息易于获取，一方面是指可以通过快捷键或鼠标指针指向、悬停、点击等得到帮助信息；另一方面是指在信息量大的帮助文档中可以通过搜索、索引或主题列表等方法来获取帮助信息，无须耗时费力地前后翻找[173]。系统应把帮助信息整合到查询过程中来，而不是在用户点击"帮助"按钮或者调用帮助功能后才提供帮助信息。

5.2 叙词功能

在信息查询过程中选择查询词是用户表达信息需求、构建查询式、精炼查询结果的关键步骤，在主题查询或分类查询中都涉及控制词汇的问题。本书以控制词汇中的叙词为例，同时区别于独立的叙词表管理软件，把整合在信息查询系统中的供用户选择叙词的功能称为叙词功能。信息查询系统的叙词功能不仅要易于搜索和浏览词汇，还要易于展示词间关系并在相关词之间导航，为用户选择查询词和扩展查询提供便利条件。

5.2.1 叙词功能的作用

叙词功能是用户选择查询词表达信息需求的重要工具，在查找查询词、构建查询式和提高查询效率等方面发挥着重要的作用。此外，叙词功能在查询扩展、主题限定、跨语种转换、控制词汇映射、查询结果处理方面也起着重要的作用。这些作用体现在以下四个方面：

（1）提供搜索、浏览选择叙词的功能。叙词功能一般提供叙词搜索功能，熟悉主题的用户可以通过关键词搜索得到相关的叙词；叙词功能还提供浏览功能，通过字顺列表、等级关系列表等设置浏览得到相关的叙词。利用叙词功能进行选词，不仅能得到恰当的叙词，还能得到丰富的语义信息。

（2）明确查询主题的工具。利用叙词功能可以明确叙词的含义，也可以通过叙词间的关系揭示出同位词、上位词、下位词和相关词，还可以通过链接扩展到其他的叙词和非叙词，由此形成一个覆盖特定领域的概念语义网络，既能帮助用户明确查询主题，又能帮助用户发现新的相关主题。

（3）构建查询式的辅助工具。叙词功能在帮助用户选择查询词的同时，还可能设置相应的叙词处理区，可以编辑、修改叙词或叙词组合，使用逻辑运算符构建复杂的查询式。有的系统还提供叙词组合的示例或预先显示利用叙词组合进行查询时的记录数量，使用户构建查询式变得更加直观且对查询结果可以预期。

（4）提高信息查询的效率。叙词功能整合进信息查询系统后，在信息查询过程的每一阶段都可以发挥作用，不仅可以提高查全率和查准率，还可以提高查询过程的效率。许多研究表明，叙词功能可以帮助不同专业知识、不同查询经验的用户提高查询的效率[174][175]，如帮助用户更准确地选词、更直观地构建查询式、更快捷地在查询结果和叙词功能之间切换。

5.2.2 系统因素

5.2.2.1 叙词功能的类型

整合在信息查询系统中的叙词功能可以分为标准叙词功能、查询叙词功能和自动叙词功能三种。标准叙词功能把叙词表与信息查询系统的查询界面整合在一起，在查询过程中有需要时呈现出词表结构及揭示出词间关系，使用户可以完整地了解词表结构并从中选择合适的叙词；查询叙词功能把叙词表整合进信息查询系统中，当用户输入查询词时，能利用叙词的词间关系，通过查询词提示功能呈现出与查询词直接有关的叙词及其同位词、上位词、下位词和相关词，帮助用户选择合适的查询词；自动叙词功能把叙词表整合进信息查询系统中成为查询词自动转换成叙词的中介，把用户输入的查询词自动转换成叙词，提高用户查询的效率[176]。本书主要研究的是前两种叙词功能。

5.2.2.2 叙词功能的结构

叙词功能的结构及呈现方式对用户查询信息有着重要的影响。

（1）叙词功能的结构特点。整合在信息查询系统中的叙词功能从宏观结构上看，除少数只有字顺表外，大多同时具有字顺表和分类表，此外还可能有轮排表、词簇索引、多语种索引等辅助表；从微观结构上看，叙词功能中的叙词或非叙词要求标识直观、简洁、准确，重点是要把叙词或非叙词的词义关系包括等级关系、等同关系和相关关系揭示出来[177]。

叙词功能中呈现的语义关系对用户选词、提高查询性能有很大的影响，从理论上说叙词表的三种词义关系对提高查询性能都非常重要。Efthimiadis 调查了大学师生利用 INSPEC 数据库的 25 个查询案例，发现受试者选择用于重构查询式的大部分叙词与原叙词存在着等级关系[178]。因此，他强调叙词功能应重视显示叙词的等级结构，如树形结构的呈现形式可便于用户浏览选择泛指词、专指词、同位词和相关词。而在交互查询扩展和自动查询扩展中，采用三种语义关系的词汇进行查询时对查全率和查准率有不同的影响[179]。

叙词功能应提供尽可能多的入口词。叙词功能中应收入尽可能多的同义词、近义词和相关词，为用户搜索叙词、浏览词间关系、查找更合适的叙词提供更多的入口，同时要求呈现出来的叙词与非叙词区分明显[180]。对用户特别是不熟悉查询主题的用户来说，增加入口词的数量有助于他们找到合适的叙词。

叙词功能还应提供浏览和搜索功能，方便熟悉主题的用户通过关键词搜索查找叙词，方便不熟悉主题的用户通过浏览分类表、字顺表、词簇索引查找叙词。

（2）叙词功能的呈现。在叙词功能的呈现上，除了要考虑叙词适用的领域、系统设计的特点外，还要考虑用户的需求和任务的要求[180]，包括：①用户选词时喜欢搜索还是浏览方法，或者是两者兼顾？②用户选词时喜欢展开叙词所有的等级结构还是喜欢只浏览局部的等级结构？③用户喜欢在打开的新页面上显示叙词功能还是在查询页面的适当位置上展开叙词功能？④非叙词是否显示在字顺列表或等级列表中？叙词功能在可视化呈现上可分为文本呈现和图形化呈现两种方式。整合了图形化叙词功能的信息查询系统，其界面比较美观且吸引人，有利于用户理解叙词间的关系，有利于用户浏览选择叙词、构建和重构查询式[181]。用图形化形式显示叙词间的语义关系和查询结果记录，在叙词浏览选择、构建查询式、重构查询式和显示查询结果上具有动态交互且比较容易切换的特点，但目前还没有一个商业化的整合了叙词功能的查询系统完全采用图形化界面，因为图形化界面的优势应该是在宽泛的浏览方面，而文本界面的优势则是在专指的搜索方面。

（3）叙词功能的规范化原则。遵循规范化原则的叙词功能，规定了叙词的单数复数、大写小写、简称全称及其不同的拼写形式，规定了叙词的上位词、下位词、同位词及相关词的词间关系，保证了叙词在形式上和词间关系上的一致性；遵循规范化原则的叙词功能，才能使叙词表本身更广泛地被接受，使采用该叙词表标注的资源在更大范围内被利用[180]。自 ISO 25964 推出后，叙词功能的叙词及其互操作性都必须遵循这一国际标准。

5.2.2.3 叙词功能的设计原则

本书参考 Shiri 等[175][182]的研究成果提出叙词功能的设计原则如下：

（1）在查询界面的显著位置提供叙词功能的链接，用"叙词表""主题词"或"查找叙词"等直观的术语作为标识。用户在构建查询式、重构查询式、浏览查询结果时都能够调用叙词功能。

（2）在叙词功能的款目显示上使用易于理解的标识揭示叙词与叙词、叙词与非叙词之间的关系。其中，款目词与相关词的关系应使用全称或统一的标识，如款目中的"用""代""分""属""族""参"项在英文中使用缩写"USE""UF""NT""BT""TT""RT"标识，在中文中使用缩写"Y""D""F""S""Z""C"标识；也可以用比较容易识别的图标如"↓""↑"作为显示在叙词表中的下位词或上位词的标识。

（3）叙词功能不仅要提供分类表、字顺表和轮排表，还要支持浏览和搜索功能。叙词功能应提供等级结构的词间关系，便于用户在当前叙词的上位词、下位词、同位词和相关词间导航；应提供同义词或准同义词作为入口词，当用户找不到合适的叙词时应提示相关词的信息；还应提供灵活的选词方法，如采用双击、拖放、复制、超文本链接等方式，将选中的叙词粘贴到叙词处理区或查询词输入框中，避免用户重复输入查询词。

（4）叙词功能应设置叙词处理区，集中处理选中的叙词。叙词处理区应便于对选中的叙词进行更换、删除或链接到相应的词间关系中，也便于用户使用逻辑运算符组合叙词或将叙词组合复制到系统中。

（5）叙词功能应与信息查询系统整合起来以提高查询效率。如在叙词功能中的每个词后或在叙词处理区中的叙词组合后显示出以其进行查询时可以得到的记录数量；从叙词功能中选择叙词后能顺畅地返回查询界面中，通过查询界面中的叙词又可以顺畅地链接到叙词功能的相应叙词位置；可以直接从查询结果记录的叙词字段中选取和补充叙词，通过叙词字段又能链接到叙词功能以进一步浏览和选择叙词，从而有利于用户预览查询结果、扩展查询范围，实现在叙词功能和信息查询系统间顺畅地转换。

5.2.3 任务因素

用户在完成不同类型的任务时，其采用的查询策略、选用的查询词和构建的查询式都会有所不同，叙词功能应支持用户完成不同类型的任务。

5.2.3.1 支持复杂主题的查询任务

查询任务的复杂程度不仅会影响信息查询的结果，也会影响查询过程中用户与系统的交互，用户完成复杂主题的查询任务时需要投入更多，如需要更多次补充查询词、浏览查询结果、改变查询策略等。

Shiri 根据查询式中查询词或布尔运算符的数量，把查询主题分为复杂主题和简单主题两类，凡是查询式中使用的查询词超过三个或布尔运算符超过两个的为复杂主题，查询词不超过三个或布尔运算符不超过两个的为简单主题[183]。他在调查了 30 名受试者的查询行为后发现，与查询简单主题相比，受试者查询复杂主题不仅会增加使用系统功能的次数，也会增加输入查询词、从叙词功能中选择查询词和重构查询式的次数。因此，在设计查询界面时应把控制区和信息区整合起来，使用户在完成复杂查询任务时能更好地选择查询词、构建或重构查询式，同时在信息区能即时地反映查询结果的变化，提高用户选词、构建或重构查询式的效率。

5.2.3.2 支持不同困难程度的查询任务

查询任务的困难程度会影响用户从叙词功能中选词，而用户熟悉或不熟悉专业知识又会影响他们利用叙词功能的效果。Sihvonen 和 Vakkari 在研究中把两者结合起来，调查了具有或缺乏教育学知识的本科生利用 ERIC 的叙词功能完成困难或容易两类任务时查询结果的相关性[174]。

受试者利用 ERIC 数据库完成查询任务时，可以使用自由词、系统提示词和叙词功能的提示词进行查询扩展，具有教育学专业知识的受试者使用叙词的数量和类型能提高查询结果的相关性，而缺乏专业知识的受试者使用叙词的数量和类型对提高查询结果的相关性没有关联。在完成容易的任务时，缺乏专业知识的受试者会尝试采用更多的查询词重构查询式；在完成困难的任务时，缺乏专业知识的受试者与具有专业知识的受试者采用的查询词数量持平，但查询结果的相关性却较低。这表明在查询扩展中使用查询词的数量并不重要，重要的是查询词的类型和质量。

Sihvonen 和 Vakkari 的研究表明，用户具有较高的专业知识后才能提高叙词功能的效率和查询结果的相关性。因此，信息查询系统应采用有效的方法帮助用户在完成查询任务过程中熟悉专业知识；叙词功能要易于调用，并且要收入尽可能多的入口词，便于用户从叙词功能中查找匹配的叙词；叙词功能要有效地展示词间关系，便于用户通过浏览和导航选择专指的叙词。

5.2.4 用户因素

叙词功能的质量是影响用户选词的决定性因素，而用户的知识水平和个性特征则是影响用户选词的重要因素，这要求叙词功能必须与用户的知识水平和个性特征结合起来。

5.2.4.1 支持具有不同查询知识的用户

（1）支持用户的选词策略。选词路径以决策树的形式揭示出用户选择查询词的路径，利用选词路径分析用户的选词策略可为设计信息查询系统提供依据。Fidel 通过调查 47 名联机查询者使用中介信息查询系统的查询行为，总结出受试者在不同影响因素作用下的选词路径[184]。用户描述信息需求可以用普通词或单义词，普通词是指适应范围广、能宽泛地表达主题概念但不适合作为自由词进行查询的词汇；单义词是指能专指地表达主题概念、适合作为自由词进行查询并能达到比较好的查询效果的词汇，两者的区别不是特别明显，要视具体情况而定。在整合了叙词功能的信息查询系统中，查询者把用户描述信息需求的词汇转换成与叙词表相匹配的叙词、非叙词和直接用自由词三种情况，而匹配方式又分为精确匹配、部分匹配和匹配到上位词三种情况，结合用户的信息需求、用户对查询主题的熟悉程度、用户对查询效率的要求、数据库的功能以及用户类型、用户经验等因素，以决策树的形式揭示出用户的选词路径。例如，在查询一个专指的主题时，如果用户在叙词功能中不能找到匹配的叙词，就会倾向于使用自由词；又如，使用的普通词如果在叙词功能中找到匹配的叙词，用户可能选用叙词也可能选用自由词，如果找不到匹配的叙词，用户可能使用自由词也可能放弃当前数据库转向其他的信息资源。

信息查询系统应根据影响选词路径的因素为用户提供相应的服务：①叙词功能不仅要提供搜索功能，也要提供浏览功能；既要考虑到熟悉专业、熟悉查询方法的用户会选用自由词或叙词进行查询，又要考虑到不熟悉专业、不熟悉查询方法的用户会选用普通词或宽泛词进行查询。②系统应为叙词功能构建丰富的语义网络，如充实入口词等使用户能从更多的同义词或相关词出发查找叙词；建立恰当的词间关系，使用户能区分叙词与非叙词；把相关叙词链接起来，便于用户通过浏览找到匹配的叙词。③系统应根据选词路径支持用户的选词策略。例如，当描述信息需求的单义词匹配为上位叙词且要求达到较高的查准率时，系统应向用户推荐使用自由词组合或自由词与叙词组合两种方法，如果用户选择第一种方法，系统应提供更多的自由词供选择；如果用户选择第二种方法，系统应提供自由词与叙词组合的方法。

（2）适应用户的查询习惯。当用户要查询多个整合了叙词功能的数据库时，每使用一个数据库就要利用相应的叙词功能选择查询词以构建相应的查询式，重复的操作既浪费时间又增加了出错的可能性。有许多研究表明，用户在最常使用的数据库中形成的选词策略会影响他在其他数据库中的选词行为。如Fidel的调查表明，当受试者的选词路径有多个候选词可以选择时，究竟选用哪一个词往往取决于他在最常使用的数据库中形成的选词方式；受试者在转查其他数据库时，往往也会把在最常使用的数据库中使用过的叙词当作查询词，而不再使用该数据库的叙词功能查找相应的叙词[185]。用户这一选词习惯导致有的数据库的叙词功能会被经常使用，而其他数据库的叙词功能却无人问津。

针对用户的选词习惯，为了提高不同信息查询系统叙词功能的互操作性，提出以下三个建议：①选用标准的叙词表。数据库中变化最大的是日积月累的数据，而其中作为标引和查询标识的叙词则基本上是固定不变的，但由于不同的信息查询系统采用不同的叙词表，导致用户查询这些数据库时无法使用统一的叙词及查询式表达信息需求。如果能有组织地编制统一的叙词表，采用统一的标准标引信息资源，将极大地提高用户查询信息的效率和方便程度。②加强数据库生产商、系统开发商之间的合作。不同的数据库采用不同的叙词表对用户来说完全没有必要，但各数据库生产商或系统开发商为了保护各自的利益却又不得不为之。因此，如果各数据库生产商或系统开发商之间能加强合作，提高规范化程度，当用户查询不同的数据库时，可以把一个数据库中使用的查询式转换为适用于另一个数据库的查询式，或者提醒用户需要利用叙词功能查找叙词以提高查询效率，就能帮助用户更主动地使用数据库的叙词功能。③编制叙词转换工具。由于不同的数据库使用不同的叙词表，用户查找数据库时就必须使用该数据库叙词功能选择相应的叙词，鉴于此，一个有效的措施是开发叙词转换工具，把一种叙词表的叙词转换成另一种叙词表的叙词。

(3) 提高查询效率。在许多研究用户查询行为的案例中查全率的数据都比较低,因此,有研究者就误以为是由于用户关心查准率多于查全率造成的,但有研究表明,在信息查询过程中受试者实际上是关注查全率多于查准率的。如受试者在回答选择查询词的理由时,与查询主题有关的最常见的理由是为了提高查全率;当受试者利用叙词功能找不到精确匹配的叙词时,选择其他词的有一半是为了提高查全率;在信息查询过程中受试者用于提高查全率的选词行为是用于提高查准率的选词行为的近两倍[186]。用户虽然关心查全率,但查全率的数据并不理想,产生这一奇怪现象的原因可归结为两个方面:一方面,可能与测试方法不同有关;另一方面,可能与信息查询系统不能达到很高的查全率有关。

在整合了叙词功能的信息查询系统中,为了提高用户的查全率,需要考虑以下方面:为叙词功能充实更多的叙词和非叙词,包括同义词、近义词和相关词;提供叙词和非叙词的索引,在每个词后显示以该词进行查询时的记录数量;显示用户经常使用的查询词列表,按查询词的使用频率排列;为组合叙词或非叙词的逻辑运算符提供明确的指引,帮助用户构建查询式;能显示查询历史,能调用查询历史中的查询式;能把两个或多个查询式通过逻辑运算符联结起来查询;在查询过程中能调用叙词功能显示出叙词的等级结构;可以通过一定的机制在采用不同叙词表的数据库间实现查询式的转换或互操作。

5.2.4.2 支持具有不同系统知识的用户

系统使用经验会影响用户使用叙词功能,与缺乏系统查询经验的用户相比,具有系统查询经验的用户会更多地使用叙词功能,但使用后的查询效果并不一定明显。例如,Sutcliffe 等测试了 17 名医学专业的高年级学生使用 MEDLINE 系统完成四项查询任务的情况[187],对受试者根据其使用 MEDLINE 系统的经验分为具有经验和缺乏经验两类,通过观察受试者的查询行为发现,具有经验的受试者更多地采用复杂的查询策略,更多地使用布尔运算符和其他组合构建复杂的查询式,而缺乏经验的受试者通常只采用简单的查询策略,构建简单的查询式。测试中只有不到一半的受试者使用过叙词功能,其中,具有经验的受试者比缺乏经验的受试者更多地使用这一功能。有趣的是,有经验的受试者本来应该得到更高的查全率,但实际情况是受试者使用叙词功能后并不一定能提高查询性能。Sutcliffe 等认为,MEDLINE 系统的叙词功能没有得到充分的使用或者使用后的效果并不明显,其中的原因有多个,包括受试者不了解叙词功能、受试者没有注意到叙词功能、受试者没有认识到叙词功能的作用、叙词功能本身存在问题。

叙词功能要支持具有不同系统知识的用户,一是要把叙词功能与查询词提示功能、构建查询式功能整合起来,主动为用户提供服务;二是要提高叙词功能的可用性,减少用户调用叙词功能或从叙词功能中选词的环节;三是要充实入口词并增强其功能,使叙词功能不仅可以查找叙词,也可以查找非叙词,不仅可以作为拼写检查的工具,也可以作为专业术语翻译的工具;四是要通过用户教育把系统功能推荐给用户,这是解决叙词功能得不到充分利用的有效方法。

5.2.4.3 支持具有不同专业知识的用户

查询知识、系统知识和专业知识都会影响用户的查询行为,但用户只有在熟悉查询知识和系统知识后,专业知识才能影响其信息查询行为。在整合了叙词功能的信息查询系统中,具有丰富查询知识的用户在熟悉查询主题后会更多地使用自己提炼的查询词,而不熟悉查询主题时会更多地从叙词表中选词,在尝试查询词组合构建查询式方面花费更多精力[174]。Hsieh-Yee 比较了图书馆馆员和教育管理专业学生分别完成本专业或其他专业查询任务的情况[188]。研究表明,受试者只有在具备一定的查询经验后,其对查询主题的熟悉程度才会对选择查询词和查询策略产生重要影响,那些熟悉查询主题的受试者会更多地使用自己的查询词,会更多地使用同位词或"OR"运算符的组合进行查询;而不熟悉查询主题的用户会更多地从叙词表中选词,在尝试查询词组合构建查询式方面花费更多精力。因此,在整合了叙词功能的信息查询系统中,界面应充分发挥叙词功能的作用,如在输入查询词后应显示出匹配的叙词、上位词、同位词、下位词和相关词,方便用户浏览和选择查询词;在用户构建查询式时,应提供逻辑运算符的使用指引,显示出以查询词或查询式进行查询时的记录数量,帮助用户学习查询知识。

5.2.4.4 支持具有不同个人属性的用户

(1)支持不同学科领域用户的信息需求。不同学科领域用户的信息需求不同,表现在选择查询词、构建查询式上的行为方式也会有所不同,有些学科领域用户的区别还很明显,因此,在设计叙词功能时必须考虑不同学科领域用户的需要,为他们提供有针对性的服务。例如,Bates 等研究了人文学科学者利用 DIALOG 数据库时的查询行为[189][190][191],其中分析了 22 名人文学科学者构建查询式时的选词方式。他们将查询词分成三类:查询需求类,如某一著作、某一主题的著作;书目特征类,如出版时间、出版物类型;主题类,如著作主题、个人名称、地理名称等。研究发现，与其他学科领域的学者明显不同，人文学科的学者在选择查询词构建查询式时比较多地使用个人名称、地理名称、年代名称或学科名称作为查询词。因此，在设计叙词功能时应充分考虑不同学科领域用户的信息需求，如针对人文学科学者就应提供更多的个人名称、地理名称、年代名称和其他专有名词。

（2）支持用户的不同认知方式。叙词功能应根据用户选择查询词、构建查询式的不同行为方式提供不同的服务。Fidel 观察了 5 名受试者使用中介信息查询系统构建查询式的过程，发现受试者的行为方式具有一定的定式[192]。受试者有时保持查询主题概念基本不变，通过系统提供的有关功能精炼查询结果，如限制出版时间、补充同义词或使用叙词表达主题概念；有时修改查询主题概念，如改用上位词、下位词、相关词或与不同分面的词组合起来表达主题概念。每名受试者可能都会采用这两种行为方式，但在许多情境下往往会偏向于采用其中一种方式。Fidel 把偏向于采用前一种方式的受试者称为操作主义者，偏向于采用后一种方式者称之为概念主义者。前者会根据查询主题从叙词表的等级结构中查找表达查询主题的叙词，当找不到叙词时就使用自由词构成查询式；后者会对查询主题进行概念分析，然后从叙词表中查找每个主题要素对应的叙词，再组合起来表达查询主题，当确定一个概念过于专指或没有相应的叙词时才使用自由词。受试者在查询行为上的区别反映了用户不同的认知方式，体现在设计叙词功能上就应该为不同认知类型的用户提供不同的功能，如为操作主义者提供等级结构的选词功能，在缺省状态下把叙词功能的浏览界面设置为等级结构列表；为概念主义者提供搜索选词功能，在界面中推荐更多的相关叙词或非叙词。

5.3　标签云功能

标签云是一组词汇的可视化呈现，用于揭示和汇集文献、网页、网站等的主要信息。标签云中的标签一般是独立的词汇，按照一定的次序排列，通过标签字体、大小或颜色的变化来表现其重要程度；应用在信息查询系统中的标签可以设置成超链接，导向与该标签相关联的一组记录。所以，标签云功能就是把揭示文献或网站信息的标签按照一定的次序呈现出来，为用户提供浏览、选择标签并按标签进行查询的一种技术手段。如今，标签云功能出现在许多的信息查询系统中，成为揭示信息内容、提供浏览和导航功能的可视化交互工具。

5.3.1 标签云功能的作用

标签云功能是信息及信息查询可视化的工具,具有标注、评价、推荐、导航浏览、查询扩展、重构查询式、限定查询结果、呈现文献信息的作用,主要作用有以下五种:

(1) 可视化地呈现概貌。在信息查询系统中使用标签云可以以可视化形式汇集整个信息资源、查询结果记录和具体文献的重要关键词,还可以揭示出标签与标签之间的关系。因此,利用标签云能够从总体上把握信息资源和文献记录的概貌,如包含哪些关键词、某一关键词是否存在、其重要程度如何、与其他标签间是否有关联等。

(2) 突出信息主题。标签云除了从总体上呈现信息资源和文献记录的概貌外,还可以通过字体的不同字号、颜色、字形反映标签的使用频率、发表时间和重要程度,通过可视化形式揭示标签间的主题关系,使用户易于区分和识别主题。

(3) 导航的工具。利用标签云设置的超链接可以把用户导航到包含该词的查询结果页面或者直接导航到文献内容部分。标签云的导航功能特别适合用户执行探查任务,支持用户在浏览标签的基础上发现新的感兴趣的主题,找到意想不到的主题信息。

(4) 限定查询范围。信息查询系统整合了标签云功能后,利用标签云中的标签进行查询,不仅能起到限定查询范围的作用,还可以避免出现查询结果记录为零的状况。标签云与标签云之间还可以形成等级关系,点击主标签云中的标签可以展开一个子标签云,子标签云中所有标签标注的文献是主标签云中标签标注文献的子集,从而起到重构查询式、限定查询范围的作用[193]。

(5) 提示查询词。系统在查询基础上呈现的标签云能起到查询词提示功能的作用,利用标签云中的标签进行查询或者重构查询式,能减轻用户认知的负担,尤其是对不熟悉专业或不熟练外语的用户而言,这一功能更为有效。有些标签云还可以根据语义关系显示出上位词、下位词或相关词,为用户查询扩展提供便利。

标签云的主要缺陷是人工标注标签耗时费力,自动标注标签则难以保证质量;只能揭示文献的部分特征,用于查询漏检率比较高;不适合具体的专指的查询,在精炼查询结果时不能准确地缩小查询范围;占用宝贵的页面空间,容易分散用户的注意力。因此,标签云在信息查询系统中只能作为一种辅助工具使用。

5.3.2 系统因素

5.3.2.1 标签云的类型

标签云的类型很多，大致有如下几种划分方法：

（1）按照标签的不同排序方法，标签云可以分为：①字顺序列标签云。标签按照字母顺序或中文的拼音顺序、笔顺笔画顺序，与普通文本类似从左上角开始，按从左到右、从上到下的次序排列，这是标签云中最常见的一种标签排列方法。②随机序列标签云。标签没有固定次序，按照随机序列排列。③重要序列标签云。标签按其与查询词的相关程度、出现频率或查询频率等的重要序列排列。④时间序列标签云。标签按内容发表的时间或主题发生的时间顺序排列。⑤语义序列标签云。标签按语义关系联结起来，以标签间位置的远近、字体的大小或连线的颜色、粗细表示语义间的关系。⑥自然序列标签云。标签按原文的自然顺序排列，以字体大小或颜色变化表示标签在文中出现的频率或重要程度。

（2）按照标签间形成的不同形状，标签云可以分为：①矩形标签云。以矩形形状出现的标签云，标签按照字母顺序、热门次序、主题相关次序或随机次序，从左到右、从上到下次序排列。②圆形标签云。把最热门、最重要的标签放置在中心位置，其他标签则根据关系的远近由中心位置向外围扩展排列。③簇状标签云。根据标签间的语义、时间或地域等关系汇集标签，关系越紧密的标签位置越接近，从而形成有多个中心的标签云。

（3）按照标签描述的不同对象，标签云可以分为：①文献标签云。标签云描述的是一篇文献，标签字体的大小、颜色的变化表示其在文献中的使用频率和重要程度。②信息资源标签云。标签云描述的是整个信息资源，标签字体的大小、颜色的变化表示其在信息资源中的使用频率和重要程度。③类目或主题标签云。标签云描述的是信息资源中的类目或主题，标签字体的大小、颜色的变化表示该类目或主题的记录数量、使用频率和重要程度。④查询结果记录标签云。标签云描述的是查询结果记录，标签字体的大小、颜色的变化表示其在查询结果中的记录数量、使用频率和重要程度。

5.3.2.2 标签云的来源

标签云中的标签来源于两个方面：一是来自专业人员或用户的人工标注，二是来自计算机系统的自动标注。要提高标签云的质量，关键是要提高标签的质量，这需要从以下三个方面进行优化：

（1）编制规范性标注词表。为了保证标签的准确性和一致性，要求编制领域内的规范性标注词表，词汇可以来自传统的主题词表或者规范后的标注[194]。词表的主要作用是作为帮助工具，在标注标签时提供示例以引导标注人员标注更专指的词汇，从而提高标注结果的一致性和规范性；对于领域内网罗度和专指度比较高的词表，还可以作为一种显示词间关系的辅助工具，起到提示查询词的作用。

（2）制定标注规则。标注规则是供专业人员或用户标注标签时使用的推荐性规则，规定了选词的原则和标注的专指度、网罗度，在一定程度上能保证标注结果的一致性。

选词的基本原则是词汇必须简洁、易记、有意义。禁用"the""it""which"等没有实际意义的词汇；不用"哲学""饮食""研究"等过于宽泛的词汇；尽可能合并同义词和准同义词；规定常用词的单复数形式和词形变化规则；尽可能保证选词结果的一致性，避免在标签云中出现相似意义或没有意义的标签。

标签的专指度和网罗度是衡量标注质量的两个重要指标。前者是指一个标签标注的文献数量，每个标签标注的文献数量越少则专指度越高；后者是指一篇文献标注的标签数量，每篇文献标注的标签数量越多则网罗度越高。有研究表明，由专业人员标注的标签一般是根据规范性词表进行标注的，结果比较专指和准确，网罗度和专指度都比较有保证；由用户标注的标签一般会选用专指度比较低的词汇，而且不同用户标注的标签数量也不确定，但大部分用户标注的数量都比较少。由于提高标签的专指度可以得到比较高的查准率，提高网罗度可以得到比较高的查全率，因此，要鼓励用户在标注文献时选用专指度高的词汇、适当增加标签的数量。

（3）技术支持。技术支持是指通过技术手段提高标注的质量。在人工标注文献时，系统应能自动分析文献、生成揭示文献的词汇供选择；应能显示专业人员或用户使用过的标签。这两种提示功能都可以节约标注的时间，保证标注的一致性。系统还应能根据人工标注的词汇显示出标注词表或者调用分类表、主题词表等控制词汇，提示经规范化处理的词汇，同时显示出词间关系，便于标注人员从中选择更准确、更专指的词汇[195]。

5.3.2.3 标签云呈现的特征

标签云呈现的特征包括标签字体的大小、颜色、粗细、类型，标签背景的颜色、标签的字符数量、标签在标签云中的位置以及标签云中标签的密集程度、排列顺序等，这些都可以对用户的浏览行为和使用感受产生影响，这种影响体现在查找的速度、准确程度、容易程度或助记性、满意度等多个方面。所以，标签云呈现的特征的影响力需要从多个方面衡量。

（1）多种可视化特征的影响。标签云的可视化特征对用户的浏览行为和使用感受有不同的影响。Bateman 等研究了标签云中标签字体的大小、粗细、颜色、颜色深浅、字符像素、字符数量、标签宽度、标签面积、标签所处位置 9 种可视化特征对用户选择标签的影响[196]。他设计了 10 组标签云，每组标签云由 139～147 个标签组成，要求受试者从中选出在视觉上认为最重要的 10 个标签。研究表明，各种可视化特征对受试者选择标签有不同程度的影响，其中，标签字体的大小、粗细、颜色深浅对受试者选择标签有重要影响；字符像素、标签宽度、标签面积对受试者选择标签影响不大；标签字体的颜色和标签所处的位置对受试者选择标签的影响存在不确定性。

张媛等在两项研究中测试了中文标签云的可视化特征对用户记忆的影响。在第一项研究中测试了标签字体的大小、颜色、粗细、类型、字符数量、标签所处位置、叠音词和笔画繁简程度 8 种特征对受试者记忆的影响[197]。测试结果表明，对受试者的记忆有明显影响的特征是标签字体的大小、粗细、标签的笔画繁简程度、标签所处位置、是否有叠音词；对受试者的记忆没有影响的特征是标签字体的类型和颜色，测试中只设计了红色和蓝色标签，发现记住这 2 种颜色标签的受试者数量持平。在另一项研究中测试了标签的密集程度、字符的熟悉程度、有无背景颜色、背景颜色的明暗程度 4 种特征对受试者的影响[198]。测试结果表明，对受试者选择标签有明显影响的特征是添加背景颜色、字符熟悉程度；对受试者选择标签没有明显影响的特征是背景颜色的明暗程度；标签密集程度对受试者有影响，受试者并不偏向从标签密集区域中选择标签，而是更偏好于选择密集区域边缘的那些标签。

标签云呈现的可视化特征对用户选择的速度、准确程度、容易程度、助记性、满意度等浏览行为或感受会产生影响，只是有些特征的影响明显，有些特征的影响不明显，有些特征的影响要根据具体情境而定。由于研究目的和研究条件的差异，有些研究结果之间可能还存在冲突或者说需要在特定情境下才能够理解，如在张媛等的第一项研究中，标签所处位置对受试者的记忆有明显的影响，而在 Bateman 等的研究中，标签所处位置在视觉上对受试者的影响并不确定。

（2）字体大小、粗细的影响。大部分研究认为标签字体的大小、粗细对用户行为有重要的影响。

1) 用户比较容易记住标签云中大字体、粗体的标签。张媛等在研究中测试受试者对标签的记忆情况，发现受试者能写出来的粗体的标签明显要多于普通字体的标签，大字号的标签要多于小字号的标签[197]。在 Rivadeneira 等的研究中，要求受试者浏览标签云后回忆标签，发现标签字体大小对受试者的记忆有强烈的影响，被记住的大字号标签的平均数量比小字号标签要多得多[199]。

2) 目标标签的字体比较大时能提高被选择的准确性。Bateman 的研究发现，在标签云的 9 种可视化特征中，目标标签的字体大小对受试者选择准确性的影响最大，目标标签是较大字体时被选择的准确性较高；目标标签的字体粗细对选择准确性的影响排在第二位，目标标签是较粗字体时被选择的准确性较高[196]。可以认为，标签云中目标标签是大字体、粗字体的标签比小字体、细字体的标签更吸引用户的注意力，使用户能更准确地查找。但有趣的是，受最大字体标签的影响，用户容易记住最大字体标签附近的标签，虽然这种影响并不显著。这可能是用户容易被最大字体标签吸引，然后从最大字体标签出发浏览附近的标签所致[196]。

3) 目标标签字体的大小与发现速度的关系不明确。Halvey 和 Keane 在测试受试者从 10 个国家名称组成的标签云或标签列表中查找目标标签时发现，与小字体的目标标签相比，大字体的目标标签更快且更容易被受试者找到，但也有受试者认为较大字体的标签要花较长时间查找，即对有些用户来说标签的字体并非越大越好，对字体大小的设置须慎重考虑[200]。也有研究认为，标签云中目标标签字体的大小显著影响用户选择标签的时间，但这种影响要与标签的排序方法结合起来考虑。如 Schrammel 发现，在按无序或字顺排列的标签云中，选择标签需要的时间随目标标签的字体增大而减少，但在按分众分类法或语义关系排列的标签云中，选择标签需要的时间随目标标签从较小字体、小字体到大字体是逐步减少的，但目标标签是较大字体时需要的时间却有一定程度的增加，这种反常现象很可能与受试者从不同排序方法中选择标签时需要改变查找策略有关[201]。

（3）字体颜色、背景颜色的影响。标签字体颜色、背景颜色对用户的影响因人而异，在设计时需要适当关注。Bateman 把标签云中目标标签的字体颜色设置成上一个红色下一个蓝色，或者一半的标签字体设置成红色另一半的设置成蓝色，从而测试标签字体的不同颜色对受试者选择标签的影响。研究表明标签字体的不同颜色对具体的受试者有强烈的影响，但就所有受试者而言，选择红色或蓝色字体标签的次数基本持平，即不同字体颜色对受试者选择标签的影响并不显著。他的研究还表明字体颜色的深浅对受试者选择标签有一定的影响，但影响比较弱。由此可以认为，标签字体的颜色对用户的影响具有不确定性，是设计时需要注意的一种特征。

在对中文标签云的研究中也发现类似的情况。张媛等在研究中测试了标签字体颜色对受试者记忆的影响。测试中把标签字体设计成红、蓝两种颜色，发现红色字体标签和蓝色字体标签被选中的次数基本持平。张媛等在另一项研究中测试了标签有无背景颜色、背景颜色明暗等特征对受试者的影响。发现标签设置背景颜色对受试者偏好的影响较大，亮色调的背景更易被用户选择，但影响程度与暗色调相比并不明显。因此，在设计标签云时对需要突出显示的标签可设置背景颜色。

（4）标签所处位置的影响。标签在标签云中所处的位置对用户的影响有不同的观点，有的研究者认为没有影响，有的认为有一定的影响，有的认为其影响与情境有关。总的说来，在设计标签云时要慎重考虑标签的位置，把重要的或希望用户关注的标签放置在合适的位置上。

1）处于标签云中心位置的标签更有可能被找到。Bateman 在研究中发现，受试者选择标签时表现出中心性趋势，即越靠近标签云中心位置的标签越有可能被选择。这种中心性趋势与标签云的可视化特征的数量有关，当只有一种可视化特征时，表现得非常明显；当几种可视化特征叠加时，中心性趋势变得不那么明显；而处于标签云上端或下端的标签被选中的可能性比较低[196]。用户选择标签的中心性趋势与用户浏览标签时是扫描而不是阅读有关，处于中心位置的标签被反复扫描，处于边缘位置的标签被扫描的机会则比较少。

2）处于标签云中间区域的标签比较容易被记住。张媛等在研究中把标签云分为上、中、下和左、中、右 9 个区域，通过用户测试发现，处于不同区域的标签对受试者记忆有明显不同的影响[197]。处于中心位置和中间区域的标签比较容易被记住，处于右边和下端的标签被记住的可能性较小。

3）处于标签云中心位置的标签更受关注。Lohmann 等测试了受试者从 4 种不同标签排列次序和字体大小的标签云中选择标签的行为，用眼动仪记录下受试者对不同区域标签的关注情况，发现处于标签云中心位置的标签比靠近边缘的标签更受关注，处于左上象限的标签比其他象限的标签更受关注[202]。

4）处于标签云左上方位置的标签更快被找到。Halvey 和 Keane 在测试受试者从 10 个国家名称组成的标签云或标签列表中找到目标标签时发现，目标标签处于左上方位置时最快被找到，处于底端、中间位置时排在第二、三位[200]。这与受试者浏览标签时是扫描而不是阅读有关，扫描的顺序是从左到右、从上到下。需要注意的是，Halvey 和 Keane 测试的标签云或标签列表中只有 10 个标签，由于标签数量少且均是以受试者熟悉的国家名称作为标签，对其浏览、选择行为会有一定的影响。

（5）排序方法的影响。标签云中标签的排序方法有多种，最常见的是按字顺序列排列的标签云，此外，按时间、随机或重要程度排列的也不鲜见。从研究看，用户从不同排序方法的标签云中浏览、选择标签的速度和感受与用户、任务相关。总的说来，标签云中标签的排序方法对用户的影响要依具体情境而定。

1）用户在字顺序列标签云中比在随机序列标签云中能更快、更容易找到目标标签。Halvey 和 Keane 在研究受试者从 10 个国家名称组成的字顺序列标签云和随机序列标签云中找到目标标签时发现，与随机序列标签云相比，字顺序列标签云能帮助用户更快、更容易地找到标签[200]。

2）语义序列标签云比字顺序列标签云更适合探查。Hassan-Montero 和 Herrero-Solana 根据词汇在记录集中的有用程度选择标签，然后利用语义相似程度对标签进行聚类，在标签云中把语义同属于一个类目的标签置于水平相邻方向上，把语义相近的类目置于竖直相邻方向上[193]，这样设计的语义序列标签云与字顺序列标签云相比，用户可以根据邻近标签进行语义推理。例如，当用户浏览到"ajax"标签时，如果不了解其含义，可以利用相邻的标签"javascript""xml"进行猜测，有助于完成查询主题不明确的查询任务。

3）标签的排列方法对用户记忆没有明显的影响。Rivadeneira 等测试了受试者浏览标签云或标签列表后的记忆情况[199]。标签云或标签列表由 4 类词汇组成，每类 10 个词汇，一共 40 个词汇。标签云中的标签分别采用字顺、使用频率、空间次序排列，标签列表采用使用频率排列，受试者在浏览后描述出感兴趣的类别和标签。测试发现标签云中标签的排列方法对受试者记住标签没有明显的影响，相比较而言，采用使用频率排列的标签列表比较有利于受试者描述出标签的类别，采用空间次序排列的标签云位居第二。这与用户浏览标签时是扫描而不是阅读有关，只需扫描后点击链接而不必记住标签。

5.3.2.4 整合信息查询系统中的标签云

标签云作为一种辅助的查询工具，帮助用户通过浏览发现感兴趣的信息，支持用户完成探查任务，具有比较强的趣味性和审美效果；其主要缺陷是不适合具体、专指的查询，在精炼查询结果中不能准确地缩小查询范围，存在着比较严重的漏检率等问题。要发挥其优点、弥补其缺陷，必须把标签云与信息查询系统有效地整合起来：①在文本查询界面中增加标签云功能，如在查询结果概览界面或详览界面中增加标签云功能,把记录集或文献的主要内容以标签云的形式呈现出来,为用户提供更多的查询入口;增加标签云中标签的数量,使标签云能更深入地揭示记录集或文献的内容;提供不同的标签云排序方法,便于用户根据不同顺序查找目标标签。②与其他查询方法相结合,如与关键词查询、分类查询相结合,这些查询方法比较适合目标明确的专指查询,而且查询的范围可以覆盖整个系统,弥补标签云比较适合宽泛主题查询和漏检率比较高的缺陷。③与其他导航方法相结合,如与分面导航、面包屑导航相结合。分面导航可以按分面及其类目缩小查询的范围,与显示查询结果概貌的标签云结合,能在一定程度上提高探查的专指度,同时部分改进标签云漏检率高的弊端;标签云查询还可以和面包屑导航结合起来,把查询词、标签云中选择的关键词和选用的分面及其类目都在面包屑导航中直观地显示出来,便于用户理解查询式。

5.3.2.5 标签云功能的设计原则

通过以上研究可以总结出标签云设计的一般原则:①标签云中标签字体只使用一种颜色,使用多种颜色容易使用户分心,也不利于按字号大小区分标签。如果确实有需要,应在使用多种颜色时支持单色/多色的转换。②标签应使用无衬线字体,以提高易读性。③利用标签字体的粗细以突出其重要性时,应使用等宽字体。④需要理解标签含义时,应使用可变间距字体以便阅读。⑤标签间的间隔应按一定比例分开且一致。按一定比例分开是指标签间的间隔应根据它们字号的大小进行调整,字号大的标签,它们之间的间隔也大些;一致是指对于字号大小相同的标签,它们之间的间隔也应相同。⑥标签间不使用分隔符,因为使用分隔符会使小字号的标签不便于阅读。⑦使用闪烁或矢量处理字体时要考虑浏览器的性能,低版本的浏览器无法正常显示一些特殊的字体,因而要采用易于阅读的文本式标签。⑧置于 HTML 文档中的标签云,其标签字体应设置成按比例显示,不采用固定像素,以便灵活地调整显示效果。⑨标签云中不使用换行符,通常应根据上下文自动换行。⑩标签云应提供至少两种标签排序方给用户选择,如字顺序列、时间序列、重要序列、使用频率序列等,并明确指出目前的排序方法[146]。

5.3.3 任务因素

5.3.3.1 支持目标不明确的查询任务

标签云功能整合进信息查询系统后,不仅适合目标明确的查询任务,也适合目标不明确的探查任务。为了使标签云能更好地支持目标不明确的查询任务，标签云中标签的来源、呈现和设计都要进行仔细考虑。

（1）标签的来源。在人工标注的标签云中，由专业人员标注的标签一般会选用比较专指、准确的词汇，网罗度和专指度都比较有保证；而由用户标注的标签一般会选用比较宽泛、模糊的词汇，网罗度和专指度都比较难保证。由于语义宽泛的标签适合需求不明确的探查任务，可用于探索新主题的信息；而语义专指的标签适合需求明确的查询任务，可以在探查的基础上得到比较具体的信息[193]。因此，在设计信息查询系统时，如果要支持需求不明确的查询任务，可采用由宽泛标签组成的标签云，如用户标注的标签云；如果要支持需求明确的查询任务，可采用由专指标签组成的标签云，最好是专业人员标注的标签云。此外，为了提高用户标注的准确性和专指性，系统应为用户标注标签提供规范性标注词表或标签提示功能，这可以在一定程度上提高标引的专指度和网罗度，增强标引结果的一致性。

（2）标签云的呈现。标签云中标签的排序方法对目标明确程度不同的任务具有不同的适应性。字顺序列标签云适合目标明确的查询任务，并且比较符合用户的浏览习惯；语义序列标签云或重要序列标签云则比较适合目标不明确的查询任务，能节约用户浏览、选择标签的时间，但要注意算法性能和呈现方法。有研究发现，从不同排序方法的标签云中选择某一特定主题的标签时，标签云的排序方法对查找特定主题的标签在时间上没有影响，即语义序列标签云与字顺序列标签云相比在查找特定主题标签上没有明显优势[201]。之所以出现这一状况，其原因一方面与用户理解语义关系需要时间有关，另一方面也与语义序列的算法和呈现方法有关。语义序列标签云的算法性能一定要有保证，否则不容易分辨语义序列标签云与随机序列标签云。

（3）标签云必须与信息查询系统的查询功能紧密结合，才能更好地支持目标不明确的查询任务。Sinclair和Cardew-Hall测试了受试者利用标签云和关键词搜索功能完成需求明确或不明确查询任务的情况[203]。他们自建了一个近1000篇文献的数据库，测试时由受试者先为文献标注标签，然后利用整合了标签云和关键词搜索功能的查询界面，自行选择查询功能完成10个需求明确或不明确的查询任务。其中，标签云由数据库中最常使用的70个标签组成，字体大小与标签使用频率相关，点击标签后查询得到包含该标签的所有记录，同时显示出子标签云。子标签云由查询结果记录中最常使用的70个标签组成，点击子标签云中的标签后同样执行查询操作。从测试结果看，受试者偏向于使用关键词搜索功能，除了因为比较熟悉这项功能和可以比较快得到查询结果外，还因为其适合需求明确的查询任务；而标签云在帮助受试者完成需求不明确的查询任务方面具有一定的价值，当要完成需求不明确的查询任务时，系统可以向用户推荐使用标签云。标签云虽然能呈现数据库或查询结果记录的概貌，直观地反映文献主题，但在揭示多个主题概念间的关系方面准确性差，难以专指地缩小查询范围[204]。测试表明，标签云在信息查询方面只是一种辅助工具，只有与信息查询系统中的关键词查询、分类导航、主题导航等功能紧密结合起来才能发挥其作用。

5.3.4 用户因素

5.3.4.1 支持具有不同个人属性的用户

标签云中的标签本身是一个链接，导向包含该标签的记录或文献；标签云本身又是一个可视化对象，不仅能揭示文献或文献集合的概貌，而且能以其可视化特征吸引用户的注意力，影响用户的浏览和选择行为。因此，标签云在设计上必须适应用户的个性特点。

（1）突出用户个性化特点。专业人员标注文献时一般会选用比较专指、准确的词汇，网罗度和专指度都比较有保证；用户标注文献时往往倾向于使用较少的、较宽泛的词汇，网罗度和专指度都比较难保证。而标签云由于受空间的制约，只能呈现出有限数量的标签，很多比较专指的词汇都无法显示出来。因此，在设计标签云时需要更多地考虑用户的需求，突出个性化特点。例如，当普通用户和植物专家都搜索"植物"这一主题文献时，系统呈现的标签云应有所区别，为普通用户提供的是与植物有关的较为宽泛的标签，为专家用户提供的是较为专指的标签。如果提供的标签云千篇一律，则可能导致专家用户放弃使用标签云。

（2）支持用户控制。用户使用标签云时应能控制标签云的各项设置和操作，包括能选择标签的类型、排序方法，以及显示全部或部分标签、隐藏或显示包含该标签的记录数量等。如 AquaBrowser 系统的标签云 Discover[205] 在支持用户控制方面就很有特色。Discover 除了在中心位置上显示出查询的关键词外，还在其周围显示出有关词，包括相关词、不同拼写的词、不同语种的同义词、同义的主题词和查询过的词，这些词分别用不同颜色的字体表示，处在中心位置的关键词与有关词通过浅灰色线条联结起来。当点击标签云上任一个词时，系统以该词为关键词重新进行查询；同时，查询框中的词显示为用户点击过的词，标签云中该词处于中心位置，周围是该词的有关词。当不需要显示标签云时，只要点击"隐藏/显示"按钮就可以隐藏起来。揭示词间关系、选择关键词、执行查询、显示新的词间关系和显示查询结果整个过程都在动态变化中，用户从中能获得控制标签云、控制查询过程的感受。

（3）适应用户的浏览习惯。研究者普遍认为用户浏览标签云时是扫描而不是阅读，只是有的研究认为用户浏览标签云时有方向性，有的则认为没有方向性。如 Halvey 和 Keane 在测试标签云和标签列表后支持用户浏览标签时是扫描而不是阅读的观点，但认为受试者扫描标签时具有一定的顺序，在各种标签云中，目标标签处于左上方位置时能最快被找到，这可能与受试者浏览时习惯按照从左到右、从上到下的顺序有关[200]。Lohmann 等的研究也支持用户浏览标签云时是扫描而不是阅读的观点，但认为受试者扫描时没有明确的方向，只是处于标签云中心位置及左上方的标签会更受关注[202]。张媛等的研究也支持用户浏览标签云时是扫描且没有明确方向的观点，但发现受试者并不偏向于从标签分布密集的区域中选择标签，而是偏好选择密集区域边缘的标签[198]。因此，在设计标签云时应把需要突出的标签放置在标签云的左上方、中心位置或标签分布密集区域边缘的位置，以提高用户浏览的效率。

（4）提高用户的查询体验。标签云整合进信息查询系统后扩展了系统的功能，为用户提供了更多的选择，增强了信息查询的趣味性和娱乐性，有利于提高用户的查询体验。但由于标签云功能不够强大，会占用宝贵的页面空间、分散用户的注意力，因此在设计网站时要慎用标签云。在本书的多个案例中，用户从标签云中选择标签时并非只考虑标签对选择速度、记忆力的影响，还会考虑与标签云交互中产生的审美感、趣味性和娱乐性。所以，对标签云功能的设计，包括标签的来源、标注、呈现以及如何与用户交互等，都需要从提高用户体验的角度做进一步的考虑。例如，在缺省状态下，可以把标签云隐藏起来，当用户需要时点击相应位置才显示出来；可以设置标签云中标签的数量，便于用户浏览概貌信息；提供标签云和标签列表的选项，使用户能按习惯使用查询功能；为标签云中的标签提供多种排序选项，使用户能根据需要选择排序方法；把社会标签引入标签云中，激发用户共同的兴趣爱好。

5.4 构建查询式功能

构建查询式功能是信息查询系统提供的帮助用户在查询过程中构建查询表达式的一种功能，在本书中主要探讨系统提供的构建文本查询式的功能。在

Shneiderman 提出的文本查询框架中，用户根据信息需求选定信息查询系统后，开始了由构建查询式、执行查询、评价查询结果、精炼查询四个阶段组成的信息查询过程[40]。其中，构建查询式是信息查询过程中最为复杂的一个阶段，涉及用户与系统交互的不同的认知过程和决策过程。构建查询式包括选择信息源、选择字段、选择查询词、输入查询文本四个方面，据此构成由若干个查询词及运算符联结而成的表达用户信息需求的查询式。

5.4.1 构建查询式功能的作用

构建查询式的关键是用户能否根据系统的要求准确地用查询式表达信息需求，从探查的角度看，构建查询式的作用有以下四个方面：

（1）明确查询需求。用户由于缺乏系统知识、查询知识、专业知识或任务知识，在初始查询中可能无法准确地表达信息需求，系统应在交互的基础上根据用户输入的查询词、查询式，通过尝试查询和查询反馈，帮助用户学习知识并逐步明确信息需求，从而构建比较准确的查询式。

（2）快速构建查询式。系统能预先设置查询的数据库、字段和词间关系，对用户输入的查询词能自动进行拼写检查，提示与查询词有关的上位词、下位词、同位词和相关词，帮助用户利用这些词汇表达查询主题，快捷地构建复杂的查询式。

（3）提高查询性能。信息查询系统提供的查询反馈机制可以通过概念匹配揭示出同一概念的不同词汇，特别是在引入了叙词、本体等控制词汇后，可以揭示出与该概念有关的更多、更丰富的词汇，把反馈机制与选择字段、查询词和词间关系结合起来，使构建的查询式能达到更高的查询性能。

（4）拓宽或深化查询主题。受查询知识、专业知识和任务知识等因素的限制，用户在查询过程中通常只会使用熟悉的词汇表达查询主题，对陌生的或不熟悉的主题则无法使用准确的词汇表达出来。系统接受用户提交的查询式后，能通过反馈机制及查询结果记录提供表达主题概念的相关词汇，帮助用户找到比较准确的词汇，还可以找到意想不到的新主题，把用户引导到新的研究领域或其他主题领域。

除了上述作用以外，构建查询式功能还能提高查询词的输入速度、提供查询词的正确拼法、避免出现查询结果记录数量为零的现象、减轻用户的记忆负担、使查询过程变得较为轻松有趣、促进相同兴趣用户间的协作查询等。

5.4.2 系统因素

5.4.2.1 构建查询式功能的类型

信息查询系统提供的构建查询式功能的类型有多种，主要包括以下几种类型：

（1）按所构建的查询式的不同复杂程度可以分为基本查询功能、高级查询功能两种。前者是指直接输入查询词进行的单条件查询，相对于高级查询功能而言，设置的查询条件比较少，查询得到的结果可能不够准确；后者是指输入多个查询条件或通过一定的逻辑关系把查询条件组合起来查询，相对于简单查询功能而言，设置的查询条件比较多，查询得到的结果可能比较准确。

（2）按能否根据所构建的查询式预览查询结果可以分为显式查询功能和隐式查询功能两种。前者是在用户设置好查询条件、点击查询按钮后，系统在界面上显示出查询结果；后者则是在用户输入查询式后不需要点击查询按钮，系统即时显示出查询结果，这也可称为动态查询功能。

5.4.2.2 查询词的来源及选择

选择表达信息需求的查询词是信息查询过程中最困难也是最关键的一个环节。用户在选词环节上需要花费较多的时间，相对于查询成功的用户而言，那些查询失败的用户往往需要花费更多的时间，最后却不能得到理想的查询结果。

Spink 在一项比较早的研究中调查了由教师、博士生、查询中介组成的受试者在中介的指导下完成查询任务的情况，发现受试者在查询过程中使用的查询词主要来自五个方面：①用户提交的书面问题陈述；②与查询系统相关的叙词表；③查询系统提供的相关反馈；④用户与中介在交互中得到的提示；⑤中介指引[206]。这些查询词从来源看，来自问题陈述、用户交互、叙词表、相关反馈、中介指引的查询词的数量分列第一至五位；从使用这些查询词进行查询后得到的相关结果记录看，来自问题陈述、用户交互、叙词表、中介指引、相关反馈的查询词的数量分列第一至五位。这项研究的时间虽然有些早，但较好地揭示了用户与系统交互对选择查询词的重要性，所使用的查询词除了来自问题陈述外，还主要来自用户交互、叙词表、相关反馈、中介指引，而来自问题陈述、用户交互、叙词表方面的查询词能较好地提高查询结果的相关性。

Aula 和 Nordhausen 在没有中介参与的情况下，测试了受试者的网络信息查询行为，发现受试者使用的查询词主要来自任务描述、用户提炼和查询反馈三个方面[207]。从直观性而言，来自任务描述的查询词最好，因为从任务描述中选词快捷、简洁、准确；但很多用户并不是很在意来自任务描述的信息，更喜欢在理解任务的基础上提炼出自己的查询词，这些词与查询主题相比可能会比较宽泛或者比较偏狭，并不一定能准确地表达查询需求。因此，在信息查询过程中系统应提示用户从构建简单的查询式开始，通过不断学习系统知识和熟悉查询主题逐步构建复杂的查询式；应提示用户研究查询任务的具体要求，通过分析查询任务，从中提炼出表达信息需求的查询词，而不是"臆想"查询词；应提示用户多与同事、同行或信息机构咨询人员交流，从中得到有用的查询词。同时，系统应整合叙词、本体等控制词汇，为用户明确查询主题提供帮助工具；应建立有效的反馈机制，为用户提供拼写检查、查询词提示功能和支持构建查询式的查询策略。

5.4.2.3 查询词提示功能

用户与查询词提示功能之间存在着微妙的关系。一方面，熟悉专业知识、了解查询功能的用户往往自信地认为，自行输入的查询词能准确地表达信息需求，达到满意的查询效果；另一方面，不熟悉专业知识或不了解查询功能的用户则常常觉得无从下手，不知道如何使用查询词提示功能或者干脆视而不见，所以在很多情况下查询词提示功能的利用率并不高。查询词提示功能要发挥作用，关键是要提高提示词的相关性，这除了要从技术上进行改进外，还要通过两个途径来实现：一是区分不同来源的提示词，如明确来自叙词功能、相关反馈、用户交互的词汇；二是提供更多的入口词，最好能与控制词汇整合。这里以整合了叙词功能的信息查询系统为例，讨论如何利用叙词功能提供查询词提示服务。

（1）出现在查询结果界面中的查询词提示列表。出现在查询结果界面中的查询词提示列表要直观、易于理解，对其来源、排列顺序和每个提示词的意义最好都有明确的说明。有些系统的查询词提示列表的设置值得推广，如在提示词后显示出域名标识，表明选择该词后会限定在该域内查询；在提示词后显示出与该词相匹配的记录数；用不同的色块或与进度条类似的图片显示该词与输入的查询词之间的关联强度。

（2）出现在查询框中的查询词提示列表。在查询框中输入查询词时显示的查询词提示列表应符合用户使用的语言和习惯，尽量避免干扰用户正在进行的输入操作。当用户输入查询词时，有的系统是在输入字符后即显示出提示列表，有的系统是在输入若干个字符后才显示出提示列表。有研究表明，查询词提示列表应在用户输入一定数量的字符后才显示出来,这有利于用户选择与查询相关的、比较专指的查询词,避免显示的提示列表干扰用户的输入操作。至于输入多少个字符才显示出提示列表则应视用户输入的语种和使用习惯而定,如德语单词的平均长度是 6.44 个字符。但 Hienert 等通过分析用户日志发现,受试者平均输入 15 个字符后才选择查询词,即受试者一般会从查询词提示列表中选择比较长的词或词组;相反,字符数比较少的词或普通长度的词被选中的可能性比较低[208]。由此可以认为,在查询框中输入比较短的几个字符后即刻显示出提示列表会干扰用户正在进行的操作。

(3)直接调用叙词功能。用户可以利用搜索功能选词,也可以利用叙词功能的字顺表、分类表以及词簇索引、等级索引浏览选词。有的叙词功能还提供叙词处理区,可以对选择的叙词进行编辑、修改并组成复杂的逻辑关系,这部分内容可参见叙词功能部分(见本书 5.2 部分)。

5.4.2.4 查询词的数量

用户习惯输入的查询词的数量在一定程度上决定了查询界面中查询框的长度。对于查询框的长度有两种观点:一种观点认为查询框无须太长,只要略长于用户通常输入的查询式的平均长度即可。根据 Aula 等对查询日志的分析,用户在搜索引擎中输入的查询词数量在 2.35～2.60 个之间,这数量近年来稍有上升,接近 3 个[209];Spink 等认为,用户输入的查询式大多由简单的几个查询词组成,只有 10% 左右使用了运算符,所以,查询框的长度有 5～6 个单词的平均长度即可[210]。另一种观点则认为查询框的长度要尽可能长些,有利于用户输入比较长的查询式。因为用户要完整全面地表达查询主题,查询式越长、越专指,就越有可能得到理想的结果,如 Belkin 等就认为比较长的查询式能得到比较准确的查询结果[211]。

输入比较长的查询式是否能提高查询性能却要视具体情况而定。在完成比较明确专指的查询任务时,比较长的查询式确实能提高查询性能,但在完成比较模糊宽泛的查询任务时却很难找到专指的查询词,这时比较长的查询式反而会降低查询性能。实际上,用户在查询中很少构建复杂的查询式,而且构建复杂的查询式也很容易出错,因此在信息查询过程中把查询主题完整全面地揭示出来,以为提供的信息越多、查询式越长查询结果就可能越理想的观点只有理论意义,在实际查询中并没有体现出这一观点。

Aula 等研究发现,受试者完成不同难易程度的查询任务时构建查询式的平均次数是 6.71 次,查询式中查询词的平均数量是 4.77 个。在完成一项查询任务时，构建查询式的次数比较少的，成功的可能性比较大。在完成比较难的任务时，即仅有少数受试者认为查询成功的任务时，查询式会比较长；80%的受试者认为查询成功的任务，其查询词的数量在2～5个之间；少于50%的受试者认为查询成功的任务，其查询词的数量在4～7个之间[209]。根据以上数据可以认为，在英文查询界面中，查询框的长度不应短于7个单词的平均长度。中文信息查询系统中对查询框的长度没有统一的规定，但有趣的是，百度搜索引擎把查询词的长度限定在38个汉字以内，超过的部分将被忽略。

5.4.2.5　查询式中的运算符

在构建查询式时经常使用的运算符有布尔运算符、属性运算符、截词运算符、比较运算符、加权运算符和限定运算符等，多个研究都认为运算符的使用率并不高。如以搜索引擎中布尔运算符的使用为例，用户构建的查询式大多是由几个查询词组成，使用布尔运算符的查询式只占10%左右[142]。值得注意的是，运算符的功能虽然强大，但用户使用后在大多数情况下并不能提高查询效率，即使是专家用户，使用时也经常出错[209]。因此，为了便于用户理解运算符，信息查询系统应解释运算符的功能和用法，并提供查询样例；为了吸引用户使用运算符，系统最好能提供动态的可视化的使用指引。

在用户输入运算符时，系统应解释其功能和用法，最好能以文氏图等图形化方式显示出查询样例；在用户输入查询式后，系统要预先显示出以每一个查询词和查询式进行查询时的结果记录数量，使用户在提交查询式前就能掌握查询结果的基本情况，以便提前修改查询式，提高构建复杂查询式的信心。

系统应采用一定的方法引导用户使用运算符，在潜移默化中帮助用户熟悉运算符的使用规则。用户尤其是具有一定查询经验的用户使用运算符时往往会有所疑虑，一方面希望使用运算符以提高查询性能；另一方面又担心不能正确使用而影响查询效果。Tweetzi采用易于理解的图标表示查询词间的关系，为用户学习构建复杂查询式提供了很好的案例。Tweetzi的图标化搜索工具综合了高级搜索功能的特点，当鼠标指针指向图标时呈现出图标的功能，点击后即可操作，整个过程易于理解也易于使用，很容易吸引用户尝试使用[212]。这种方法虽然不能取代高级搜索功能，但可以为用户构建复杂查询式提供便利。

5.4.2.6　构建查询式功能的设计原则

用户构建查询式时喜欢易于理解、易于控制、可以预期的交互界面，从而能够快捷、稳定地探索和获取所需要的信息。

（1）支持查询预览。查询预览指在用户构建查询式、输入查询条件后，系统预先显示出符合条件的记录样例或记录数量。利用查询预览可以帮助用户提前掌握查询结果的数量和质量、尽早修改查询式，直到对查询结果比较满意时才提交查询式。查询预览最早是在 1985 年由 Heppe 等人提出来的，而把这一方法用在支持信息查询和动态查询上则始于 Shneiderman，此后利用查询预览逐步完善查询式成为构建查询式的一项重要设置。查询预览可与信息查询系统的浏览、搜索功能相结合，帮助用户即时掌握查询结果的情况并及时调整查询策略；查询预览可与可视化技术相结合，不但有助于用户构建复杂的查询式，而且能使构建查询式的过程更加直观与快捷。

查询预览的优点是能预先显示出符合查询条件的记录样例或记录数量；避免出现查询结果记录数量过多或为零的情况；避免查询得到不需要的结果，减少网络传输的数据量；有助于用户了解系统使用方法或特殊规则；适合没有经验的用户熟悉查询知识和专业知识；使用户能产生控制查询过程的感受。

（2）支持动态查询。动态查询是在用户输入或修改查询式时，系统即时显示出查询结果的一种信息查询方法。查询预览实质上就是动态查询的一个例子。直接操作的理念在 20 世纪 80 年代被 Shneiderman 引入到交互系统的界面设计中后，成为促进交互系统透明化和提高用户交互体验的一种技术手段。此后，Shneiderman 和他的同事把直接操作的理念应用在信息查询系统的界面设计中并改称为动态查询，与此同时还开发出 HomeFinder、FilmFinder、SpotFire、TreeMaps 等一系列影响深刻的支持动态查询的原型系统。支持动态查询的系统通过鼠标点击或滑块移动等简单的操作就能实现快速构建查询式、实时预览查询结果的目的，用户在查询过程中可以不断试错、不断调整查询条件，系统能快捷地显示出符合条件的记录样例或记录数量，不但能在一定程度上克服显式查询带来的问题，而且能实时直观地呈现出查询结果，整个过程快速、可逆且循序渐进。

动态查询除了具有查询预览的优点外，还支持查询结果快速显示、快速更新，使用户能更快捷地掌握馆藏资源的总体情况；深入地了解记录的数据结构；直观地理解查询式中各个查询项之间的关系；随时扩大、缩小或改变查询范围；有利于发现新趋势、新情况。动态查询的缺点是要占用较大的显示空间，要求网络和系统有较快的处理速度。

（3）支持关键词搜索、分面导航和记录浏览无缝结合。在查询界面中如果能把关键词搜索、浏览查询结果、限定查询范围结合起来，将更有利于用户构建查询式和理解查询结果。在这方面 Fox、Schraefel、Cutrell 和 Dumais 做了许多有益的研究，而 Hearst 和她的同事开发的 Flamenco、TileBars、Butterfly、Clusty 等一系列支持关键词搜索、分面导航、查询结果记录浏览无缝结合的系统，在应用和研究领域都产生了很大的影响[29]。

Hearst 针对某些收藏类目不太复杂而又具有一定等级层次的特点，提出了具有相当灵活性的等级分面分类体系。等级分面分类体系根据收藏对象的情况设置分面，形成一系列具有等级关系的分面及其类目，可用以组织馆藏和分面查询、浏览导航收藏对象。

Hearst 利用等级分面分类体系构建了查询菜谱的 Flamenco 系统[126]（见图 5-1）。Flamenco 系统界面结合了关键词搜索、分面导航和查询结果浏览功能，可以灵活地探查各种菜谱的信息。在界面左边的是控制区，左上方提供了关键词搜索功能，可以随时输入关键词查询相关的菜谱，其下是分面导航功能，列出了菜谱的分面及其类目，同时显示出分面及其类目所拥有的记录数量。在界面右边的是面包屑导航条和查询结果概览区，右上方的面包屑导航条显示出选用的关键词、分面及其选项，以及执行的次序；其下的查询结果概览区按选定的分面类目分组显示出查询结果记录列表，选中一条记录后显示出该记录的详细信息。

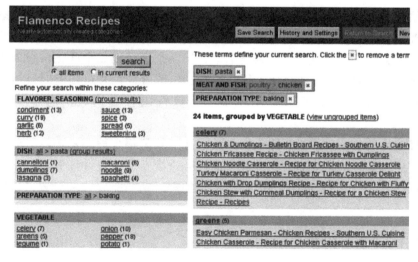

图 5-1　Flamenco 系统界面

Flamenco 系统的优点是把关键词搜索、分面导航、查询结果记录浏览无缝结合起来，界面具有可视化的特点，支持动态查询操作，易于理解、易于执行，可以随时进行关键词搜索和分面导航；可以通过关键词搜索或选择分面类目以缩小查询范围，也可以取消关键词搜索或已选择的分面选项以扩大查询范围；

选用的关键词或选择的分面选项将整合在一起并通过面包屑导航条显示出来，有利于用户理解当前的查询条件，制订下一步的方案，返回上一步的状态；有利于减轻用户的记忆负担，支持偶然性发现，避免出现查询结果记录数量为零的情况。其缺陷是在目前技术条件下，自动聚类的准确性比较低，必须采用人工进行分面标引；不能充分地揭示信息内容的重要程度及预测发展趋势。

（4）支持个性化信息处理。在信息查询系统中应设置个性化信息处理区以记录查询式和查询结果。比较早提出这一设想的是 Spink，他认为信息查询系统应提供一种功能以便于用户记录问题陈述[206]。这一功能刚开始时是用于记录问题陈述的，随着查询的深入，可以记录用户交互中得到的知识，来自叙词表、查询反馈的术语词汇，来自其他信息资源的信息等；也可以记录查询式、查询得到的记录、下载的全文或正在处理的文献，以及文献间的关系等；还可以记录查询所处的阶段、仍需解决的问题、发现的新问题、自动查询扩展等。

许多信息查询系统具有的 My Library、个人数字图书馆都设置了个性化信息处理区，可以预设查询界面，定制查询式，自动推送查询结果；也可以保存查询式，保存查询结果，重复利用查询式和查询结果。个性化信息处理区应和信息查询系统整合起来，如保存在个性化信息处理区中的查询词或查询词组合都可以预览以其进行查询得到的记录数量；从中选择查询词或查询式后能顺畅地返回查询界面，使用查询界面中的功能选项后又可以顺畅地链接到个性化信息处理区，从而有利于用户预览查询结果、扩展查询范围。个性化信息处理区还应强化构建查询式的功能，便于用户选择、修改查询词并可以随时链接到相应的控制词汇中，也便于用户使用布尔运算符组合查询词，构建复杂的查询式[182]。

目前的信息查询系统个性化信息处理区的缺陷很少被用户关注，而且大多需要用户注册后才能使用；在处理查询任务进展、反映查询任务间的联系方面手段还比较单一；不同系统的个性化信息处理区功能需要分别设置，缺乏共享机制等。

5.4.3 任务因素

5.4.3.1 支持不同需求明确程度的查询任务

在设计信息查询系统时必须考虑用户不同明确程度的查询需求，通过帮助功能和反馈机制帮助用户选择合适的查询词、运算符以构建查询式。

Aula 采用问卷法调查了大学师生在信息查询中构建查询式的情况，分析受试者的计算机知识、网络知识、搜索引擎知识、查询知识和主题知识及查询任务类型对构建查询式的影响[66]。Aula 按查询需求的不同明确程度把查询任务分为事实查询、探索查询、综合查询三类，提出系统在用户完成这三类查询任务过程中要通过帮助机制向用户推荐查询策略，帮助用户在构建查询式时选择合适的信息资源、查询词和运算符。其中：①事实查询任务强调查询结果的可靠性和准确性，关键是要得到准确的信息，所以系统应推荐用户采用专指的查询策略，帮助用户准确地描述查询主题，在构建查询式时选用专指的查询词，使用字段限定或"AND"运算符表达查询请求。②探索查询任务对查全率和查准率的要求不高，目的是要从总体上把握查询主题和文献资源，所以应推荐用户采用宽泛查询策略，先利用简单的查询式进行查询，在基本了解查询主题后再深化扩展。③综合查询任务突出强调查全率，目的是要帮助用户熟悉查询主题的基本知识，所以应推荐用户采用迭合查询策略，在评价查询结果的基础上反复修改查询式，直到比较完整全面地表达查询需求；应推荐用户采用上位词、泛指词和相关词，取消字段限定、采用截词符或"OR"运算符扩大查询范围，期望在查准率许可的范围内能得到更多的相关结果。

5.4.3.2 支持不同阶段的查询任务

用户在完成多阶段的查询任务过程中，随着查询任务的展开和查询阶段的深入，所积累的专业知识越来越多，使用的查询词、运算符和查询策略也会发生相应的变化，如果把用户具有或缺乏查询知识结合进来，则能更深入地考察信息查询系统应该如何支持各个阶段的查询任务。

（1）支持缺乏查询知识的用户完成不同阶段的查询任务。Vakkari 等在 2003 年发表的论文中，调查了 22 名缺乏查询知识的心理学专业本科生在半年多时间里为完成一份研究报告的查询行为，考察受试者在完成研究报告的开始和结束两个阶段所使用的查询词和查询策略的变化情况[213]。

受试者在完成查询任务过程中，随着主题知识的增长，结束阶段比开始阶段使用的查询词数量有所增加，其中补充较多的是相关词和下位词，补充较少的是上位词或同位词。受试者在两个阶段中使用的运算符数量变化不大，使用最多的是"AND"运算符，很少使用"OR"运算符。受试者在两个阶段中采用的查询策略数量变化也不大，最常采用的是交集策略、限定策略和替换策略；结束阶段比开始阶段采用替换策略的次数稍有增加，交集策略变化很小，均很少使用平行策略，说明受试者因为没有掌握"OR"运算符的使用方法，所以基本不会采用平行策略，为了得到比较相关或比较专指的查询结果，只能通过替换策略来实现（各种查询策略及其界定见表 5 – 1）[213]。

Vakkari 等的研究表明，用户在完成查询任务过程中，主题知识的增长并不能带来查询知识的提高，而只有提高查询知识，才能更专深、更全面地表达信息需求，适应不同阶段查询任务的需要。所以，系统应为缺乏查询知识的用户提供相应的帮助，包括如何使用叙词功能选择下位词和相关词，如何使用"OR""NOT"运算符提高查询效率，如何采用平行策略提高查全率。例如，当用户采用替换策略频繁地选用同位词、下位词或相关词修改查询式时，系统应引导用户使用叙词功能，推荐相关的查询词和查询策略，或者推荐自动查询扩展功能。其中，使用叙词功能和查询扩展功能可以帮助缺乏查询知识的用户选择合适的查询词，而自动查询扩展可以自动采用平行策略组合同位词、下位词或相关词进行查询，为人工查询扩展提供示例作用。

表 5 – 1 各种查询策略及其界定

	查询策略	界定
构建查询式策略	交集策略	在查询式中增加一个主题要素，通过使用"AND"运算符
	替换策略	在查询式中用一个新词替换另一个词，查询词的数量不变
	平行策略	在查询式的一个主题要素内增加同位词或者析出词以拓宽查询
	简化策略	在查询式中减少一个或多个查询词
	排除策略	至少用一个"AND"或"NOT"运算符以排除查询结果中不需要的部分
其他策略	限定策略	把查询限定在规定的字段
	取消限定策略	把查询限定的字段取消
	限定作者字段策略	限定在作者字段的查询
	查询词检测策略	尝试改变查询词以检测得到的查询结果

（2）支持具有查询知识的用户完成不同阶段的查询任务。Vakkari 在 2000 年、2001 年发表的论文中调查了 11 名具有丰富查询知识的受试者在 4 个月时间里为完成一份研究报告而进行的查询行为，考察受试者随着专业知识的增长，他们所选用的查询词和查询策略在查询过程的前、中、后三个阶段的变化情况[130][131]。

受试者在完成查询任务的过程中，随着对查询主题了解的不断深入，会更多地选用专指的查询词，变换各种运算符，采用各种查询策略。受试者在开始时使用比较多的是普通的查询词，随着任务的深入，会更多地使用同位词、下位词和相关词，减少使用上位词。在前、中、后三个阶段，使用"AND"和"OR"运算符的数量均增加，但使用"AND"运算符的比例减少，使用"OR"运算符的比例增加。

受试者在初始查询时会采用穷尽型策略或选择型策略，前者是尽可能列举出所有的查询词，后者是只列举出部分查询词；随着查询任务的深入，受试者减少采用穷尽型策略，增加选择型策略，在这当中，采用穷尽型策略构建的查询式概念变化比较小，而采用选择型策略的概念变化较大。受试者采用的大部分是与查询结果记录数量多少相关的查询策略，交集策略在各个阶段都是采用最多的策略，替换策略则明显随记录数量而定。当查询结果记录数量比较多时，受试者最常采用的是交集策略；当记录数量比较少时，偏向于采用替换策略。随着查询任务的深入和受试者对查询主题知识的增长，采用交集策略、替换策略和平行策略的数量增长，说明受试者能够使用更多更专指的查询词表达查询主题[130][131]。

针对具有丰富查询知识的用户，系统应在用户完成查询任务的不同阶段提供查询词和查询策略的帮助，主要包括以下两个方面：

1）发挥控制词汇和查询扩展的作用。缺乏专业主题知识的用户，开始时会使用普通的查询词表达查询主题，随着查询任务的深入，会减少使用上位词，更多地使用同位词、下位词或相关词，即使用更专指的查询词表达查询主题。因此，系统在用户开始查询之时应提供描述、分析、重构查询主题概念的支持。系统应通过叙词功能或相关反馈功能提供更多的同位词、下位词和相关词，使用户能够更明确地表达查询主题、构建查询式；应提供结构化的查询词支持，这不仅有助于用户利用上位词、下位词和相关词，也有助于用户把查询主题分解为相应的主题要素；应根据用户在替换策略中使用过的同位词、上位词、下位词和相关词，推荐用户采用平行策略，使用"OR"运算符，特别是在查询结果记录数量比较少时，更应该推荐使用以提高查全率。随着用户主题知识的丰富，系统还应该为用户提供更多专指词、下位词和相关词，支持他们利用查询词、运算符和采用各种查询策略构建复杂的查询式。

2）提供查询策略的支持。当用户需要提高查准率时，系统应在查询范围和查询策略方面提供帮助，如提示用户通过限定策略、排除策略、交集策略和替换策略达到提高查准率的目的，特别是随着查询任务的深入，如果能采用平行策略把查询式中不同组面的原用词改为专指词或者在原用词基础上的析出词，然后用"OR"运算符联结起来，其查准率比仅用"AND"运算符联结几个泛指词要高得多。此外，系统还应在构建查询式方面提供帮助，尤其是要帮助用户掌握平行策略中"OR"运算符的用法，使叙词功能和查询词提示功能能得到有效的利用。当用户需要提高查全率时，系统应提供宽泛词、上位词，推荐采用取消限定策略、简化策略以提高查全率，尤其是推荐采用平行策略对提高查全率更为有效，因为采用平行策略时，查询式中每一个主题要素都可以分别补充一个或多个查询词，然后用"OR"运算符联结起来，这样既扩大了查询范围，又提高了查全率。

5.4.4 用户因素

5.4.4.1 支持具有不同系统知识的用户

用户具有的系统知识、专业知识会影响其对查询词和查询策略的选择，也会影响其对系统性能的使用。但查询策略与查询性能之间并不存在一定的相关关系，具有系统知识的用户即使采用了明显有效的查询策略，也不一定就能提高查全率。

Sutcliffe 等研究了医学专业高年级大学生使用 MEDLINE 系统的查询行为，发现具有系统使用经验与缺乏系统使用经验的受试者之间在查询策略上存在一定的区别[187]。具有系统使用经验的受试者比较多采用扩缩策略，缺乏经验的受试者比较喜欢采用试错策略；具有系统使用经验的受试者采用评价策略比缺乏经验的受试者少；在构建查询式和评价查询结果之间，具有系统使用经验的受试者在两种行为间转换的次数比缺乏经验的受试者多，而缺乏经验的受试者在评价查询结果上花费更多时间。

根据 Sutcliffe 等的研究，首先，要求信息查询系统应根据具体情况提供相应的查询策略。用户的查询行为与查询性能之间的关系非常复杂，如一个具有查询知识、系统知识和专业知识的用户，往往因某一个方面存在问题而导致查询失败，因此，系统须针对可能存在的问题提出相应的优化策略。在此情况下，系统应根据查询情况，自动诊断查询失败的原因并提供相应的补救策略，比如更换查询词、取消字段限定等；应具有保存查询历史的功能，以便用户重用查询式，也便于在查询失败后恢复以前的查询式；应根据查询中出现的问题，以恰当的方式提供查询策略的帮助。其次，在重视查询策略的同时也要重视查询词。用户在完成各种查询任务过程中即使采用了明显有效的查询策略，但如果选用了不适当的查询词，再好的查询策略也无法提高查询性能。因此，系统不仅要提示用户注意查询策略，也要提示用户选择合适的查询词，在很多时候，只要选择了合适的查询词，采用不是很复杂的查询策略反而要比采用复杂的查询策略能得到更高的查询性能。

5.4.4.2 支持具有不同查询知识的用户

（1）支持用户查询的宽度查询策略和深度查询策略。用户在构建查询式时一般会采用宽度查询策略和深度查询策略两种策略：①宽度查询策略根据查询主题使用一般的、不明确的、比较宽泛的查询词进行查询，基本上又可以分为使用关键词表达宽泛主题的关键词查询策略；在关键词基础上补充某一专业、时间或地域等限定词的范围限定策略；在初步查询基础上利用查询结果或用户知识补充主题、与原主题交叉形成更专指主题的普通主题交叉策略。一般说来，缺乏查询知识、系统知识、专业知识的用户会比较多地采用宽度查询策略。②深度查询策略根据查询主题使用具体的、专指的、与主题或主题要素比较接近的查询词进行查询，基本上又可以分为使用布尔运算符比较准确地表达主题的布尔运算符策略；使用文件类型、通配符等进行限定的计算机惯例策略；使用多个查询词或结合使用多种运算符以提高查询结果相关性的复杂查询策略。一般说来，具有一定的查询知识、系统知识、专业知识的用户比较多地采用深度查询策略。用户在信息查询过程中会对查询式进行多次修改，有可能采用其中一种查询策略或交替采用两种查询策略[142]。

通过对用户采用的宽度查询策略和深度查询策略的研究，要求信息查询系统应为不同类型的用户尤其是缺乏查询经验的用户在选择查询策略时提供指引。①根据用户输入的查询词，为采用不同查询策略的用户提供不同的服务。用户在信息查询过程中有熟悉查询主题的需求，也有扩大或缩小查询范围的需求，当用户输入查询式后，系统应提示与查询主题有关的专业、时间、地区等限制词，应显示与查询词有关的推荐词或共现词，还应推荐各种运算符和限定方法，帮助用户组合查询词、构建查询式。②根据查询主题和查询结果的变化，引导用户使用不同的查询策略。当查询主题比较宽泛或查询结果记录数量比较多时，应引导用户采用深度查询策略；相反，则应引导用户采用宽度查询策略。例如，在整合了叙词功能的信息查询系统中，当需要引导用户采用宽度查询策略时，应显示出与查询词有关的同位词、相关词和上位词，显示出文献中最可能出现的共现词，还应显示出把同位词或相关词通过"OR"运算符联结起来构建查询式的方法。

（2）根据查询结果提示查询策略。查询结果的记录数量有可能出现太多、太少或为零的情况，系统应根据查询结果的记录数量及主题为用户提示相应的查询策略：①在不考虑查询结果主题的情况下，当出现查询结果记录数量太多时，系统应提示用户缩小查询范围，如限定数据库、限定分面、限定字段、增加查询词、减少同位词、用专指词代替泛指词、使用"AND"运算符代替"OR"运算符；当出现查询结果记录数量太少时，系统应提示用户扩大查询范围，如增加数据库、取消限定分面、取消限定字段、减少查询词、增加同位词、用泛指词代替专指词、使用"OR"运算符代替"AND"运算符；当出现查询结果记录数量为零时，系统应提示用户更改查询设置，如更换数据库、分面、字段或查询词，使用泛指词代替专指词，使用"OR"运算符代替"AND"运算符。②在考虑查询结果的相关性和用户知识经验的情况下，当查询结果记录数量太多且用户具有丰富的专业知识时，系统应提示用户扫描查询结果；如果查询结果记录数量太多而用户缺乏专业知识，系统应提示用户随意浏览查询结果。如果查询结果记录数量太多且相关性较低，系统应提示用户浏览查询结果、缩小查询范围或者更改查询式；如果查询结果太多且相关性比较高，系统应提示用户浏览查询结果。如果查询结果太多且使用的是比较宽泛的查询词，系统应提示用户选用比较专指的查询词；如果查询结果太多且使用的是比较狭窄的查询词，系统应提示用户选用比较宽泛的查询词。如果查询结果记录数量太少且相关性比较低，系统应提示用户拓宽查询范围。如果查询结果记录数量为零，系统应提示用户拓宽查询范围；如果修改查询式后查询结果记录数量仍为零或者太少，系统应提示用户更改查询式。如果查询结果记录数量较少，用户缺乏专业知识、资源知识和查询知识，系统应提示用户接受查询结果；如果查询结果记录数量比较多且相关性比较高，系统应提示用户接受查询结果[42]。

根据查询结果的记录数量提示相应的查询策略在一定程度上能有效地修改查询式，关键是要准确地把握系统、用户、任务的情境因素，提出有针对性的策略；在提示查询策略时也要尽量避免干扰用户正在进行的操作，使用户能获得控制系统的感受。

5.4.4.3 支持具有不同查询知识的专业用户

Fields 等调查了不熟悉主题知识的查询知识专家和不熟悉查询知识的主题知识专家在信息查询策略上的区别，发现查询知识专家在信息查询过程中不仅善于把信息需求转化为查询词，组成有效的查询式，而且在查询策略方面与主题知识专家有很大的不同。如查询知识专家能系统地重构查询式，而不是轻易放弃查询式；能修改查询式以扩大或缩小查询范围；在查询过程中能学习专业知识，从中甄别有用的查询词[71]。

通过比较这两类专家所采用的查询策略可以发现，主题知识专家要发挥其专业知识的优势，必须把专业知识与查询知识、系统知识结合起来，这要求信息查询系统必须具备以下特点：①在潜移默化中提高用户的查询知识。主题知识专家由于缺乏查询知识专家的查询策略，他们不能有效地利用信息查询系统，因此，在设计信息查询系统的界面时一定要帮助用户学习查询策略。首先，必须在界面的显著位置设置帮助功能的链接，引导用户使用帮助功能学习信息查询系统的使用方法和技巧；其次，在帮助信息或反馈信息中应提供查询策略的知识，帮助用户学习查询策略，包括如何选择查询词、如何构建和重构查询式等。②界面设计要支持信息查询策略。查询界面的设计非常微妙，一个细微的变化就可能对用户构建或重构查询式产生显著的影响，但除了要注意界面细节的设计外，还要通过一些方法帮助用户构建查询式。例如，提供查询词提示功能、查询结果预览功能，显示查询词的同位词、上位词、下位词和相关词，显示与查询主题相近的查询词或查询式，这有利于用户构建或重构查询式，提高构建查询式的信心。又如，查询界面应引导用户重构查询式，为选择查询词、修改查询式提供详细具体的指引，如系统在用户输入查询词后，应调用叙词功能显示出与输入的查询词相关的词，帮助用户选择合适的查询词。此外，系统还应提供基于情境的帮助，如根据查询结果记录数量的多少来引导用户采用相应的查询策略以扩大或缩小查询范围。

5.5 分面导航功能

分面导航功能作为网站的重要设置和导航的有效工具，在信息查询系统尤其是在数字图书馆网站中得到了很好的应用。图书馆传统的 OPAC 虽然没有应用分面导航功能，但往往在查询之前需要限定资源的范围或选择资源的语种，这实际上是具有初步分面导航功能的设置。随着分面 OPAC、数字图书馆和发现系统的出现，分面导航逐渐成为信息查询系统的一项重要功能和基本特征，成为用户习惯使用的一种信息查询手段。

分面又叫组面，是按照一定特征或维度对某一主题领域进行划分得到的一组类目，每个组面可以划分为若干个亚面，每个亚面又可以划分为若干个类目，由此细分下去，从而形成由组面、亚面、类目组成的按照一定规则排列的分面体系。由一个组面划分出来的全部亚面称为该组面的选项，由一个亚面划分出来的全部类目称为该亚面的选项，本书中把组面选项、亚面选项或类目选项简称为组面内选项，把组面选项、亚面选项和类目选项合称为组面及其选项。组面的划分必须遵循分类原则，同一个组面的选项其概念外延应尽可能互斥，组面内选项都继承了所属组面的特征，每个组面、亚面或类目都以概念明确、含义清晰的语词作为标识，所有的组面、亚面和类目组成一个连续的、完整的分面体系。值得注意的是，在分面体系中允许同一个概念归属于不同的组面，由此可以增加查询的入口，方便用户从更多途径查找所需要的信息，但应避免出现一个概念的信息分属于不同组面的情况，因为需要选择多个组面进行查询会增加漏检的可能性。

5.5.1 分面导航功能的作用

分面导航功能整合入信息查询系统中后有如下八个作用：

（1）揭示概况。用户根据分面导航界面列出的组面及其选项，可以推测系统的内容范围和结构特点，根据组面及其选项后列出的查询结果记录及其数量，可以判断系统内容的丰富程度和相关程度。

（2）提供控制词汇。组面及其选项的标识不仅可以揭示信息内容，也可以为用户表达信息需求提供方便，虽然不同情况下的词汇可能会有所不同，但无疑为用户提供了一套具有互操作性的控制词汇。

（3）支持导航。利用界面列出的组面及其选项，可以为用户提供更多的查询入口。假设一个有关烹饪信息的数据库，其查询界面提供了烹调方法、烹饪风格、食材、菜式、语种 5 个组面，每个组面下有 5 个选项。当用户从这 5 个组面入手查找某一类烹饪信息时，最多可获得 25 条导航路径。分面导航能提供如此之多的导航路径，这在菜单导航或列表导航中是很难想象的。

（4）支持浏览。在查询结果界面中，同一组面及其选项下集中了具有共同特征的所有记录，用户通过浏览查询结果记录列表能够判断是否拥有符合需求的记录，通过分面导航可以尝试扩大或缩小查询范围，或改变组面及其选项以改变查询策略，在不断探索中得到满意的查询结果。

（5）支持预设。在查询结果界面中，通过浏览组面及其选项，用户可以了解到需要查找的信息内容是否在该组面范围内，是否需要修改查询策略；根据每个选项显示出的符合条件的记录数量，可以快速判断查询是否能达到预期的目的，还可以有效地避免出现查询结果记录数量为零的现象。

（6）优化查询结果。分面导航可以与浏览、搜索结合起来，在浏览和搜索的基础上不断完善查询策略，逐步消除信息需求的不确定性，还可以通过选择组面及其选项逐渐缩小查询范围，得到满意的查询结果。

（7）明确信息需求。分面导航可以帮助用户把认知模型与导航过程结合起来，在交互中逐渐消除模糊的认识，不断明确信息需求。用户以前需要利用谷歌或维基等辅助工具才能明确信息需求的操作过程，现在通过选择组面及其选项就可以在一定程度上解决这一问题。

（8）减轻用户的认知负担。用户在表达信息需求时不必记住太多具体的内容，只需要在初步浏览或搜索的基础上通过组面及其选项的组合，就可以逐渐明确查询的目标，在交互中尽量减轻认知负担。

此外，分面导航还具有提供网站概要、支持搜索、规范标目、支持词义消歧等作用。

5.5.2 系统因素

5.5.2.1 组面及其选项的来源

分面导航中的组面及其选项主要来源于三个方面：

（1）直接来自元数据记录。如作者、主题、出版时间、载体类型、入库时间、能否通过网络获取、当前是否在馆等组面都可以直接从元数据记录中来[214]。

（2）由元数据记录转化而来。比较常见的是把元数据记录中的分类号或主题词映射到相应的组面中，如把 MARC 的 6×× 字段中的形式复分生成读者对象类型组面；把 MARC 的某些代码转换成组面，如利用 043 字段生成文献内容的地理位置组面，041 字段生成文献语种组面，048 字段生成乐器或声部组面，008 字段生成语种、内容特征、载体形态、文学体裁、读者对象类型等组面[215]。

（3）通过数据挖掘得到。目前，在数据挖掘基础上主要采用自动聚类和自动分类两种方法得到组面及其选项[126]。自动聚类是根据一定的算法把具有某一相似特征的信息聚集为一组，其优点是能够自动聚集相似的信息，自动赋予类目标识，及时反映新趋势、新方向，特别适用于处理文本信息；其缺陷是聚类不够准确，标识不够直观，不能很好地揭示出层次结构，分面体系不稳定导致缺乏预见性等。自动分类以人工方法构建分面体系，然后以自动方法为信息赋予类目标识，其优点是层次清晰、类目标识准确、可以预测组面结构、易于在不同层次类目间转换；其缺陷是采用自动方法赋予类目标识不够准确，由于预先设置了分面体系，不能及时地反映新趋势、新方向。有研究者[126]认为，在当前技术条件下，一个设计良好的分面体系与自动分类相结合，其性能要优于自动聚类的结果。

5.5.2.2 组面及其选项的呈现形式

（1）组面及其选项的层次结构。组面及其选项的层次结构可以分为两类：一类是只有一个层次的平面型组面，即在组面下列出所有的类目；另一类是多层次的等级型组面，即在组面下列出亚面，在亚面下列出类目，必要时还可以细分下去，如CNKI的文献分类目录组面、超星数字图书馆的图书分类组面都超过三级类目。等级型组面可以比较专深地表达信息需求和类目内容，但会占用比较多的屏幕空间，增加用户的记忆负担，因此，组面的层次不宜太多，尽可能采用扁平化的组织结构。

（2）组面内选项的关系。组面内选项的关系即同一组面下的亚面或同一亚面下的类目的关系，可以有单选列表、多选并列列表和多选交叉列表三种呈现形式。单选列表式是指在组面标识之下以列表形式列出所有的亚面和类目，选择其中一个选项后，系统以该选项进行查询并显示出满足条件的查询结果。为了便于识别和区分，有的系统还会在选项前设置单选框，这是在信息查询系统中比较常见的表达组面内选项关系的方式。多选并列列表式是指在组面标识之下以列表形式列出所有亚面和类目，每个选项前设置一个选择框，选择同一个组面、亚面或类目下的一个或多个选项后，选项之间构成逻辑"或"的关系，系统以此进行查询并显示出满足条件的查询结果。多选交叉列表式是指在组面标识之下以列表形式列出所有亚面和类目，选项间概念不一定互斥，每个选项前设置一个选择框，选择同一个组面、亚面或类目下的一个或多个选项后，选项之间构成逻辑"与"的关系，系统以此自动查询并显示出满足条件的结果记录[216]。在设计组面内选项的关系时，由于多选交叉列表式相对比较少见，如果系统中已存在多选并列列表式，应慎重采用多选交叉列表式的设计。

（3）组面内选项的排列。为了便于浏览和选择选项，组面内选项应按用户熟悉的、可以预测的顺序排列[216]，比较常见的是按字母顺序、数字顺序、时间顺序、语义顺序、符合条件的记录数量或选项点击次数的多少排列。

组面内选项的排列应采用简洁直观的分栏格式，不宜采用紧凑格式。如Flamenco菜谱系统的界面为了节约屏幕空间，根据组面内选项的长度自动计算出栏目的数量，在有的组面下显示一栏选项，有的组面下显示两栏选项，保证在每个组面下显示统一的栏目数量，以便于用户浏览和选择。由于每个组面下只能显示出有限个选项，Flamenco一般只显示最重要的或最常被点击的选项，

第 5 章　从可用性角度分析支持探查的信息查询系统的功能

其他选项则要点击"more..."时才显示出来。又如，eBay 的界面中每个组面下通常只显示出四个选项，除价格组面下的选项按价格区间的升序排列外，其他组面内的选项大多按字顺排列。有趣的是，艺术家组面下的四个选项既不按知名度也不按点击次数排列，而是从姓名首字母为 L～M 的艺术家中选取四个选项按字顺排列，这一排列方法能否提高可用性值得关注[217]。

（4）组面内选项的数量。组面内选项的数量不宜太多，应尽可能在一个界面内显示出来。有研究者[216]建议数量控制在 50 个以内为宜，这样用户不必为浏览、选择选项而滚动屏幕，也无须记住过多的选项内容。当组面内选项的数量比较多时，为了节省屏幕空间，宜采用伸缩/隐藏显示法，在缩略显示时选项控制在 7±2 个之间，其他选项在点击"显示更多"链接时显示出来。当组面内选项的数量庞大，采用以上方法也不能有效解决问题时，应考虑增加组面的层次[217]。

当进入组面、亚面或类目的层次越来越深时，符合条件的查询结果记录数量会越来越少，这时候有些选项下符合条件的查询结果记录数量可能为零。为了保持分面体系的一致性，对于查询结果记录数量为零的组面选项仍然要显示出来，这类似于操作系统中的快捷菜单，有些命令选项虽然不可用但要显示，只是采用灰颜色以区别于普通的选项。在 eBay 中，当符合条件的查询结果记录数量很少，如少于 10 条时，再用组面内选项提炼查询结果已没有意义，这时虽然仍会显示出组面内选项，但点击选项后不再执行查询操作。

（5）组面及其选项的显示。由于屏幕空间有限，当组面及其选项数量比较多时，全都显示出来既不现实也没必要。例如，如果把组面放置在查询界面的两旁，则需要翻屏才能浏览全部组面及其选项；把组面放置在界面的上方，则需要翻屏才能浏览查询结果。而用户在浏览查询结果界面时更关注的是能立即浏览查询结果，包括翻屏在内的任何操作都会增加用户的负担。因此，在查询界面中显示的组面及其选项数量不宜太多[218]。

另外，由于用户的需求往往集中在有限的几个组面，把组面及其选项全都显示出来不仅会浪费用户浏览的时间，也会增加用户记忆的负担。mSpace 系统的做法是根据用户的需求，开始只显示出用户感兴趣的有限个组面及其选项，其他组面采用伸缩/隐藏显示，只呈现组面标识，当点击组面标识后才显示组面内选项，与此同时，在面包屑导航条中按照选择的次序显示出被选择的组面及其选项[137]。另一个例子是，eBay 在设计面包屑导航条时，原采用显眼的黑色粗体字，组面标识下的选项用灰色正常体字，后来修改为组面标识用正常体字，组面标识下的选项用黑色粗体字，原用以删除组面选项的文本标识"Cancel"

也改用图片标识"X"。这些细节性的修改不仅能更直观地显示出组面之间的关系，也能让用户更好地理解已选择的组面选项之间的关系；而改用图片标识"X"表示删除组面选项的操作，有助于更好地理解标识的含义，避免把文本标识"Cancel"误当成是组面选项[105]。

（6）可视化设计。界面元素的排版布局具有提示作用，能直观地指引用户该做什么、如何去做，因此界面可视化的重要程度不应被低估。在分面导航中呈现的信息应在排列方式，放置位置，留白比例，以及文字的字体、字号、粗细、颜色之间保持一定的平衡，既要尽可能多地呈现信息，又要便于区分各种界面元素；组面及其选项的标识要易于识别、易于理解，并且能明晰选项的层次关系，不仅能把用户感兴趣的、点击次数多的组面及其选项呈现出来，而且能与面包屑导航条、查询结果记录列表相结合，把已选择的组面及其选项、可选择的组面及其选项以及它们之间的关系呈现出来。这中间一些细微之处的设计需要反复权衡。例如，对于呈现在组面及其选项后面符合条件的记录数量，需要考虑记录数量的字体是用正体、粗体还是黑体，组面及其选项与记录数量是分栏显示还是不分栏紧凑显示等细节问题。当然，最合理的方案应该是在综合考虑上述问题的同时，界面呈现的信息尽可能多，且不至于让用户产生迷茫混乱之感[105]。

5.5.2.3 分面导航功能的设计原则

为了提高信息查询系统的交互性，在设计分面导航时要坚持以下六个原则：

（1）慎重考虑宽度与深度关系。在设计分面导航时应慎重考虑组面及其选项的宽度和深度。当类目的数量一定时，拓展宽度在通常情况下要优于增加深度，因为比较多的同层次选项便于用户浏览和计划下一步的操作；而比较多的层次会使用户一直处于紧张的探索状态，产生难以控制系统的感受。

也有研究者把分面导航中组面的数量与其在网站中所处的位置深浅结合起来考虑。Endeca 的方案架构师 Tomlinson 就认为，对处于网站浅层位置的分面导航，设置的组面数量可以少些，组面内的层次可以深些；对处于网站深层位置的分面导航，设置的组面数量应该多些，组面内的层次应该浅些[218]。

（2）支持组面及其选项之间的灵活转换。分面导航要支持用户在不同组面或同一组面内不同选项间的转换，重点是要解决组面及其选项比较多时界面过于拥挤、标识容易混淆的问题，以及用户在多个组面或组面内不同选项间转换时迷失方向的问题。常见的一种方法是当鼠标点击某个组面选项时，显示出该选项下所有等级的类目，其优点是能够显示出所有类目，便于用户从中选择合适的选项，缺陷是当选项数量较多时需要翻屏才能完整浏览，也不利于选择多个选项。另一种方法是采用伸缩/隐藏显示法逐级呈现出从组面到被选择选项的所有类目，但这也存在一定的缺陷，包括展开时如果选项数量过多，同样也需要翻屏才能完整浏览，而且用户在不熟悉分面体系时很难选择合适的选项。Flamenco菜谱系统对第二种方法做了改进，它采用逐级呈现分面体系的方法，在查询界面左侧分栏纵向列出组面及已选择的类目，在其下列出该类目所有的选项及符合条件的记录数量，当鼠标指针指向一个选项时，显示出该选项下一级的所有选项，即系统可以同时呈现三个级别的类目；在查询界面的右侧分组显示出查询结果，同时所有被选择的组面及其选项显示在查询结果上方的面包屑导航条中。

（3）与关键词搜索无缝整合。分面导航如何与关键词搜索相结合成为信息查询系统设计成功与否的关键[105]。有的系统缺乏灵活性，如在执行关键词搜索后可以通过分面导航限定查询范围，但再次执行关键词搜索时又开始了新一轮的查询。这要求系统不仅可以随时进行分面查询，还可以随时进行关键词搜索，并且选择的组面及其选项与执行搜索的关键词都应该整合显示在面包屑导航条中；用户可以继续使用分面导航或关键词搜索以缩小查询范围，也可以取消已经选择的组面及其选项或关键词限定以扩大查询范围。分面体系还可与关键词搜索的查询词提示功能结合起来，当用户在查询框中输入关键词时，系统能在查询词提示列表上显示与该关键词相关的组面及其选项。这样的设置能减轻用户的记忆负担，帮助用户选择最相关的查询词构建查询式[217]。

（4）与面包屑导航条紧密结合。分面导航与面包屑导航条结合后，利用分面导航进行查询的导航策略、搜索用过的关键词都可以通过面包屑导航条反映出来。如在Flamenco菜谱系统的界面中，面包屑导航条把分面导航、关键词搜索和查询结果浏览紧密地结合在一起[105]，用户利用分面体系连续导航时，导航策略显示在面包屑导航条中；用户在查询过程中可以随时使用关键词搜索，搜索过的关键词也显示在面包屑导航条中；用户在面包屑导航条中可以随时去除某一组面选项或关键词，以扩大或缩小查询范围；符合条件的查询结果记录显示在面包屑导航条之下，用户可以从中选择合适的记录或者通过面包屑导航条修改查询策略。

（5）与查询结果的处理相互配合。信息查询系统中的分面导航必须与查询结果的处理相互配合，一方面可以灵活地扩大或缩小查询范围，另一方面可以探索馆藏资源和学习查询知识。如English等[219]构建的建筑图片库网站整合了分面导航和关键词搜索功能。其中，分面导航位于查询结果概览界面的左侧，一共有9个组面，每个组面分为2行，第一行显示出组面和已选择的类目，第二行是当前类目下的所有选项，当用户点击其中一个选项后执行分面导航操作，把查询结果限定在该组面选项。为了便于用户处理查询结果，系统在呈现组面及其选项时要求：当查询结果记录数量不超过50个时，组面及其选项同上分成2行排列；当记录数量在51至500个之间时，组面及其选项仍分成2行，但当前类目下的选项按字顺排列；当记录数量超过500个时，组面及其选项仍分成2行，但当前类目下的选项按字顺排列，并增加首字母索引。这样设置的查询结果概览界面把分面导航、关键词搜索与查询结果处理结合起来，直观易用，能有效地探查大型馆藏资源。

（6）查询结果记录数量可以预览。在整合了分面导航的信息查询系统中，要求在选择组面及其选项后可以预览符合条件的查询结果记录数量，具有这一功能的系统支持动态查询[220]，能即时显示出符合条件的记录数量，能根据记录数量及时调整组面及其选项，以扩大、缩小查询范围或改变查询策略。这一功能还可以帮助用户尝试和理解查询方法，避免下载一些不必要的信息，减轻网络的负载，特别适用于缺乏查询知识或系统知识的用户，同时能使用户获得控制查询过程的感受。

5.5.3 任务因素

5.5.3.1 支持需求不明确的查询任务

分面导航能够提供有用的线索帮助用户了解信息查询系统的收藏范围、内容结构和组织方法；无须输入文本信息，通过点击鼠标就可以选择或放弃组面及其选项，使用户在探索中逐渐明确信息需求和查询方法。因此，整合了分面导航的信息查询系统有利于用户完成开放性的或者目标不明确的查询任务[221]。Wilson 等[137]测试了用户使用 Newsfilm Online Archive 网站的分面导航和关键词搜索查询影视剪辑的情况，发现受试者使用分面导航的次数是使用高级搜索和布尔查询次数之和的五倍；使用分面导航的次数和使用关键词搜索（简单搜索、高级搜索和布尔查询）的次数基本持平，这两种功能还经常交替使用。此外，受试者认为分面导航中呈现出多个组面有助于用户理解馆藏结构，也有助于用户构建查询式。测试还表明，分面导航能够支持探查行为，但受试者并非在不熟悉系统时会倾向于使用分面导航、在熟悉系统后会倾向于使用关键词搜索，实际情况是受试者熟悉系统前后使用这两种功能的次数是基本持平的。

5.5.3.2 支持中前期阶段的查询任务

分面导航有助于用户明确查询任务，非常适用于需求不明确的查询任务的中前期阶段。English 等[222]测试了受试者使用 Epicurious 菜谱系统的简单搜索（无分面导航）、高级搜索（分面导航）和浏览（分面导航）三种界面完成查询任务的情况，发现分面导航在构建查询式和处理查询结果方面与单纯的关键词搜索相比具有一定的优势，还发现具有分面导航的高级搜索界面和浏览界面对处于不同阶段的任务具有不同的适用性，分面导航适合高约束查询任务（选择多个组面选项或使用多个关键词的任务）的初始阶段和低约束浏览任务的中间阶段。受试者利用高级搜索界面完成任务时，由于界面中列出了所有的组面及其选项，可以激励用户选用更多的约束条件，还可以把分面导航和关键词查询结合起来，方便用户探索馆藏内容和查询方法，非常适合处于初始阶段的高约束查询任务。受试者利用浏览界面完成低约束浏览任务时，用户选择其中一个组面选项后进入查询结果界面，这时呈现的所有组面及其选项为用户揭示出馆藏的概况，用户可以选择在查询结果中搜索，也可以选择组面及其选项缩小查询范围，还可以点击"返回"按钮返回上一个步骤的界面，非常适合处于中间阶段的浏览任务。

5.5.4 用户因素

5.5.4.1 与用户的偏好保持一致

分面导航的设计应与用户的偏好保持一致。用户们普遍喜欢简洁明了的查询界面，如谷歌的简单搜索界面，只有一个查询框、一个搜索按钮就成了经典；而对整合了多种功能的高级搜索界面，则会因其界面复杂而不敢轻易使用。有研究[221]表明，把精心设计的分面导航整合到查询界面后，用户们对其评价要高于一般的简单搜索界面。谷歌的简单搜索界面从原来不设置分面导航，到现在增加图片、地图、新闻等类型组面，这一全球最大的搜索引擎的变化也表明，用户们对分面导航的作用是肯定的。

5.5.4.2 与用户的认知模型保持一致

分面导航的设计包括如何设计组面及其选项、赋予组面选项标识、设置交互方式等都要重视用户的认知模型，尽可能地与用户预设相吻合。如使用分面导航和关键词搜索都可以限定查询范围，但把两种功能结合起来就会让很多用户感到困惑，不知道是该选择组面选项进行浏览还是直接输入关键词进行搜索。如在 Epicurious 菜谱系统中查询 sandwiches 菜谱时，受试者就不能区分究竟是按菜式组面（type of dish）的 sandwiches 选项进行浏览还是在查询框中输入关键词 sandwiches 进行搜索；又如，查询 kosher（合乎犹太教礼仪的食物）菜谱时，本要限定在饮食禁忌组面（dietary consideration）的选项中，但有用户就直接采用关键词搜索得到一道以"kosher salt"为原料的菜谱[222]。因此，在设计分面导航时，组面及其选项的含义应通过一定的方式揭示出来，更重要的是要考虑到用户的认知模型，否则就可能让用户无所适从。

5.5.4.3 支持用户的查询行为

为了便于用户表达信息需求、探索馆藏资源、提高查询满意度，设计分面导航时必须对组面及其选项的设置和排列进行全面的考察[223]，通过用户测试、分析使用日志、比较竞争网站等方法，了解用户的查询入口和行为方式[218]；了解各组面及其选项的重要程度和使用频率；了解各组面及其选项的排列方法对用户完成任务的影响。当组面及其选项的数量比较多时，宜采用伸缩/隐藏显示法，把重要的组面或组面内选项显示出来，把不重要的隐藏起来。

5.5.4.4 支持用户可控制

分面导航支持用户可控制有两方面的含义：一是采用用户熟悉的分面体系，使组面及其选项、查询结果记录以用户熟悉的方式呈现出来。如前述自动聚类的分面体系虽然能自动聚集相似内容的信息、自动赋予标识，但用户对自动聚类的结果并不满意，他们更喜欢使用人工制订的可以预期的分面体系[222]。二是用户在浏览分面体系，在多个组面及其选项间转换，以及在与搜索、浏览、排序等功能结合起来使用时，应该有一种系统受控制的感受，不致迷失方向[105]。这要求组面及其选项的显示不要过于拥挤，尽可能在一个界面上显示出来以便于用户浏览选择；组面及其选项的排列具有一定的次序性和可预测性；通过已选择的组面选项、显示查询式、面包屑导航条等方法帮助用户明确目前所处的位置。

5.6 相关性评价功能

文献相关性简称相关性，是信息查询中的一个关键性概念，用户对查询得到的记录是否感到满意,信息需求是否得到满足,在很大程度上取决于能否达到相关性要求。相关性评价是指用户根据信息查询系统呈现的查询结果记录及其项目评价文献与信息需求的匹配程度。

5.6.1 相关性评价功能的作用

相关性评价功能的作用体现在以下三个方面:

(1)提供记录不同的呈现方式,满足用户不同的评价要求。用户在信息查询过程中,会根据特定情境选择不同的查询结果记录的呈现方式和浏览次序,也会利用不同的记录项目及其次序判断相关性。因此,系统应根据用户信息需求提供不同的记录呈现方式,以减轻用户的认知负担,提高相关性评价的性能。

(2)考虑相关性评价指标,提高信息查询的性能。系统应把用户判断文献记录相关性的规则整合到信息查询系统中,从内在机制上更好地揭示文献特征和信息需求。例如,在设计查询结果记录项目的排列方式时,除了要考虑主题的相关程度外,还要考虑文献作者或文献来源的重要程度,这样才能有效地帮助用户判断相关性,从而提高信息查询的性能。

(3)提升查询界面设计的效果,更好地支持相关性评价。系统除了应从内在机制上整合相关性评价规则外,还应在查询界面中为用户提供行为学习、自动聚类、个性化定制等机制,使用户易于判断文献记录的相关性,提高相关性判断的效率。

利用相关性评价功能还能通过呈现的查询结果记录及其项目帮助用户了解数据库的结构、收藏范围、数量、质量,帮助用户提炼查询词、构建和重构查询式。

5.6.2 系统因素

在查询结果界面中呈现出来的记录及其项目揭示了文献的内容特征和形式特征,用户以此为线索判断相关性。本书沿用传统的 OPAC 数据库的习惯,用记录指称在查询结果界面呈现出来的一条元数据替代品,记录中的项目可能与数据库中的字段对应,也可能包含多个字段或只是字段中的一部分内容。

5.6.2.1 与相关性评价有关的项目

在查询结果概览界面或详览界面中,究竟应该呈现哪些项目、呈现多少项目才能评价记录的相关性?学界对这一问题有过许多研究,但始终没有形成统一的认识。

(1) 记录中影响相关性评价的项目及关键项目。对查询结果记录中影响相关性评价项目的研究可以分为两类：一类是研究多个项目对相关性评价的影响，另一类是研究某一项目对相关性评价的影响。由于研究的出发点不同、目标方向不一致，使得在这些研究中各个项目对相关性评价的影响有很大的差异。

1）影响相关性评价的多个项目。在查询结果概览界面中，当查询结果记录是非结构化记录时，以文本和缩略图相结合的方式呈现有利于提高相关性评价的准确性。Dziadosz 和 Chandrasekar 在 MSN 搜索引擎的基础上设计了三种查询结果概览界面，分别是在记录中呈现出标题、摘要、URL 的文本界面，以目标页面 25% 的比例截图的缩略图界面，融合以上文本与缩略图的界面[224]。测试发现，受试者在采用文本与缩略图相结合的查询结果概览界面时能提高相关性判断的准确性，但与文本界面相比判断速度稍慢；在只采用缩略图的界面中，受试者如果以前没有访问过该网站或者不了解该网站主题，会降低相关性判断的准确率。

在非结构化的查询结果记录中适当增加项目有利于提高相关性评价的准确性。Balatsoukas 等在总结前人研究后认为，在类似于谷歌搜索引擎的非结构化查询结果记录中，在显示标题、摘要、URL 的基础上增加类目名称、关键词、与查询词有关的上下文，不仅能提高相关性判断的准确性，而且能提高用户交互的满意度[69]。此外，选取与查询词最相关的句子作为摘要、采用动态摘要、记录列表聚类显示或提供目标页面的预览缩略图等，这些方法都能在一定程度上提高相关性评价的性能。

在结构化的查询结果记录中，由于用户的需求不同、目标各异，他们会选择不同的项目判断相关性，而不同项目对相关性判断有不同的影响。Wang 和 Soergel 调查了 DIALOG 记录中的 18 个项目后发现，受试者判断相关性时最常提到标题、摘要、期刊和作者 4 个项目，而出现在记录中的有些项目在相关性评价中用得很少甚至不用[225]。有趣的是，受试者提到的有些项目如内容目次、作者专长、引用情况等并没有出现在记录中，这些项目虽然被提到的次数不多，但其对判断相关性的作用不可忽视。

用户在评价查询结果记录相关性时会自行确定一定的指标，如认为记录中与内容有关的项目很重要，而与信息获取有关的项目也是要考虑的因素。Fraser 和 Gluck 在测试三种格式的地理空间信息记录后认为，受试者对不同记录中的项目给予不同的关注度，题名和摘要是判断记录是否与需求相吻合的最重要的项目，接着是关键词、叙词、标题词等项目；在确定记录内容相关后，接下来会关注记录来源、文献收藏或获取地址等项目[31]。

用户在评价查询结果记录相关性时不仅会自行确定评价指标,而且会根据评价指标选择相应的判断相关性的项目或条件。Crystal 和 Greenberg 测试了保健信息的用户判断记录和全文相关性的方法,发现受试者判断相关性的因素除了研究主题外还有很多,包括研究参数、研究方法、研究范围、事实性描述、科学数据、重要性或影响、受众对象等[226]。例如,用户查询感兴趣的主题时希望能找到 20 年前发表的文献;又如,由于难以把握查询主题,需要根据发表时间的远近或研究方法的新旧有选择地下载文献。前一个查询需求非常明确,后一个则非常模糊,而这两个查询都需要补充其他项目或条件进行判断。

2)影响相关性评价的某一项目。有关查询结果记录中的某一项目如何影响用户评价相关性的研究有很多,比较典型的是研究文摘、全文对用户评价相关性的影响。

查询结果记录中的文摘采用从文献中提取的具有情境的句子(来自文献正文中的包含查询词的句子,而不是第一个句子),并且出现在文摘中的查询词的高亮度显示能够提高用户判断相关性的性能。如 Drori 在可用性测试后认为,查询结果记录中的文摘如果采用包含情境的句子,用户的满意度会提高,并且能更快更准确地完成任务[227]。而 Paek 等经用户测试后认为,动态显示的文摘(如伸缩显示的文摘或显示一段时间后会自动隐藏的文摘)会降低用户的满意度和完成任务的速度[228]。

查询结果记录中补充与查询词最相关的句子 TRS(top ranking sentences)或缩略图信息能够帮助用户以较短的时间发现相关的记录,提高用户判断相关性的信心。Joho 和 Jose 在基准查询结果页面的记录(与谷歌查询结果界面相似,记录由标题、摘要、URL、页面容量、网页快照链接和类似网页链接等项目组成)中补充 TRS 或缩略图信息,经测试后发现,这两种信息都有利于受试者判断相关性,但记录中的各个项目对受试者判断相关性有不同的影响[229]。所有项目中标题对受试者的影响最大,然后分别是摘要、TRS、缩略图和 URL,文献类型和文件大小的影响较小。TRS 或缩略图对受试者判断相关性的影响与任务类型有关。TRS 对查询结果是文本型信息的查询任务影响较大,而缩略图对查询结果是图像型信息的查询任务影响较大。为了便于用户有效地判断记录的相关性,系统在呈现查询结果记录时最有效的方法是同时补充 TRS 和缩略图信息,由用户自行浏览后做出判断;但为了不增加用户认知的负担,在记录中呈现的项目也不宜太多。因此,查询结果记录应该根据任务或具体情境提供合适的信息,最好是能动态地把握用户的需求,采用自适应技术帮助用户判断相关性。

以上研究案例表明，就评价记录的相关性而言，在查询结果界面中记录应该呈现哪些项目主要取决于信息资源尤其是元数据标准以及用户的信息需求和查询任务的要求。不同项目对用户判断相关性的影响不同，用户会根据具体情况选择项目评价记录的相关性。其中，标题、摘要、来源和作者是影响用户评价记录相关性的最关键项目。

（2）记录呈现的信息量。很早就有研究者关注书目记录的长度对判断相关性的影响，但一直没有得出明确的结论。在查询结果界面中用户要根据记录提供的信息来判断相关性，但记录中究竟要呈现多少项目、长度是多少同样存在争议。

有一种观点认为，查询结果记录应显示出尽可能丰富的信息。由于用户的信息需求总是处在变化之中，很难预设用户会选择哪些项目来判断相关性，因此，查询结果记录应显示尽可能多的项目，信息越多、记录越长，越有利于用户准确判断相关性。早在1978年，Marcus等就在研究中发现，受试者对较长的项目内容如较长的文摘、主题标目的满意程度明显要高于匹配的词语或标题[230]。Crystal和Greenberg在研究中虽然没有直接探讨记录信息丰富程度对相关性判断的影响，但他们认为，应根据用户需要更宽泛的信息还是更专深的信息来确定记录信息的广度和深度。搜索引擎的查询结果记录只提供标题、摘要等有限的信息，排序算法和排序方法也不多，虽然用户也能根据多个项目判断相关性，但如果能提供更多的信息将更有利于用户做出判断[226]。

但有一种观点认为，既然各个项目对判断相关性有不同的影响，那么，在查询结果记录中只应显示能帮助用户判断相关性的最基本的项目。根据Nielsen内容最少的用户界面设计原则，界面中任何冗余的信息都会影响用户对相关信息的理解，降低相关信息的可见性，因此，应尽可能排除不相关的或不需要的信息[143]。Hufford在1991年的研究中调查了图书馆咨询馆员使用卡片目录和OPAC判断文献价值的情况，发现最常使用的7个项目占总使用次数的90.7%，而这7个项目只占项目总数的11.1%，也就是说在判断文献价值方面，书目记录中的大部分项目都是很少被使用的[231]。由此，他建议应缩减OPAC记录中呈现的项目数量，只保持用户能够识别记录的最基本的项目。

也有研究者认为，查询结果记录中呈现较少的但与查询任务相关的项目能提高相关性判断的效率和用户的满意度。如Balatsoukas等测试了三种学习资源库的查询结果界面，其中，喜欢MERLOT系统的受试者认为其查询结果记录具有一定数量的项目，但项目数量比另两种系统少，比谷歌的项目数量多。测试中的大部分受试者认为，记录只应显示出与查询任务相关的项目，即尽可能减少记录呈现的信息量,以缩短浏览的时间,集中精力关注能判断相关性的信息[232]。Balatsoukas 等在另一项研究中分别使用 META – LOR 2 原型的 8 种元数据替代品进行测试,同样证明了这一观点,即查询结果界面的记录只显示与查询任务有关的项目,能使受试者更快地完成相关性判断的任务,判断的准确性更高,评价完成任务的满意度也更高[69]。

还有研究者认为,用户在信息查询过程中只浏览查询结果记录的有限个项目。如 Wang 和 Soergel 在调查受试者利用 DIALOG 记录中的 18 个项目判断相关性后发现,受试者并不会浏览记录中的所有项目,超过一半的受试者只浏览 1 个项目就做出决定,最多的浏览 6 个项目,一般浏览 1.4～3.3 个项目[225]。

概括起来,查询结果记录的长度应依据系统、用户、任务的具体情境而定。就一般情况而言,不适宜的记录长度会影响用户判断相关性,如果记录提供的信息过于简略,用户可能无从判断相关性,进而怀疑是否需要转向其他信息资源;如果记录提供的信息过于庞杂,用户需要过滤太多冗余的信息,也会提高判断相关性的难度,另外,记录过长对用户的认知能力也是一种考验。就目前来看,学界对记录的长度还没有形成统一的认识,但一般的要求是长度适中,不宜过长或过短,这里遵循 Balatsoukas 等提出的原则,即记录的长度不宜超过一个界面[233]。

5.6.2.2 与相关性评价有关的呈现方法

在查询结果界面中,使用易于理解的词汇、突出查询词、注重可视化效果对用户判断相关性有着重要的影响,但以前的研究却很少从这方面展开。

(1) 使用易于理解的词汇。在查询结果界面中,采用以用户为中心的、易于理解的词汇有助于用户判断记录的相关性。一是记录项目标识要使用用户易于理解的词汇,如果用户不能准确地理解记录项目的标识,会影响其对记录相关性的判断;二是项目内容要使用以用户为中心的词汇,这类词汇能为用户提供更有用的信息线索,使用户更有信心判断记录的相关性。

(2) 突出查询词或关键项目。用户的视觉受显示对象的大小、形状、颜色等的直观刺激。在查询概览界面中突出显示出现在记录中的查询词或关键项目,能把用户的注意力直观地引导到突出显示的文本上来,有利于节省用户的浏览时间,减轻认知负担,提高相关性评价的性能。

Balatsoukas 等对 8 种查询结果界面(线性、分类、标签形式显示)的测试表明,在记录项目中突出显示查询词与不突出显示查询词相比,能加快用户判断相关性的速度,提高用户的满意度[69]。Balatsoukas 还认为,不仅查询词要突出显示，记录中的关键项目如标题、摘要也要突出显示，以提高其可见性。Wang 和 Soergel[225]的研究还认为，用户经常用于判断相关性的项目如标题、摘要、期刊和作者要突出显示；有助于用户立即排除记录的项目也要突出显示；其他不常使用的项目显示与否可根据用户的需要而定，或者在浏览记录比较长时间后才显示；影响相关性判断的最关键的项目应放置在记录的前面。

虽然研究者关于记录项目、次序、长度对相关性评价的影响有不同的观点，但有关突出显示出现在记录中的查询词或关键项目对相关性评价的影响却有比较一致的认识，即突出显示记录中的查询词或关键项目对用户判断相关性有正面的影响。

（3）提高查询结果界面的易读性。从理论上说，应该制订适用于信息查询系统的查询界面设计指引，规定普遍适用的版式和风格，包括对呈现的字体、字号、字形、轮廓、颜色、大小写、字间距、行间距、段首缩格、对齐方式等的规定，也包括对记录结构、项目长度、文摘格式、分组形式、排序方法等的要求。但在目前缺乏查询界面设计指引的情况下，查询界面普遍存在着易读性问题，如排版格式不够美观、版面拥挤；概览界面记录的项目内容采用大纲列表排列，不易区分各个项目；详览界面记录的项目标识或项目内容采用大写字符，在视角上聚拢成一团，既不美观又不容易阅读理解等。

这里以查询结果界面的字体、字号为例说明其对易读性的影响。在许多信息查询系统的界面研究中都提到使用的字体、字号存在的问题，但有关字体、字号对记录易读性影响的研究却并不深入，没有形成一致性的结论。一般认为，在英文查询结果界面中应使用清晰的大字号字体，如 Nielsen 就认为使用清晰的如 Arial 的 12～14 号字体最适合浏览[234]；Lamantia 认为在标签云中的标签使用无衬线字体能提高易读性[146]。但也有研究认为在网页搜索和导航中使用 Times New Roman 的 12 号字体与 Arial 的 10 号字体，对准确性和速度方面的影响不大[146]。

5.6.2.3 与相关性评价有关的查询结果界面的结构

系统在查询结果的概览界面和详览界面中以记录为单位，通过呈现作者、题名和来源等项目，为用户识别信息、判断记录相关性提供线索。系统在呈现记录及其项目时要求遵循一定的规则且具有一定的伸缩性，使用户可以根据需要设置记录及其顺序、记录中的项目及其顺序以及各个项目内容的详略程度；支持探查，能突出显示用户感兴趣的信息，揭示出记录、记录中项目之间的内在联系。

(1) 查询结果记录中各项目的次序。在查询结果的概览界面或详览界面记录中，各个项目应根据一定的规则排列，如按项目的重要程度排列；根据用户的要求排列，如按用户习惯浏览的项目次序排列；根据与用户交互的次序排列，如按题名、作者、摘要、来源等次序排列。Fraser 和 Gluck 调查了受试者利用 MARC、GILS 和 FGDC 三种地理空间元数据格式的记录详览界面判断相关性的情况，发现受试者对记录中的不同项目给予不同的关注次序，题名和摘要被认为是最关键的两个项目；摘要之后应该出现的是与内容有关的项目，如关键词、叙词、标题词等项目；用户在确定记录相关性后接下来关注的应该是与获取有关的项目，如来源、收藏信息、获取地址等项目。可是在这三种格式的记录详览界面中，题名都放置在记录的最前面，紧随其后的却不一定是摘要，有的记录甚至要翻到第二屏才能找到摘要；在用户确定记录相关性后需要了解来源、收藏信息或获取地址时，这些项目出现在界面的位置也不一致，有的在前面，有的在后面[31]。

在查询结果详览界面中，当记录项目的数量过多时，应对项目进行分类或分组，把具有共性的项目集中呈现在同一类或同一组中，以便于用户浏览和判断相关性。项目的分类或分组可以根据项目的语义关系、用户浏览项目的习惯或完成任务的次序划分，每一组的类目或组名应赋予适当的标识以明确其内容。如 Failte 对项目比较多的 LOM 记录详览界面的研究表明，与全部项目按线性列表集中显示相比，受试者更喜欢项目分组显示[235]。而 Balatsoukas 等在研究中为 LOM 记录设计了以线性、分类、分组标签形式显示的三种详览界面，测试受试者利用三种详览界面判断相关性的情况[69][236]。测试结果表明，受试者利用分组标签界面、分类线性界面比线性界面在判断相关性的速度、准确性和满意度上都要高得多；利用分类线性界面、分组标签界面判断相关性在时间上没有明显的差别，但利用分组标签界面判断相关性在准确性和满意度上更有优势，这与分组标签界面每组只显示有限的几个相关项目，有利于用户集中注意力、减轻认知负担有关。

(2) 概览界面记录的呈现结构。查询结果概览界面的记录项目通常以列表式或表格式结构呈现，究竟采用哪一种结构更有利于用户判断相关性存在争议。Rele 和 Duchowski 对搜索引擎概览界面的研究表明，采用列表式或表格式呈现记录在错选记录数量、目光驻留时间和目光驻留次数方面差别不明显[237]，但 Resnick 等的研究发现，受试者喜欢表格式的呈现结构[238]。这两项研究都是针对非结构化的搜索引擎的查询结果记录，而对结构化的元数据如 MARC、DC、LOM 呈现结构的研究则比较少，值得后续做进一步的研究。

（3）概览界面记录的分类显示。在查询结果概览界面中，当查询结果记录数量过多时，应对记录进行分类，把具有共性的记录集中在一个类目中呈现出来，有助于用户通过分类浏览记录强化选择文献的思路，提高相关性判断的速度。记录的分类应根据语义关系、用户浏览的习惯或查询任务的需要进行，要求类目标识要易于理解，不同类目与类目记录之间要易于切换；可以根据用户需求或任务需要动态地调整记录的次序；可以与分面导航或排序功能相结合，为用户判断相关性提供更多的方法。

（4）概览界面与详览界面。概览界面和详览界面的记录可以看作对文献详略程度不同的揭示。概览界面的记录反映的是一组记录的共同属性，采用列举的方法比较概括、粗略地揭示文献的特征；详览界面的记录反映的是一条记录的具体属性，采用穷举的方法比较完整、全面地揭示文献的特征。如何设置两者的详略程度应根据用户需求和文献类型而定。

概览界面的记录和详览界面的记录给用户的感受是不一样的。概览界面提供的是满足查询条件的查询结果的总体情况，便于用户比较、选择多个记录；详览界面提供的是某一文献的详细记录，用户通过浏览详览界面上的信息，以识别是不是需要的信息，然后选择获取或者返回概览界面选择其他的记录。两相比较，用户在处理详览界面的记录时会更偏向于感性，而在处理概览界面的记录时会更偏向于认知[239]。有关这两种界面在相关性判断时究竟应该如何分工，又在多大程度上影响系统性能和用户满意度很少有专门的研究。

5.6.2.4 相关性评价指标

相关性评价指标是指用户在判断查询结果记录相关程度时，以查询结果界面呈现的文献特征作为线索，以这些特征或特征的组合为指标判断相关性。这里的文献特征是指通过记录中的项目或项目中的一部分呈现出来的文献的内容特征或形式特征。一个文献的特征可能成为判断某一相关性指标的线索，也可能组合成为判断其他相关性指标的线索，究竟成为哪一种指标的线索要根据用户、任务及当时具体的情境而定。

有许多研究探讨了相关性判断的指标问题，这些指标林林总总，有80项之多。Barry研究了文献特征与判断文献相关性指标之间的关系，指出资源特征、全文、摘要、题名、关键词这五个特征被用于判断相关性指标的数量排在最前面，而全文、摘要、题名这三个特征是最有可能同时被选作判断相关性指标的线索[240]。Wang和Soergel从认知科学的角度出发，提出了用户在文献检索系统中的文献选择模型[225]。模型中把揭示出来的文献特征称为文献项目，用户以文献项目为线索评价文献的指标,结合各种指标评价文献的价值,然后根据文献价值对文献做出取舍,即用户之所以选择文献,是因为文献具有一定的价值,他们评价文献价值依据的是用户指标,用户指标来自文献项目提供的线索,在这过程中用户必须利用个人知识来理解文献项目、评价用户指标,而用户选择文献的过程是受决策规则支配的(见表5-2)。

表5-2 文献项目、用户指标与文献价值的关系[225]

文献项目	用户指标	文献价值*
标题/作者/摘要/主题词/地理位置/期刊/文献类型/出版日期/内容目次/引用情况/作者机构/作者专长	主题	E、F、C
标题/作者/摘要/主题词/期刊/文献类型/地理位置/内容目次/引用情况/作者机构/作者专长	导向	F、C
标题/作者/摘要/主题词/内容目次/期刊/引用情况/作者机构/作者专长	学科	E、F
标题/作者/期刊/主题词/出版日期	新颖性	E、F
期刊/作者/出版日期/内容目次/引用情况/作者机构/作者专长	质量	F
期刊/文献类型	可获取性	C
标题/期刊/文献类型/语种	具体要求	F
文献类型/文献长度	阅读时间	C
出版时间	时效性	E、F
作者/期刊/作者机构/出版时间	权威性	S、Em
作者/地理位置	关系	S、Em

* 指用户指标对文献价值的影响,E、F、C、S、Em 分别代表认知价值、功能价值、条件价值、社会价值、情感价值。

Wang 和 Soergel 的文献选择模型从文献项目、用户指标、文献价值三个层次研究用户选择文献的决策过程,其中还引入了用户个人知识、决策规则支持用户的选择行为,与 Barry 的研究相比,不仅在选择层次上要多得多,而且体现在各个层次的划分上。尤其是在文献项目的划分上要细致得多,在引入用户个人知识、决策规则后模型变得更加复杂完善,为设计查询结果界面的记录及其项目以判断相关性提供了理论基础。

Barry、Wang 和 Soergel 有关相关性评价指标的研究表明，相关性判断的过程充满不确定性，除了对一些文献的评价可以得出比较明确的接受或不接受的判断外，对大部分文献的评价都与呈现出来的记录信息和用户的认知状态有关，具有因时因事因人而异的特点。因此，为了帮助用户判断查询结果记录的相关性，需要注意以下两点：

（1）呈现出用户判断相关性最有可能选用的文献特征。例如，用户一般是根据标题、摘要和地理位置判断文献主题相关性，根据出版日期判断新颖性的。因此，对这些有助于用户判断相关性的项目要在查询结果界面上有效地呈现出来。由于用户评价相关性的指标具有多层次、多角度、动态性的特点，除了采用主题相关性、新颖性指标外，还可能采用有效性、准确性、时效性、易理解性、可验证性、权威性、情感有关等指标，这些指标还与资源质量、资源可获得性、用户认知状态、任务完成阶段等因素相关。记录项目中揭示的文献特征成为用户判断相关性指标的线索，相关性指标又成为判断文献价值的依据，最后成为决定文献取舍的关键。哪些文献特征形成相关性指标，它们又在多大程度上决定相关性指标成为今后值得进一步研究的课题，而其中最重要的就是有哪些文献特征必须在查询结果界面上呈现出来，如何呈现出来才能更有利于用户判断相关性[225]。

（2）在查询过程中要为用户提供相应的作者知识、机构知识、来源知识、主题知识和任务知识，为采用不同查询策略的用户提供不同的查询方法和决策规则。例如，目前的信息查询系统主要依靠用户的个人知识判断文献来源的权威性，当用户浏览查询结果界面中呈现的是刊名信息时，如果他们熟悉刊物的话，就能立即判断出期刊的权威性，否则刊名信息并没有多大意义。因此，在查询结果界面中很有必要把期刊的知识或同行评价期刊的信息呈现出来，为用户尤其是不熟悉刊物质量的用户判断相关性提供帮助。

5.6.2.5　查询结果界面的设计原则

为便于评价相关性，查询结果界面的设计应遵循如下原则：①查询结果界面要美观，具有识别性和一致性。②尽可能采用规范化的元数据作为设计查询结果记录的基础，即选用的元数据格式必须具有一定用户基础并符合任务需要，最好是符合国家标准或国际标准的元数据格式。③查询结果界面呈现的记录及其项目可以扩展，能根据用户和任务的需要呈现不同详略程度的信息。④记录及其项目的呈现具有易读性，用户易于理解且符合任务需要。⑤详览界面呈现的记录项目能帮助用户识别文献；概览界面呈现的记录及其项目能帮助用户揭示文献和数据库的总体情况。⑥详览界面记录项目的排列次序应与用户需要的信息相适用,首先要有利于判断文献的相关性,其次才是提供获取途径;概览界面记录的排列次序应与用户或任务的需要相适用,用户可以自行设置不同的排序方法。⑦查询结果界面呈现的记录及其项目、分类或分组、相关反馈等信息应支持偶然性发现。⑧详览界面记录的项目数量比较多时应分类或分组呈现;概览界面记录的数量比较多时应分类或分组呈现。分类或分组的方法可根据语义关系、用户需求或任务需要而定。⑨查询结果界面应提供列表式、表格式和图形化等多种呈现格式供用户选择,支持用户的使用习惯和任务需求。⑩概览界面应显示查询式、查询范围和符合条件的记录数量,揭示同一实体的多条记录应合并显示并提供相应的链接。⑪从查询结果的概览界面可无缝链接进入详览界面,便于用户在记录不同详细程度的界面间导航。⑫查询结果界面应与排序功能、搜索和浏览功能无缝结合,界面应提供直接的操作方法。如在详览界面可以选择显示或隐藏项目、设置文本或可视化呈现,以及选择、输出、共享、保存记录和文献等操作;在概览界面可以选择分面、排序以及动态显示等操作。

5.6.3 任务因素

5.6.3.1 支持不同复杂程度的查询任务

查询结果界面中记录呈现的项目及其次序对用户判断相关性有重要的影响,也会对不同复杂程度的查询任务造成影响。

Balatsoukas 等设计了八种记录呈现方式的查询结果界面,用以测试对被受试者判断为复杂程度不同的两类查询任务相关性的影响[69]。八种界面分别是:a—线性显示;b—突出显示+线性显示;c—分组显示;d—突出显示+分组显示;e—分类显示+线性显示;f—突出显示+分类显示+线性显示;g—显示与查询任务相关的记录项目;h—突出显示+显示与查询任务相关的记录项目(见表5-3)。其中,前六种是查询结果详览界面,后两种是查询结果概览界面。线性显示是指记录项目按线性列表显示;分类显示是指记录项目分成三类,在分类基础上按列表显示;分组显示是指记录项目分成三类,以标签形式出现,在每个标签下按列表显示出一类项目;突出显示是指突出显示出现在记录项目中的查询词;显示与查询任务相关的记录项目是指只显示定制查询式时所涉及字段的项目。任务的复杂程度依据用户构建查询式时需要设定的记录字段的数量而定,需要设定的字段数量不超过两处的是简单任务,超过两处的是复杂任务。

表5-3　查询结果界面记录的呈现方式[69]

字符 \ 项目	查询结果界面	线性	分组	分类	显示与任务相关的项目
非突出显示	详览界面	a	c	e	
突出显示		b	d	f	
非突出显示	概览界面				g
突出显示					h

Balatsoukas 等的测试结果表明，在分别完成简单任务和复杂任务时，利用显示与查询任务相关的记录项目（突出显示、非突出显示）的查询结果界面（g 和 h）比其他六种查询结果界面（a～f）在时间效率上具有显著的优势；利用突出显示出现在记录项目中的查询词的查询结果界面（b、d、f、h）比非突出显示的查询结果界面（a、c、e、g）在时间效率上具有显著的优势。

在分别完成两类任务时，利用记录项目分组显示、分类显示或线性显示的查询结果界面（c、d/e、f/a、b）在时间效率上的差别不明显，完成复杂任务的准确性要低于简单任务，有趣的是，利用显示与查询任务相关的记录项目的查询结果界面（g、h）虽然在时间效率上要显著高于记录项目分组显示的查询结果界面（c、d），但两者在相关性判断的准确程度上相当。

在分别完成两类任务时，受试者在判断相关性的难易程度上表现为：利用突出显示现在记录项目中的查询词的查询结果界面（b、d、f、h）分别完成两类任务，与非突出显示的查询结果界面（a、c、e、g）相比显著容易；利用记录项目分组显示的查询结果界面（c、d）分别完成两类任务，与记录项目分类显示或线性显示的查询结果界面（e、f/a、b）相比显著容易；利用显示与查询任务相关的记录项目的查询结果界面（g、h）分别完成两类任务，与其他六种查询结果界面（a～f）相比显著容易[69]。

以上引述的 Balatsoukas 等的研究表明，在查询结果界面中记录呈现的项目以及项目的呈现方式、组织形式，对用户在完成不同复杂程度任务时判断相关性的速度、准确性和感觉容易程度的影响非常微妙，但一般可以认为，查询结果界面记录中只显示与查询任务相关的项目、突出显示出现在项目中的查询词能提高用户判断相关性的速度和准确性；概览界面中记录项目的分组显示、分类显示或线性显示对完成两类任务的影响则要视具体情况而定。

5.6.3.2 支持不同目标明确程度的查询任务

在完成目标明确的查询任务时，查询结果界面中记录呈现的项目应与任务相适应，这能提高用户判断相关性的速度和准确性。但对目标不明确的查询任务究竟应该呈现哪些项目则有不同的看法。

在 Balatsoukas 等的研究中，查询结果界面记录中只显示与查询任务相关的项目、突出显示现在项目中的查询词能提高用户判断相关性的速度和准确性，这是针对用户构建查询式时所使用的字段和查询词也即目标明确的查询任务而言的[69]。实际上用户的信息需求可能模糊且复杂，在完成目标不明确的探查任务时，他们会根据查询结果记录呈现的不同项目形成各种指标以判断相关性。因此，为了支持用户完成不同目标明确程度的查询任务，查询结果记录应显示出多个项目信息，以帮助用户从更多角度判断相关性，如通过浏览关键词判断是否与主题相关，通过浏览刊名判断是否为权威刊物。但记录项目的数量并非越多越好，为了使用户能有更好的浏览体验，记录呈现的项目宜控制在一个界面内。

5.6.3.3 支持不同阶段的查询任务

相关性评价具有多层次、动态性的特点，在信息查询的不同阶段用户用以判断相关性的指标也会发生变化。

Taylor 等根据 Kuhlthau 的信息查询过程模型，通过用户测试研究了受试者在信息查询过程不同阶段与判断相关性因素之间的关系[241]。在信息查询过程中，受试者判断相关性选择最多的指标分别是专指性、一般主题、内容深度/范围、信息量、兴趣；在各阶段中，受试者在探索、形成、展示、选择四个阶段判断相关性时会选择比较多的指标。随着查询任务的深化和拓展，用户用以评价相关性的指标会发生变化。例如，在信息查询过程的前几个阶段中，专指性都是判断相关性的重要指标，但在后面的展示阶段中，采用这一指标的比例会降低；又如，在信息查询过程的前期，新颖性对判断相关性的影响还不是那么显著，但到后期却成为判断相关性的重要指标。因此，系统在查询结果界面中呈现的记录及其项目应考虑用户在任务不同阶段判断相关性指标的变化，随任务的深入做出调整；系统应允许用户调整查询结果界面记录及其项目的呈现方式，以适应任务不同阶段相关性判断的需要。

5.6.4 用户因素

用户评价相关性不仅与查询机制有关，更多的还与用户需求有关，而用户需求具有多层次、动态性的特点，因此，对用户来说，判断相关性的过程就是与情境因素密不可分的决策过程。

5.6.4.1 支持具有不同专业知识的用户

用户具有的资源知识、查询知识和专业知识会影响他们采用不同的策略判断相关性，而查询结果界面中呈现的记录及其项目能否成为判断相关性的线索，不仅取决于这些记录及其项目的内容本身，更取决于用户的信息需求和已有的知识经验，也就是说这些记录及其项目即使对文献内容揭示得再深入准确，但能否成为判断相关性的线索仍取决于用户需求及其能否理解所呈现出来的信息。此外，有些判断相关性的线索来自多个项目的组合，只有具备一定知识经验的用户才能利用。

不同专业的用户在评价查询结果记录时有明显的区别，如自然科学背景的受试者和人文科学背景的受试者在评价 Lycos 搜索引擎查询结果记录的满意度时有明显的差别[242]。而不同专业知识水平的用户在判断查询结果相关性时也有明显的区别，如 Ruthven 等的研究表明，具有较丰富专业知识的受试者与其他受试者相比，在评价查询结果相关性时显得更有信心，且能更准确地识别相关的记录，他们获取全文文献的数量明显要少得多[243]。在如何支持不同专业知识的用户判断相关性上，Crystal 和 Greenberg 的研究值得注意[226]。

Crystal 和 Greenberg 通过调查保健信息用户和学术用户的查询行为，发现这两类受试者在判断查询结果相关性上存在差异。例如，保健信息受试者比较关注文献的实际作用和影响，而学术类受试者比较关注文献的效益和可获取性；保健信息受试者关注的文献随个人情况而定，没有普遍性的指标，而学术类受试者比较追求理论价值。因此，在设计信息查询系统时应考虑不同专业知识用户的需求。如以保健信息用户为例，在设计系统时应重视这一类用户信息需求的主观性和个性化的特点，把用户偏好体现在设计中，为用户提供具体实用的信息。首先，系统要在记录中为这一类用户提供线索，如在摘要中要揭示数据收集的方法；其次，要为用户提供过滤机制，如在构建查询式时可以限定受众类型，或可以在受众类型分面中限定查询范围；最后，要为用户设定相关性排序的算法，用户可以根据相关性评价的需要设置排序方法。当然，所有这一系列措施都要得到元数据格式及界面呈现规则的支持。

5.6.4.2 支持具有不同认知结构的用户

不同知识经验、使用习惯和任务需要的用户，可能根据不同的主题、质量或关系等指标判断相关性,这也在一定程度上决定了用户在判断相关性时会有选择地关注记录的项目及其顺序,并且会强化其选择文献的思路。如大多数用户在判断记录相关性时先浏览标题以确定是否与主题相关,但也有用户会先浏览刊名以判断是不是权威刊物,或者先浏览作者以确定是不是熟悉的作者,逐渐地,这些行为就会成为这些用户判断相关性的习惯行为。因此,系统应收集和保存用户的信息需求、使用目的和行为特征,根据用户的认知结构呈现记录。

系统应提供相应的机制允许用户设置记录呈现规则,用户可以自主设定记录呈现的项目及其次序,突出显示重要的项目和关键内容。如在规则中可以设定标题正常显示,但对用户关注的期刊或作者应突出显示;可以设定记录呈现的项目及其次序,又可以根据需要补充显示一些项目,当鼠标指针悬浮在记录上方时显示出补充的项目,或者在用户浏览记录比较长时间后显示出不常使用的项目;可以设定概览界面的记录是否采用分类显示,在采用分类显示时把同类记录集中在一起,不同类记录区分开来。用户通过系统提供的这些机制可以减轻认知的负担,提高相关性判断的性能。

5.6.4.3 为用户提供判断相关性所需要的知识

用户在判断查询结果记录相关性时需要应用一系列的作者、机构、来源和主题等知识,这些知识可以是来自各类公开的信息、特定范围内共享的信息、同行提供的信息或从相关反馈中得到的信息。系统如果能把这些信息整合起来形成知识库并提供给用户,不仅能扩展用户的知识,减轻用户学习和记忆的负担,还能提高信息查询的性能。

(1) 与作者或机构有关的信息。与作者有关的信息是判断文献主题、导向和质量的线索,与机构有关的信息是判断文献质量和权威性的线索。这些信息主要来自各类公开的信息资源,如作者的著作、观点、专长,作者所属机构,出版机构的声誉,机构间的隶属关系;或来自特定范围内共享的信息资源,如参考引用数据或用户评价信息;也可来自同行提供的信息,如导师、同学、朋友的推荐或同行引荐的信息。

(2) 与期刊或信息来源有关的信息。与期刊或信息来源有关的信息是判断来源质量、导向、学科和可获取性的依据。这些信息主要来自各类公开的或特定范围内共享的信息资源,如出版物排序、参考引用数据和用户评论等;也可来自记录提供的全文链接、本地目录的链接或其他全文获取渠道。

(3) 与主题有关的信息。与主题有关的信息涉及人物、时间、地点、做什么、如何做等信息,包括主题的名词术语,主题的各个因素,与其他主题的关系，主题的发展历史、现状和趋势，与主题有关的出版物、学术会议等。这类信息来源很广，可来自各类公开的、特定范围内共享的信息资源或同行提供的信息等许多方面。

（4）通过相关反馈提供信息。系统应根据与用户交互的情况提供相应的反馈以帮助用户判断相关性，最简单的反馈如鼠标指针悬浮在记录上方时呈现出完整的摘要，或者在用户长时间浏览记录时呈现出不常使用的项目。系统的相关反馈应具有一定的推理能力，例如，用户在浏览某一作者的记录时有多个记录被判定为不相关，可推断该作者的记录极有可能被判定为不相关，或者系统直接询问用户是否接受该作者的记录，并保存该用户的选择。系统提供相关性反馈最有效的方式是保存用户的偏好，从中分析用户接受的文献特征，推断用户判断相关性的指标，并可用以设定查询结果记录的排列次序，设置记录项目的呈现方式。

5.7 排序功能

排序功能是指系统根据记录与用户信息需求的匹配程度，按照一定次序把查询结果列表组织起来的一种功能。记录排序方法是区分查询结果记录、评价信息查询系统性能的一个重要方面，因为不同的排序方法将决定记录在查询结果列表中的排列次序和排列位置，对用户判断记录的相关性具有重要的影响，尤其是在新闻网站等特定领域中，记录的排列次序将决定用户的认知和社会反响。

5.7.1 排序功能的作用

排序功能主要有如下五个方面的作用：

（1）找到最相关的记录。系统利用排序功能组织查询结果，能把最相关的记录排在查询结果列表的最前面，使用户可以迅速地找到最需要的记录。

（2）提高查询效率。排序功能可以区分不同相关程度的记录，帮助用户以较快的速度找到相关的记录，提高查询的效率。

（3）支持探查任务。用户在完成目标不明确的探查任务时，一般只使用有限的几个查询词，很少使用运算符，因此，在评价查询结果时需要得到更多的帮助，而通过选择排序方法或改变排列次序，有助于用户理解查询主题和查询结果，尝试选择更合适的记录完成探查任务。

(4)减轻认知负担。采用多种排序方法排列查询结果有助于减轻用户的认知负担。排序方法操作简单、易于理解,可有助于用户评价查询结果,帮助用户查找到相关的记录;在复杂查询中还可以通过改变排序方法分析比较查询结果,从中找到所需要的记录。

(5)信息整合。用户浏览查询结果列表的过程,也是评价记录整合信息的过程,在这过程中,用户会不断修正原有的知识,形成新的立场和观点。如采用不同的排序方法呈现查询结果时,用户对处于不同位置的同一记录可能做出不同的评价,从而形成不同的知识状态[244]。

排序功能也存在以下一些缺陷:①排序后的查询结果列表比较长时必须滚屏浏览,需要花费比较长的时间去区分和选择记录;②用户比较关注处于查询结果列表前面的记录,容易忽视处于列表中间或后面的记录;③按主题相关性排序时,通常是把不同主题或同一主题不同方面的记录笼统地集中在一起排序;④目前的信息查询系统一般不能准确地显示出记录的相关程度,也不能显示出记录间的关系。

5.7.2 系统因素

5.7.2.1 排序规则

影响相关性评价的因素很多,如 Schamber 提出了影响相关性判断的 80 个因素[245],Bateman 总结出影响相关性判断的 40 个因素[246],Dean 归纳出影响谷歌查询结果相关性排序的 200 个因素[247]。由于以搜索引擎为代表的全文信息查询系统和以 OPAC 为代表的书目信息查询系统在排序方法上有很大的不同,下面分别探讨这两类系统的排序规则。

(1)搜索引擎的排序规则。搜索引擎中影响查询结果相关性排序的因素很多,如在谷歌中,从页面标题、载入速度、URL 长度、站点结构、页面数量、链接类型、链接在页面中的位置、链接来自权威网站、外链来源页面的文章质量,到关键词及关键词出现的位置、次序、频率,涵盖了从页面所有组成元素、全文内容到网站声誉、站外评价,包括域名、页面、网站、内容、外链、交互、社交、品牌等方面,这些都可能影响查询结果记录的排序,由久负盛名的 PageRank 算法计算得到的值只是影响网页排名的其中一个因素。

谷歌的"网络蜘蛛"在快速抓取网站页面的同时,也会收入大量重复的低质量内容,这些网页的排名甚至有可能比原创页面还要高。为了解决这一弊病,谷歌于 2011 年推出了 Panda 算法,综合考虑点击率、回访率和更改率等因素后降低低质量页面的排位，使高质量的原创性页面得到应有的排名。此后，又于2012年推出了Penguin算法，意在整治垃圾链接、打击站外作弊的行为，提倡使用白帽搜索引擎优化技术，鼓励创造丰富的网站内容，提供更加出色的用户体验和满足用户的信息需求[248]。

（2）OPAC的排序规则。由于书目记录是结构化的数据，具有特定的字段及长度，有些字段的内容还会重复出现，因此，书目记录的相关性排序规则与搜索引擎有很大的不同。

一般来说，OPAC的相关性排序有简单排序和复杂排序两种方法。简单排序是通过匹配算法计算出二值结果，剔除掉不匹配的记录从而筛选出匹配的记录。匹配算法包括单词匹配、词组匹配、精确匹配、模糊匹配、截词匹配、位置匹配、加权匹配、布尔逻辑运算及字段限定等，对匹配记录通常采用按题名、作者、主题、文献类型、流通次序、引用次数、能否获取全文、是否在馆等方法进行排序，这些匹配算法及排序方法的性能受编目数据质量的影响。复杂排序则需要对查询结果的书目记录采用多种方法的组合进行排序。排序使用的数据包括书目记录本身的数据，如题名、作者、主题数据；馆藏的数据，如馆藏单位、复本数量、流通数据；用户的数据，如用户的年龄、专业、爱好；与获取有关的数据，如是否在馆、能否外借、外借费用；用户产生的数据，如用户评价、标签、分级、推荐；引用的数据，如被引次数、下载次数；外部引进的数据，如来自Amazon、LibraryThing的数据。此外，还需要文献的新颖性、有效性、准确性等影响用户判断相关性的数据。

澳大利亚图书馆制定的排序规则[249]非常值得借鉴。其根据书目记录数据与查询式匹配的情况，规定需要记录的题名、作者、主题字段，或文献体裁、载体类型字段与查询词匹配的，其重要程度要比其他字段与查询词匹配的高；记录中的以上多个字段与查询词匹配的，其重要程度要比单个字段与查询词匹配的高；记录字段中的一部分与一个或多个查询词构成的查询式精确匹配的，其重要程度要比字段与查询式分散匹配的高；记录字段与一个或多个查询词构成的查询式完全精确匹配的，其重要程度要比记录字段中的一部分与查询式精确匹配的高。

根据书目记录中的字段与查询式匹配的情况，记录的重要程度又有区别。题名字段的一部分与查询式精确匹配的，其重要程度要比题名字段与查询式分散匹配的高；题名字段与一个或多个查询词构成的查询式完全精确匹配的，其重要程度要比题名字段的一部分与查询式精确匹配的高。作者/主题字段的一部分与一个或多个查询词构成的查询式精确匹配的，其重要程度要比作者/主题字段与查询式分散匹配的稍高；作者/主题字段与一个或多个查询词构成的查询式完全精确匹配的，其重要程度要比作者/主题字段的一部分与查询式精确匹配的稍高。

书目记录中的主要字段如主要责任者字段、题名和责任说明字段与查询词匹配的，其重要程度要比辅助字段与查询词匹配的高；记录中的字段与查询词匹配的，其重要程度要比与查询词截词匹配或拼写检查后匹配的高。同等情况下，文集的记录比非文集的记录更重要，馆藏复本多的记录比馆藏复本少的记录更重要。

5.7.2.2 顺序效应

在信息查询过程中，记录在查询结果列表中的位置、记录出现的先后次序等会对用户判断相关性造成较大的影响。同一记录出现在查询结果列表中的不同位置，或者同一记录出现的不同次序会影响用户对其相关性的评价，这就是用户评价查询结果列表中记录相关性的所谓的顺序效应[250]。

（1）记录数量与顺序效应。查询结果列表的排列次序对用户判断相关性有影响，这种影响与查询结果列表记录的数量及其位置有关。

Dellit 和 Boston 研究发现，用户在处理查询结果列表的记录时大多希望列表按相关性排列；他们认为如果在查询结果列表前面的页面中都没有找到相关记录的话，在后面的页面中也不可能找到；与关注查询结果记录数量的多少相比，他们更关注查询结果列表中第一个页面上半部分的记录能否能满足需求；当查询结果记录数量庞大时，他们可能会从排在查询结果列表前面的自认为比较合适的记录中选择几条记录[249]。

Huang 和 Wang 把若干条书目记录按相关性由高到低、由低到高或随机次序排列，然后要求受试者评判每条记录的相关性分值[251]。测试数据表明，当呈现 15～30 条记录时，受试者对相关性分值的评判明显受相关性排序方法的影响；当呈现 45～60 条记录时，影响不再明显；当呈现 5 条或 75 条记录时，明显不受影响。测试表明，在按相关性排列的记录中，对受试者判断相关性具有影响的记录数量在 15～60 条之间。在评价记录相关性时，为了避免受相关性排列次序的影响，推荐采用随机排列；为了避免疲劳效应，推荐呈现的记录数量不应超过 75 条。

有多个研究表明，查询结果列表的一个页面究竟应该显示多少条记录并没有定论。Ruecker 在其提出的富情境浏览界面中认为，在馆藏记录列表界面呈现的记录数量的最高上限是 5000 条[252]；Shneiderman 等认为，在数字图书馆查询结果的文本界面中每页显示 10 ～ 20 条记录是合适的[253]；而 AltaVista、百度等搜索引擎的查询结果页面在缺省状态下只显示 10 条记录。一般认为，当查询结果记录数量庞大时，系统应提供一定的排序方法把重要的或与用户任务相关的记录排在查询结果列表的前面，最好是排在第一个页面的前面，至于查询结果列表每个页面显示的记录数量则不必做具体的限定，只要便于用户控制，同时兼顾各种信息查询系统的一致性，避免在一个页面上过于出格地显示出庞大数量的记录即可。

（2）顺序效应的内在机制。在查询结果列表中，当同一记录出现的次序不同时，用户在顺序效应的影响下会对记录的相关程度做出不同的评价。Xu 和 Wang 以动态相关性和精细处理可能性模型为理论基础，提出了在学习效应、子需求调用效应和新奇效应共同作用下的顺序效应对用户判断文献相关性的内在影响机制[244]。

用户完成查询任务的过程就是学习的过程。在学习效应的影响下，用户一般会把高平均主观相关性文献当成相关文献，当获取一篇或若干篇高平均主观相关性文献后，再遇到类似的文献时，由于其需求已经得到满足，这些原本是高平均主观相关性文献其相关程度的评分会降低；而遇到低平均主观相关性文献时，其学到的知识能帮助他更有信心放弃这些不相关的文献。正是由于学习效应，首因效应才能发挥出影响力。这里所谓的高平均主观相关性文献是指用户在评价文献相关程度时，其分值比平均主观相关性文献分值要高的文献，相反的就是低平均主观相关性文献。

用户在信息查询过程中会把信息需求分解为一组子需求，每个子需求对应于一个子任务。一篇与查询任务相关的文献，由于提早出现或迟缓出现与子任务需求不符时，其相关程度的评分就可能欠佳，因此，文献相关程度的评分和文献出现的次序存在倒"U"形的现象，这一现象被称为子需求调度效应。子需求调度效应是在学习效应的基础上产生的，它使高平均主观相关性文献由于提早出现而降低其相关程度评分，而迟缓出现则有可能被评为低平均主观相关性文献。

用户在开始进行信息查询时，在信息需求的作用下会以极大的动力去查找有用的信息，其结果有两种情况：一是部分信息需求得到满足，用户查找文献的动力减弱；二是利用文献需要一定的认知能力，如果不能提高认知能力，用户将进入懈怠状态。由于查找信息的动力减弱或受认知能力的制约，这时的用户会根据初始印象评价文献的相关程度，这种影响被称为新奇效应。新奇效应会产生两种偏差：一是低平均主观相关性文献会得到较高评价，表现为近因效应；二是高平均主观相关性的文献会得到较低评价，表现为首因效应。

顺序效应是在学习效应、子需求调度效应和新奇效应的共同作用下，用户认知状态的变化对其判断文献相关程度产生的影响。例如，用户在评判一篇高平均主观相关性文献的分值时，在学习效应和新奇效应的影响下表现为首因效应，在子需求调度效应的影响下表现出倒"U"形，在这三种效应的影响下，当该文献按不同次序出现时，用户对其相关性的评分类似于倒"U"形；反之，用户在评价一篇低平均主观相关性文献时，在学习效应、子需求调度效应和新奇效应的影响下，当该文献按不同次序出现时，用户的评分类似于"U"形（见表5-4）。在学习效应、子需求调度效应和新奇效应的共同作用下，顺序效应对用户评判先后出现的文献相关性分值的影响曲线见图5-2[244]。

表5-4 顺序效应对用户判断先后出现文献相关性的影响[244]

文献	效应	阶段	相关性评价分值
高平均主观相关性	学习效应	在完成子需求查询过程中	降低
	子需求调度效应	在完成子需求查询过程中	倒"U"形
	新奇效应	认知能力或动机比较弱时	先降低后平稳
低平均主观相关性	学习效应	在完成子需求查询过程中	降低
	子需求调度效应	在完成子需求查询过程中	不适用
	新奇效应	认知能力或动机比较弱时	先提高后平稳

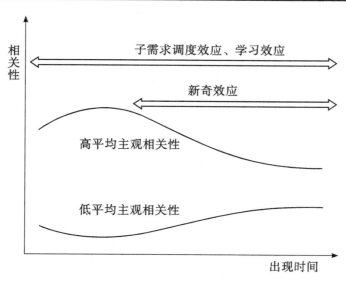

图5-2 顺序效应曲线

通过对顺序效应内在影响机制的分析，可以发现：①掌握用户的知识状态和信息需求十分重要，只有提供适合用户认知能力且和子任务相适应的文献，才能使文献得到恰当的评价，使高于平均主观相关性的文献发挥作用；当用户的认知能力无法理解文献或者子需求已基本被满足时，他们不是通过中心路径去评价信息内容，而是根据外围路径如题名、作者、出版者等信息去判断信息内容，只能为用户提供偶然发现的机会。②按相关性呈现查询结果列表时，应把与用户需求最相关的记录呈现在最前面；当用户无法找到相关记录即采用排序方法失效时，至少要为用户提供偶然发现的机会，如提供合适的题名、作者、出版者等字段帮助用户发现感兴趣的文献；当用户的查询需求比较含糊、宽泛或有歧义时，即采用排序方法不能得到有效的结果时，系统应提供主题导航或分面导航帮助用户找到所需要的文献。

5.7.2.3 排序方法的数量

为了便于从不同需求角度出发评价查询结果，信息查询系统应提供多种排序方法任用户选择。但系统提供的排序方法并不是越多越好，有研究表明，系统提供的排序方法控制在 10 种以内为宜。Chu 在一项研究中要求受试者完成查询任务后从 6 类 80 个可能影响相关性判断的因素中选出有影响的因素，并列出位居前三的因素[254]。测试发现，当一个类目中可能影响相关性判断的因素数量比较多时，被选中的可能性就比较小；可能影响相关性判断的因素数量比较少时，被选中的可能性就比较大。受试者由于受短期记忆能力的制约，当有多个影响相关性判断的因素呈现给用户时，其数量应控制在 10 种以内，否则用户可能完全忽略或无法充分考虑这些相关性因素的影响。Chu 研究的虽然是受试者完成查询任务后，从罗列出来的可能影响相关性判断的因素中选出有影响的因素，但这与界面所提供的可选择的排序方法在原理上是一致的。

5.7.2.4 排序功能的设计原则

为了便于用户区分和选择查询结果列表中的记录，信息查询系统排序功能的设计应遵循如下原则：①系统应提供题名、作者、主题、出版时间等多种排序方法任用户选择，排序方法的数量以十种以内为宜。呈现在查询界面中的排序方法应显眼且易于理解。②用户可根据需要选择排序方法，在缺省状态下推荐按主题相关性排序。当用户限定非主题字段查询时，应围绕该字段设定排序方法而不宜再按主题相关性排序。③排序功能应与限定字段查询或高级查询功能相结合。排序功能简单且易操作，适合缺乏查询经验的用户使用，但对具有查询知识的用户而言，采用限定字段查询或高级查询更为有效。④排序功能应与分面导航、分类导航功能相结合。把排序功能与分面导航、分类导航功能结合起来，非常适合缺乏查询经验或不熟悉查询主题的用户探索发现合适的记录，特别是在查询结果记录数量庞大或查询需求比较宽泛时，分面导航、分类导航能提供情境信息，帮助用户评价相关记录。⑤为了支持用户完成查询任务，系统在提供排序功能的同时，还应提供与查询主题有关的信息、用户产生的信息和与馆藏使用有关的信息，以帮助用户判断查询结果记录的相关性。

5.7.3　任务因素

5.7.3.1　支持不同阶段的查询任务

用户在完成查询任务的不同阶段用于判断查询结果记录相关性的指标会发生变化。主题指标是用户在各个阶段用于判断记录是否相关的主要指标，而在实现了主要的信息需求、查询重点转为补充新信息的任务后期，新颖性和兴趣性会成为比主题更重要的判断记录是否相关的指标[255]，而且随着查询的深入和主题知识的增长，用户用于判断相关性的主题指标本身也会发生变化，即用户在前后阶段所采用的主题指标可能差别很大，甚至有可能是完全不同的概念。

Taylor等考察了受试者在信息查询过程中不同阶段与影响相关性判断的指标之间的关系[241]。在整个查询过程中，受试者认为专指性、一般主题、内容深度/范围、信息量和兴趣是对相关性判断影响最大的几个指标。在信息查询的探索、形成、展示和选择阶段，有很多指标会影响相关性的判断，其中，在探索阶段受试者判断相关性时会比较多地考虑文献的时效性及其具体内容；在选择阶段受试者的兴趣起着决定性的作用；在展示阶段受试者关注的不只是主题内容，更关注信息的新颖性。因此，系统应根据用户查询任务的进展情况提供相应的排序规则，如在探索阶段要重点突出专指性，在展示阶段则要让位于新颖性；系统在提供排序功能的同时，还要提供分类导航和分面导航的功能，为处于查询任务不同阶段的用户提供情境信息，如通过分类导航把查询结果记录限定在特定类目中，或者通过出版时间分面把用户导向不同时期的记录。

5.7.4　用户因素

5.7.4.1　支持具有不同专业知识的用户

在信息查询过程中，用户用于判断查询结果记录相关性的指标会发生变化，而影响他们做出这种改变的因素很多，认知状态和需求情况的变化是其中的两个重要因素。如 Xu 和 Wang 研究的顺序效应[244]表明，必须提供与用户认知能力和子任务需求相适应的文献，才能帮助用户恰当地评价文献的相关性，准确地区分高平均主观相关性的文献；当用户的认知能力无法深入地处理文献或者子任务需求已得到基本满足时，他们不再通过中心路径去评价文献内容，而是根据外围路径做出判断。

因此，系统应提供与查询主题有关的专业知识以帮助用户判断记录的相关性。Ruthven 在测试了受试者自身的情况对相关性判断的影响后认为，受试者的专业知识、主题兴趣和判断相关性时的自信程度会影响他们在数量上把多少篇文献判断为相关文献[256]。Ruthven 还认为，具有较好专业知识的受试者在评价查询结果的相关性时会显得更有信心，能更准确地判断相关的记录，获取全文文献的数量明显要少得多[243]。

系统还应在排序功能之外为用户提供情境信息。例如，一个天文爱好者在查询"mercury"（水星、水银）时，系统如果将与天文、化学、生物、环境有关的查询结果列表按匹配算法排序的话，排序功能将完全失效。为了弥补这一缺陷，系统可以在查询结果界面中增加分面导航功能，通过分面体系为用户提供情境信息，帮助用户理解和选择查询结果；还可以在查询结果界面中补充用户产生的标签、评论、分级等数据，通过引入协作机制帮助用户判断记录的相关性。

5.7.4.2 支持具有不同查询知识的用户

为了便于具有不同查询知识的用户判断记录的相关性，系统应把排序功能与其他功能结合起来。①排序功能应与限定字段查询或高级查询功能相结合。排序功能操作简单，适合缺乏查询经验的用户，但对具有查询经验的用户而言，采用限定字段查询或高级查询功能更为有效。研究者还认为，把排序功能与限定字段查询或高级查询功能结合起来，能帮助用户更有效地选择查询结果[249]。②排序功能应与分面导航或分类导航功能相结合。缺乏查询经验的用户在查询过程中一般只会输入有限的几个查询词，很少选择限定字段，更少构建复杂的查询式；这些用户大多希望按相关性排列查询结果，当查询结果记录数量庞大时，大多不会扩大或缩小查询范围，只会浏览查询结果前几个页面的记录，而后面页面的记录则很少浏览。把排序功能和分面导航或分类导航功能结合起来，适合缺乏查询经验或不熟悉查询主题的用户探索发现合适的记录。

5.8 小结

本章从可用性角度探讨了支持探查的信息查询系统的七种功能,分别是支持调查行为的帮助功能,支持筛查行为的叙词功能、标签云功能、构建查询式功能,支持连接行为的分面导航功能,支持审阅行为的相关性评价功能,以及支持区分行为的排序功能。对每种功能首先从可用性角度讨论其作用,然后按其所影响及其支持信息查询系统可用性的系统、任务、用户情境因素展开分析。在系统因素中讨论了每种功能的类型、项目、结构、呈现等方面,然后总结该功能的设计原则;在任务因素中讨论了每种功能支持任务的不同阶段、复杂程度、需求明确程度等方面;在用户因素中讨论了每种功能支持用户的不同查询知识、资源知识、专业知识、个人属性等方面。通过研究,把信息查询系统可用性研究成果中支持探查的内容组织成一个知识体系,从中可以找到支持探查的信息查询系统可用性知识,可以发现支持探查的信息查询系统可用性研究中的薄弱环节,为信息查询系统可用性研究和信息查询系统支持探查行为的研究发挥基础性的作用。

通过本章的研究,还发现以下五个问题:

(1) 影响支持探查的信息查询系统可用性的因素很多且很复杂,必须根据具体的系统、任务、用户等情境因素而定。在信息查询过程中,即使是一个具有丰富的查询知识、系统知识、任务知识的用户也可能因为某一方面的问题而导致查询失败,而且各种情境因素还相互交织在一起发挥影响。因此,只有针对特定情境下可能存在的问题提出优化策略,才能提高信息查询系统的可用性。

(2) 在信息查询系统设计中,特别是在查询界面设计中,细节对系统可用性的影响非常微妙,细微的变化也有可能产生显著的影响。例如,在查询界面中,当查询框设置得比较长时,会鼓励用户输入更多的查询词;在查询框后附上简短的提示"请输入问题陈述",会使用户输入的查询式明显变长,这些细微的设计都有助于用户表达更明确具体的信息需求[211],本章内容中还讨论了大量类似的细节设计问题。因此,在信息查询系统设计中必须重视细节,而这些细节究竟有多大的影响则需要通过可用性测试来检验。

(3) 本章在收集有关信息查询系统可用性研究成果的资料时,发现许多研究成果的观点之间存在冲突甚至矛盾。例如,关于导航条在页面上放置位置的问题,关于标签云中标签字体是不是越大越容易被发现的问题,关于查询结果记录相关性判断中究竟应该呈现哪些项目、是否呈现越多项目越有利于判断相关性的问题。经笔者分析,之所以出现这些不一致的观点,主要原因有两个方面:一是研究的侧重点不同,二是研究中的情境因素有差异。为了保证资料内容的可靠性和客观性,本书重点收集采用可用性测试法取得的研究成果,控制采用可用性调查法或可用性检查法得到的研究成果,同时在书中也把这些有争议的观点反映出来,希望提供给后来的研究者参考。

(4) 本章按照支持探查的信息查询系统可用性理论框架,根据影响信息查询系统可用性的情境分面分类体系,对信息查询系统的七种功能分别按影响信息查询系统可用性的系统、任务、用户组面中的因素展开讨论。其中,在各功能的系统因素部分主要讨论了该功能对系统组面中的资源亚面、用户界面亚面、性能亚面因素的影响,但在论述中没有逐一明确地指出亚面的因素;而在任务因素、用户因素部分则明确提出了该功能对任务和用户组面中有关亚面因素的影响。从本书的研究看,采用支持探查的信息查询系统可用性理论框架组织信息查询系统可用性研究成果中支持探查的内容是可行的,其中,采用前一种方法即在每一功能下不明确列出对系统组面中亚面因素的影响显得整体性要强一些,更容易理解一些;而采用后一种方法即在每一功能下都明确列出对任务和用户组面中亚面因素的影响,则显得每一亚面因素的独立性要强得多,从中更容易发现研究的薄弱环节。

(5) 本章对每种功能按其所影响或支持的信息查询系统可用性的系统、任务、用户情境因素展开讨论,从中可以发现,学界对每种功能从系统因素方面展开的研究要深入透彻得多,而从任务、用户因素展开的研究则较为薄弱,如对每种功能应该如何支持不同阶段、不同复杂程度或不同需求明确程度的查询任务,应该如何支持不同系统知识、查询知识、专业知识的用户方面的研究都显得比较单薄,这一研究现状也导致本章内容在这两方面显得有些失衡。因此,如何加强对各种功能支持不同类型任务、不同类型用户的研究是研究者值得关注的方向。

第6章
信息查询系统支持探查行为的调查

6.1 调查目的

随着计算机技术的飞速发展和网络应用的日益普及,信息查询系统和用户利用信息查询系统的方式也发生了很大变化。为了使研究更具有针对性,本书采用可用性测试法,于2012年11月至2014年3月调查了广州地区排名比较靠前的7所高校的图书馆用户利用图书馆内外网络资源完成探查任务的情况。成功完成测试的受试者一共有46名,其中,计算机专业的受试者有28名、文史专业的有18名,受试者均有硕士研究生以上的学历。通过收集、分析测试数据可以反映出目前的信息查询系统支持探查行为的情况,从而为支持探查的信息查询系统可用性研究的理论知识与现实状况联系起来奠定了坚实的基础。调查的目的主要有两个:①用户在真实情境下利用图书馆内外的网络信息资源完成探查任务所体现出来的查询行为特点。②从可用性角度考察目前的信息查询系统支持探查行为的情况及存在的问题。

6.2 可用性测试的设计

可用性评价的方法可以分为可用性调查法、可用性检查法和可用性测试法三类[77]。本调查之所以选择可用性测试法作为主要方法,是因为可用性测试法可以让用户在比较真实的情境下使用信息查询系统完成任务,与可用性调查法、可用性检查法相比,能更加真实、准确地反映用户与系统的交互情况,检测信息查询系统的性能和发现其可用性问题,为改进信息查询系统的设计提供可靠的依据。

6.2.1 选择网络资源

大学是教学科研的基地、培养人才的场所,其图书馆拥有丰富的信息资源。本研究选择校址定位在广州地区,且以全国大学排名中比较靠前的 7 所高校的图书馆网络资源作为研究对象。之所以选择广州地区的高校,是因为广州是华南地区高校最集中的一座城市,地处广州地区的大学图书馆网络资源能在一定程度上反映华南地区高校图书馆的水平;同时,由于时间和经费的限制,选择广州地区的高校进行研究能够节约开支,易于控制测试进程。选取高校的依据主要是武书连主持的《2012 中国大学前 350 强排行榜》[①] 和中国校友会发布的《2012 中国大学评价研究报告》[②],从中选择排名比较靠前且招收计算机专业或软件专业、文学专业或历史专业研究生的高校,最后确定中山大学(以下简称"中大")(代码 ZD)、华南理工大学(以下简称"华工")(代码 HG)、暨南大学(以下简称"暨大")(代码 GD)、华南师范大学(以下简称"华师")(代码 HS)、华南农业大学(以下简称"华农")(代码 HN)、广东外语外贸大学(以下简称"广外")(代码 GW)和广东工业大学(以下简称"广工")(代码 GG)这 7 所高校。之所以要选择多所高校,是因为不同高校可能会有不同的网络资源以及网络资源的组织、使用和获取方法,在用户教育方面会采取不同的方法,不同群体的用户在交流中也会产生不同的效果,按学校来探讨用户的信息查询行为,能有效地了解其网络资源、网络资源组织和信息查询知识对用户完成探查任务的影响。

图书馆用户使用的网络资源可以分为一般网络资源和图书馆网络资源两类。一般网络资源包括通用搜索引擎、学术搜索引擎、百科网站等,是受试者完成查询任务的重要资源。图书馆网络资源包括图书馆网站、自建数据库、订购数据库和试用数据库等,是受试者完成查询任务的主要资源。图书馆网站中的资源导航系统对网络资源起着中介作用,它不但具有一定的信息查询功能,而且能把用户引导到各种网络资源中;自建数据库主要是各馆自建的书目数据库和特色库,如暨南大学图书馆的华侨华人特色数据库;订购数据库包括 CNKI、万方、IEEE、WOK 等网络资源。

---

① 参见武书连《2012 中国大学前 350 强排行榜》,见新浪网 http://edu.sina.com.cn/gaokao/2012-02-21/1504328080.shtml,最后访问日期:2019 年 8 月 1 日。

② 参见中国校友会《2012 中国大学评价研究报告》,见中国校友会网 http://www.cuaa.net/cur/2012/,最后访问日期:2019 年 8 月 1 日。

需要说明的是，本研究在这一部分之所以突出网络资源而不称之为信息查询系统，是因为有些网络资源如 CNKI 具有多个版本的信息查询系统，这些信息查询系统查询的都是 CNKI 资源；有些网络资源可以通过发现系统或联邦搜索直接查询，如利用发现系统查找 CNKI 的期刊论文，为了表述和统计的方便，本研究在这一部分用网络资源代称信息查询系统。

6.2.2 选择受试者

本研究测试中选择的受试者要求是广州地区 7 所高校中的图书馆用户，受试者的学历要求是硕士研究生、硕士毕业生、博士研究生或博士毕业生，理由是这些受试者在工作或学习过程中需要使用高校图书馆的网络资源。由于在测试过程中对受试者采用的查询方法、使用的网络资源没有做特别的规定，受试者可以自行选择熟悉的查询方法和网络资源，因此，通过测试受试者与网络资源的交互可以比较真实地反映这些资源对用户完成探查任务的支持情况。

受试者的专业限定为计算机或软件专业（简称计算机专业）、中文或历史专业（简称文史专业）。由于用户的查询行为受资源知识、查询知识和专业知识等的影响，选择均有硕士研究生以上学历的用户作为受试者，可以认为他们具有一定的资源知识，而差别就在于查询知识、专业知识的不同。这里假设计算机专业的用户比较容易理解查询知识，如数据库选择、查询词输入、查询词切分、字段限定、布尔逻辑查询、查询结果排序、二次查询、高级查询、专业查询的技巧，因而具有较好的查询技术；而与计算机专业的用户相比，文史专业的用户受专业的影响，查询技术相对要薄弱一些。

来自或毕业于每所高校每个专业的成功测试的受试者不少于 4 名。确定这一数据的依据是 Nielsen 和 Landauer 认为，在软件测试中只要测试 5 名用户就能发现其中约 80% 的可用性问题[257]。而对于一个大中型软件项目而言，选择 3 名用户进行测试发现可用性问题能实现成本效益最大化[36]。由于本文测试选择了 7 所高校的受试者，每所高校的受试者又可能来自两个专业，而且本调查主要是一项定性而不是定量的研究，受时间和经费的限制，选择每所高校每个专业的受试者不少于 4 名应该是合适的。

刚开始测试时主要通过老师、学生或图书馆工作人员帮助联系符合条件的受试者，这样选择的受试者学历高但数量有限；后来改在各大学校园网的 BBS 上发信息招聘符合条件的受试者，经电话、QQ 软件甄别后约定测试时间，这一方法效率高，但只能招聘到在校生。

在选定的 7 所高校中，由于有的大学没有招收计算机专业或文史专业的研究生，所以最后成功完成测试任务的受试者共 46 名。这样的样本数量在采用可用性测试法的同类研究中是比较大的。

6.2.3 设计探查任务

要设计一个相对真实而又具有一定代表性的探查任务，既要考虑用户的知识，又要考虑网络资源的情况，还要考虑各种情境因素。在本研究的测试中，设计探查任务时主要考虑了以下三个方面：

（1）探查任务应具有不确定性的特点。根据用户对查询任务的不同熟悉程度，信息查询可以分为两类：一类是陌生任务的信息查询，指用户对查询的任务模糊不清，对查询的主题知之甚少，对查询的结果无法预期；另一类是熟悉任务的信息查询，指用户对查询的任务有相当的了解，对查询的主题有相当的认识，对查询的结果有一定的预期[42]。本研究设计的探查任务要求受试者必须要通过两个阶段才能完成，第一阶段是了解查询任务的基本情况，通过查询信息逐渐明确查询任务的基本内容和研究状况；第二阶段是在第一阶段的基础上确定一个比较具体的研究方向或研究主题，然后继续查询直到认为找到的文献能支持研究主题为止。两个阶段中间的节点称为关键点[4]，在此之前可以看作了解查询任务的过程，在此之后是深化研究方向或研究主题的过程，当然，在关键点后还可能更改研究方向，这可看作对研究主题的修正。这样设计的目的是保证受试者对查询任务总处于一种不确定的状态，即使以前对查询任务有一定的了解，但要确定一个研究方向或研究主题，仍需要继续查询文献，即从任务设置上保证查询过程是一个探查过程。

（2）探查任务应具有趣味性的特点。设计的探查任务要求与受试者的专业相关，使受试者能以比较接近常规的方式完成查询任务，在查询过程中能感受到一定的专业趣味性；同时，还特别考虑了需要查询中外不同语种信息的问题，这涉及受试者如何使用中外文查询词和中外文网络资源的问题，也可以反映出中外文网络资源对受试者信息查询的支持情况。

（3）完成探查任务的过程应具有真实情境的特点。测试在用户熟悉的图书馆、实验室或学生宿舍进行，在解释查询任务时允许受试者利用搜索引擎或图书馆的网络资源，实际上是提醒受试者可以使用熟悉的网络资源、查询方法完成查询任务。受试者除了必须使用测试机外，可以说是在熟悉的环境里利用熟悉的网络资源完成查询任务，能够比较真实地反映受试者与图书馆内外网络资源的交互情况，揭示各种网络资源支持受试者完成探查任务的情况。

计算机专业受试者的查询任务是查询支持撰写有关"中文自然语言处理"

方面的论文的文献。自然语言处理研究的是人机之间通过自然语言进行有效交流的各种理论和方法，是整合计算机科学、语言学、数学于一体的研究领域。文史专业受试者的查询任务是查询支持撰写有关"汉学研究在美国"方面的论文的文献。美国的汉学研究可以追溯到18世纪，"二战"以后进入发展的快车道，其内容涉及对中国语言、文学、历史和风俗习惯等的研究。两个专业的受试者在完成相应的查询任务时，都需要在查询文献的基础上了解中外研究现状，与受试者已有的知识经验结合起来确定一个研究主题或研究方向（查询任务见附录二）。

6.2.4 收集数据

在受试者完成探查任务过程中，本研究的测试采用录屏软件和录音笔记录受试者与信息查询系统交互的屏幕和语音信息，此外还采用自言自语协议、访谈法和问卷调查法收集数据。

（1）录屏和录音设备。本研究的测试采用 Cisco 公司开发的录屏软件 WebEx Recorder 3.0 记录受试者与信息查询系统交互的屏幕和语音信息。WebEx Recorder 3.0 软件由录制、播放、编辑三项功能组成。录制功能可以录制屏幕窗口的打开和关闭、鼠标的移动和选取、信息的输入和网站的导航情况等，同时可以录制声音，运行中占用资源少，生成的 wrf 格式文件图像清晰。由于 wrf 格式文件不能在数据分析工具 ActivityLens 中播放，需要通过编辑功能转换成 wmv 格式的文件。采用新科 RV-22（4GB）录音笔记录受试者自言自语及其与观察者交流的语音信息，生成 MP3 格式的语音文件。

（2）自言自语协议。受试者在完成查询任务过程中一边操作一边说出自己的感受，通过录音笔记录下来，能真实地反映受试者与系统交互的感受，是可用性测试中比较常使用的一种方法。

（3）访谈法。在观察受试者完成查询任务过程中，就网络资源使用方法、查询中出现的问题和任务进展情况等询问用户，从中了解受试者的想法，访谈的内容通过录音笔记录下来。

（4）问卷调查法。在完成查询任务后要求受试者回答预先准备好的问题，由录音笔记录下来。这些问题包括受试者的个人信息、是否熟悉图书馆的网络资源、是否熟悉图书馆网络资源的查询方法、是否了解查询任务等等（见附录二）。

6.2.5 分析数据

本研究主要采用定性的方法分析各种网络资源支持受试者完成探查任务的

情况,主要的数据分析工具是 ActivityLens,在此基础上,对一些结构化的数据采用软件 SPSS 统计出定量的结果。

(1) 分析工具 ActivityLens。ActivityLens 是由希腊 Patras 大学开发的一款合作分析软件,可从网上免费下载使用。它能把测试中录屏软件和录音笔记录的屏幕信息、语音信息通过时间戳同步整合起来成为多媒体的数据集,从中观察受试者的行为,分析和发现可用性问题[258]。ActivityLens 把每名受试者的数据集称为一个项目,项目的核心是日志记录。最底层的日志记录叫事件级记录,每一条记录包括绝对时间、相对时间、行为者、行为、行为备注、行为类型和评论等项目,用于反映受试者与系统的每一个交互事件。在本研究的测试中,行为者分为系统、受试者和测试者;行为是用户与系统交互中的用户行为或系统行为;行为备注是对行为的具体描述或详细说明;行为类型是用户与系统交互中的探查行为,分为调查、连接、筛查、审阅、区分、提取等行为(见本书的 3.1.2)。利用 ActivityLens 能直观地同步处理多种媒体的信息,可以按行为者、时间顺序、行为类型分析和比较用户与系统交互的情况,其中,按时间顺序呈现的日志记录可反映用户与系统交互的全过程,按行为类型呈现的日志记录则为分析各种系统支持探查行为的情况、编写受试者利用网络资源完成探查任务的总结提供了依据。ActivityLens 界面不支持中文,统计功能比较弱。

(2) 统计软件 IBM SPSS Statistics 21。在本研究的测试中,把受试者的基本信息和录屏、录音设备记录下来的结构化信息,如查询时首先使用哪种网络资源、一共使用了哪些网络资源、使用了哪些查询词、使用了哪些查询技术、下载了哪些文献等,编码后输入 SPSS 中,利用其强大的统计功能输出定量的结果。

6.2.6 测试步骤

本研究测试的步骤如下:

第一步,招聘受试者。主要通过两种方式招聘受试者:一是通过老师、学生或图书馆工作人员帮助联系符合条件的受试者;二是在各大学校园网的 BBS 上发布信息招聘符合条件的受试者。最终选择了 56 名受试者,成功完成测试的有 46 名,每所高校每个专业成功测试的不少于 4 名(见表 6-1)。

表6-1 受试者基本情况之一

单位：人

代码	大学	数量	专业	性别	年龄	学历
GG	广工	5	计，5	男，4 女，1	≥30岁，1 <30岁，4	博，4 研，1
ZD	中大	9	文，5	男，4 女，1	≥30岁，4 <30岁，1	博，3 研，2
			计，4	男，1 女，3	≥30岁，1 <30岁，3	博，1 研，3
HS	华师	9	文，4	男，3 女，1	≥30岁，1 <30岁，3	博，4
			计，5	男，5	<30岁，5	研，5
GW	广外	4	文，4	男，3 女，1	<30岁，4	研，4
JD	暨大	10	文，5	女，5	<30岁，5	研，5
			计，5	男，3 女，2	<30岁，5	研，5
HG	华工	4	计，4	男，4	<30岁，4	研，4
HN	华农	5	计，5	男，5	<30岁，5	研，5
合计		46	计，28 文，18	男，32 女，14	≥30岁，7 <30岁，39	博，12 研，34

注：表中的"计"是计算机专业的简称，"文"是文史专业的简称；"博"是博士研究生或博士毕业生的简称，"硕"是硕士研究生或硕士毕业生的简称。

第二步，测试和收集数据。测试地点由受试者选定，主要是在受试者熟悉的图书馆、实验室或学生宿舍进行。测试时首先要求受试者阅读知情书（见附录一），接着由测试者进一步解释测试的内容和目的，受试者个人信息的使用范围及保护承诺，指出"参加本调查纯属自愿，不参加也不会有不良后果。受试者可以随时选择退出，如退出，所收集的信息将不会被采用"。然后向受试者出示测试任务，要求受试者在完成查询任务过程中采用自言自语协议，可随时与之交流。在完成查询任务后，要求受试者回答预先准备的问题。测试结束后向受试者赠送一个小礼物表示感谢。整个测试过程约60分钟，所有的交互信息用录屏软件和录音笔记录下来。

第三步，分析和处理数据。使用软件ActivityLens将录屏软件和录音笔记录的信息分解成事件级记录，以分析受试者与系统交互的情况，对部分比较有特点的受试者，编写其完成探查任务的总结；对需要定量分析的信息进行编码后输入软件SPSS中统计出相关的数据。

6.3 可用性测试的结果

6.3.1 受试者的基本信息

本研究成功完成测试的受试者一共有46名，受试者来自或毕业的大学、性别、年龄、学历的基本数据见表6-1。文中的高校代码用两位字母指代，计算机专业代码用字母J指代，文史专业代码用字母W指代，参加测试的每名受试者代码由高校代码+专业代码+流水号构成。如JDJ1是暨南大学计算机专业的第1名受试者的代码。

受试者自评及在测试过程中反映出来的对网络资源、查询方法、查询策略、查询任务的熟悉情况以及外语水平的高低、经查询后是否确定研究主题的情况见表6-2、表6-3。其中，表6-2是按高校、专业统计上述数据，表6-3是按学历、专业统计上述数据。需要说明的是，在全体46名受试者中，测试之前"了解""一般了解""不了解"查询任务的受试者分别有4名、6名和36名，即只有不到10%的受试者比较了解查询任务，但与其中4名"了解"的受试者深入交流后发现，他们只是听说过与查询任务有关的信息或者浏览过与查询任务有关的文献，没有一个受试者曾研究过与查询任务有关的课题。因此，即使这4名"了解"的受试者对查询任务有所了解，但要通过查询来确定一个研究方向或研究主题，其查询过程仍然是一个探查过程。

第6章 信息查询系统支持探查行为的调查

表6-2 受试者基本情况之二

单位：人

代码	大学	数量	专业	网络资源			查询方法			查询策略			查询任务			外语水平		确定主题
				熟悉	一般	不熟悉	熟悉	一般	不熟悉	具备	一般	不具备	了解	一般	不了解	好	一般	
GG	广工	5	计,5	5			3	2		3		2			5	1	4	3
ZD	中大	9	计,4 文,5	3		1	2	1	1	4			1	1	3	4	4	3
HS	华师	9	计,5 文,4	5	3		4	2	1	5	3		1	1	3	1	5	3
				2	1		2	2							4	3	1	1
GW	广外	4	文,4	4			4			2	2		2	1	1	2	2	2
JD	暨大	10	计,5 文,5	3	2	2	1	2	2	1	2	2	2		5	2	3	4
				1	3		1	4			4	1			4	1	4	3
HG	华工	4	计,4	4			4			4					4	1	3	2
HN	华农	5	文,5	5			3	2		5					5	1	4	4
合计		46	计,28 文,18	35	5	6	27	15	4	28	11	7	4	6	36	16	30	28

注：表中的"计"是计算机专业的简称，"文"是文史专业的简称。

表6-3 受试者基本情况之三

单位：人

学历	数量	专业	网络资源			查询方法			查询策略			查询任务			外语水平		确定主题
			熟悉	一般	不熟悉	熟悉	一般	不熟悉	具备	一般	不具备	了解	一般	不了解	好	一般	
硕士	34	计,23 文,11	17	3	3	12	7	4	14	5	4	3	1	22	7	16	14
			7	1	3	7	4		4	6	1	1	3	5	4	7	8
研究生 博士 研究生	12	计,5 文,7	5			3	2		3		2		2	4	2	3	3
			6	1		5	2		7				2	5	3	4	3
合计	46	计,28 文,18	35	5	6	27	15	4	28	11	7	4	6	36	16	30	28

注：表中的"计"是计算机专业的简称，"文"是文史专业的简称。

6.3.2 支持调查行为的情况

调查行为是信息查询的起点，其主要目的是通过正式或非正式的交流渠道了解信息查询任务的基本情况，掌握与任务有关的概要性或综述性文献，由此形成对任务的总体认识或确定任务所属领域的重点人物、关键性描述、相关资源等；与此同时，对任务进行分解，从横向和纵向上细分出不同的主题，进而制订出信息查询方案。在这里主要探讨的是如何明确查询任务、了解网络资源和使用系统帮助方面的内容。

6.3.2.1 明确查询任务

用户明确查询任务的方法有多种，在不熟悉查询任务时主要通过非正式交流和正式交流两种渠道来了解任务的基本情况。

非正式交流渠道是从与亲人、朋友、同行、老师或咨询人员等的交流中获取信息。在测试中，受试者提得比较多的是与同行或专家学者的交流，如受试者 HGJ2 在访谈中提到，研究生入学后他被导师要求跟着博士生师兄做课题。刚参加课题组时，师兄们给过他一份资料，其中列出了与课题有关的博士、硕士学位论文和国内外团队的研究成果。他在查阅这些文献后较快地掌握了研究的理论和方法，现正在师兄们的指导下边研究边实践，目前已确定了毕业论文的研究方向。而有些受试者在研究过程中或在获取文献遇到问题时也会向研究者、研究机构寻求帮助，相比较而言，高年级硕士生和博士生受试者在这方面会更主动些。

受试者很少提及其他的非正式交流渠道，如在利用图书馆网络资源遇到问题时，只有少数几名受试者会就查询或获取文献方面的问题咨询馆员，但没有一名受试者会就研究方面的问题与馆员交流。至于在网络交流中广泛使用的标签、分级、评论、分享等 WEB2.0 工具，大部分受试者的反映是用得不多，如只有几名受试者曾使用过分享工具，但没有一名受试者接受过来自师友或同行分享的文献信息。

正式交流渠道是通过信息查询来获取信息。在测试中，受试者主要是通过正式渠道如文献调查来了解任务基本情况的。通过正式交流渠道获取的文献类型主要是学位论文、综述性或评论性文献，除此之外还有书目记录、最近发表的文献、权威学者的著述和相关的网页等。例如，受试者 HNJ5 因为不熟悉查询任务，在查询"Chinese natural language processing"时会加上"survey"或"overview"等限制词；受试者 ZDW3 在 JSTOR 中查询"sinology america"时会把文献类型限定在"review",这两名受试者的查询行为都表明,他们非常明确查询目的是要了解任务的基本情况,希望得到的是综述性文献。

6.3.2.2 了解网络资源的渠道

由于网络资源的种类多、数量大,要从中识别和选择合适的网站资源并非一件容易的事[259]。受试者了解网络资源一般也是通过非正式交流和正式交流两种渠道。

在非正式交流渠道中,同行或师生间的交流对受试者了解网络资源起着重要的作用。如受试者 HSW1、HSW2 是两名同门博士生,在一年前还不了解读秀学术搜索平台(以下简称"读秀"),但现在都喜欢使用读秀,原因是在一次讨论中他们的"师兄推荐了读秀"。在访谈中,广外图书馆和暨大图书馆的受试者都表示用户教育很有用,能使他们"知道一些非常有用的数据库";而有些图书馆的受试者则称没有参加过图书馆举办的用户教育培训。

在正式交流渠道中,受试者主要通过图书馆的资源导航进入网络资源。图书馆拥有的丰富的馆藏资源必须通过资源导航展示出来并推荐给用户才能得到充分的利用,所以资源导航在图书馆网站建设中起着重要的作用。在测试中发现这七个馆的资源导航都存在一些问题,并没有很好地把资源展示出来,导致用户很多时候找不到合适的资源。这表现在受试者只会使用有限的几种熟悉的资源,很多时候不能找到合适的资源,而图书馆订购的大量资源却处于闲置状态。

例如,在 7 所大学图书馆中,进入中国学术期刊网络出版总库入口的名称就有 7 种,分别是"中国知网 CNKI"(广工图书馆)、"CNKI 中国知网(期刊网)"(广外图书馆)、"中国知网学术出版总库"(华工图书馆)、"CNKI 期刊/博士/硕士论文全文库"(华农图书馆)、"中国知网(CNKI)"(华师图书馆)、"CNKI(清华同方)– 中国期刊全文数据库"(暨大图书馆)、"CNKI 中国知网 – 中国学术期刊网络出版总库"(中大图书馆),名称不一致会导致用户无法查找到所需要的网络资源。又如,受试者 JDW2 记得他人曾向他推荐过一种可以查询外文期刊文献的数据库(暨大图书馆的外文期刊检索系统),可能适合查询"汉学研究在美国"方面的论文,但他忘记了这个数据库的名称。于是,他使用图书馆主页上的西文期刊导航、资源导航进行查询,然而始终不能找到他所需要的数据库。这个案例说明,利用资源导航查找名字不确定的数据库时存在困难,而要查找闻所未闻的资源时困难更大。所以,如何把图书馆资源展示出来并推荐给用户是一个需要深入探讨的问题。

6.3.2.3 使用过的网络资源

受试者在查询过程中可能使用同一网络资源的不同平台、不同文献类型的查询界面，为了不增加统计的难度，在本研究的测试中统计不区分使用同一资源的不同平台、不同文献类型的查询界面，如 CNKI 有多个平台的多个查询界面，在测试期中使用过 CNKI 的 KNS5.0、KNS5.5 和 KDN 平台的跨库、期刊、学位论文查询页面，这些页面又设置有简单查询、高级查询等界面，还可以使用 CNKI 的知识搜索引擎和 Scholar 搜索引擎，所有这些平台或界面均统计为 CNKI 一种资源，但在陈述中有需要区分时会做说明。

（1）首选网络资源。首选网络资源是指受试者为完成查询任务而首先选用的网络资源，是受试者在当前状况下认为完成查询任务最合适的资源。需要说明的是，当受试者使用搜索引擎或图书馆资源导航的目的是进入首选网络资源时，所使用的搜索引擎或资源导航不属于首选网络资源。从统计数据看（见表6-4），受试者使用的首选网络资源共有 11 种，其中，计算机专业受试者使用的首选网络资源有 8 种，文史专业受试者使用的有 5 种。CNKI 是被两个专业受试者使用最多的首选网络资源，共被 17 名受试者选用，占全体受试者的 37.0%；百度、谷歌排在第二、三位，分别被 7 名、5 名受试者选用。值得注意的是，谷歌、谷歌学术、维基百科作为首选网络资源共被 10 名受试者选用，占全体受试者比例的 21.7%，由于这三种资源在 2013 年 10 月以后不能正常访问而可用性测试还在继续，所以此后测试的受试者无法使用这三种资源，否则这三种资源作为首选网络资源的比例应能超过 21.7%。

表6-4 受试者的首选网络资源

单位：人

网络资源	计算机专业	文史专业	全体
CNKI	8	9	17
万方	1		1
维普	1		1
百度	7		7
百度百科	2		2
百度知道		1	1
谷歌	5		5
谷歌学术	3		3

续表 6-4

网络资源	计算机专业	文史专业	全体
维基百科	1	1	2
读秀		4	4
图书馆发现系统		3	3
合计	28	18	46

由于超过 90% 的受试者都不是很熟悉查询任务，为了尽快熟悉查询任务，有些受试者首选百度、谷歌、谷歌学术、维基百科等一般网络资源，查找一般性的介绍文章或综述性的资料，从中把握与查询任务有关的发展历史、研究动态、关键作者和关键机构，对查询任务有一定了解后再使用比较专业的 CNKI、WOK、IEEE、ProQuest 等网络资源。

受试者由于受到语言的制约，在查询不熟悉的任务时往往从中文网络资源开始。在首选网络资源中，除了谷歌、谷歌学术、维基百科 3 种外文的一般网络资源外，其他都是中文的网络资源，没有出现受试者的首选网络资源是图书馆订购的外文资源的情况。

（2）使用的网络资源。本研究的测试中的受试者共使用了 27 种网络资源，如果每一名受试者在完成查询任务过程中重复使用某一种网络资源计作一种的话，46 名受试者在完成查询任务过程中使用的网络资源种数合计为 167 种，人均使用 3.6 种（见表 6-5）。其中，CNKI 是被受试者使用最多的网络资源，被 87.0% 的受试者使用；接着是百度、谷歌和谷歌学术，均被 30.4% 的受试者使用；然后是读秀，被 21.7% 的受试者使用；百度百科、维基百科、WOK 也被 15.2% 的受试者使用。计算机专业受试者共使用 17 种网络资源，28 名计算机专业受试者在完成查询任务过程中使用的网络资源种数合计为 109 种，人均使用 3.9 种；文史专业受试者共使用 19 种网络资源，18 名文史专业受试者在完成查询任务过程中使用的网络资源种数合计为 58 种，人均使用 3.2 种。其中，CNKI 是计算机专业受试者使用最多的网络资源，被 85.7% 的受试者使用；接着是谷歌学术，被 50.0% 的受试者使用；然后是百度，被 46.4% 的受试者使用；谷歌也被 42.9% 的受试者使用。CNKI 是文史专业受试者使用最多的网络资源，被 88.9% 的受试者使用；接着是读秀，被 55.6% 的受试者使用；然后是图书馆书目查询系统，被 33.3% 的受试者使用；图书馆发现系统也被 27.8% 的受试者使用。

表6-5 受试者使用的网络资源

网络资源	文种	计算机专业 人次	计算机专业 比例	文史专业 人次	文史专业 比例	全体 人次	全体 比例
CNKI 中国知网*	中文	24	85.7%	16	88.9%	40	87.0%
万方数据知识服务平台	中文	4	14.3%			4	8.7%
维普中文期刊服务平台	中文	4	14.3%			4	8.7%
百度搜索引擎	中文	13	46.4%	1	5.6%	14	30.4%
百度百科	中文	6	21.4%	1	5.6%	7	15.2%
百科文库	中文	2	7.1%			2	4.3%
百度知道	中文	2	7.1%	1	5.6%	3	6.5%
谷歌搜索引擎	外文	12	42.9%	2	11.1%	14	30.4%
谷歌学术搜索	外文	14	50.0%			14	30.4%
维基百科	外文	6	21.4%	1	5.6%	7	15.2%
微软学术搜索	外文	2	7.1%			2	4.3%
必应搜索引擎	外文			1	5.6%	1	2.2%
读秀学术搜索	中文			10	55.6%	10	21.7%
图书馆发现系统	中文	1	3.6%	5	27.8%	6	13.0%
大成老旧刊全文数据库	中文			1	5.6%	1	2.2%
百链云资源	中文			3	16.7%	3	6.5%
图书馆书目查询	中文			6	33.3%	6	13.0%
Calis 西文期刊数据库	外文			2	11.1%	2	4.3%
IEEE 全文数据库	外文	6	21.4%			6	13.0%
Elsevier Science 全文学术期刊	外文	2	7.1%	1	5.6%	3	6.5%
WOK（Web of Knowledge）平台	外文	7	25.0%			7	15.2%
ProQuest 学位论文全文库	外文	1	3.6%	2	11.1%	3	6.5%
JSTOR 西文过刊全文库	外文			2	11.1%	2	4.3%
SpringerLink Journals	外文			1	5.6%	1	2.2%

续表 6-5

网络资源	文种	计算机专业		文史专业		全体	
		人次	比例	人次	比例	人次	比例
EBSCOHost 学术、商业信息数据库	外文			1	5.6%	1	2.2%
ACM（美国计算机学会）数据库	外文	3	10.7%			3	6.5%
HighWire 数据库	外文			1	5.6%	1	2.2%
受试者合计（人）		28		18		46	

注：*在本调查中资源名称采用简称，即表中资源名称的黑体字部分。

从网络资源的语种看，受试者共使用了 12 种中文网络资源。其中，CNKI 是被受试者使用最多的网络资源，在三大中文期刊数据库（CNKI、万方、维普）中处于一枝独秀的地位，正因为其被受试者使用得多，所以在本研究的测试中其被发现的问题也比较多；百度作为最大的中文搜索引擎，在受试者看来其在学术研究中同样起着重要的作用；读秀因能提供一站式的搜索服务及全文文献传递服务，在文史专业受试者中具有很高的声誉。如果不考虑一般网络资源和图书馆自建数据库，受试者可以选择的中文网络资源种数有限，特别是计算机专业受试者，除了三大中文期刊数据库外，可选择的余地很小。

综合来看，计算机专业和文史专业受试者共使用了 15 种外文网络资源。其中，谷歌、谷歌学术、维基百科的表现极为突出，分别被 30.4%、30.4%、15.2% 的受试者使用；此外，微软学术、必应也有受试者选用，这 5 种外文一般网络资源被受试者使用的比例远超过百度系列的一般网络资源。在图书馆订购的外文网络资源中，WOK、IEEE、ProQuest 分别被 15.2%、13.0%、6.5% 的受试者选用而排在前三位。

从网络资源使用者的专业看，虽然计算机专业受试者的人数多于文史专业受试者，但使用的网络资源种数却少于文史专业受试者，而人均使用的网络资源种数多于文史专业受试者。这里的解释是计算机专业受试者可以选用的网络资源种数不如文史专业受试者，但在完成查询任务时需要使用的网络资源种数超过文史专业受试者。这一现象可能与两个专业的特点有关，也可能与各馆的采购政策有关。Chowdhury 等的研究[19]认为，无论受试者的信息技术如何，不同专业的受试者在选择网络资源上都存在着信心不足的问题。从测试看，两个专业的受试者只使用有限数量的几种网络资源，在扩展使用不熟悉的资源时确实普遍存在着信心不足的问题。

在各专业受试者使用的网络资源中，CNKI、谷歌学术、百度分别被 85.7%、50.0%、46.4% 的计算机专业受试者选用而排在前三位；CNKI、读秀、图书馆书目查询分别被 88.9%、55.6%、33.3% 的文史专业受试者选用而排在前三位。表明不同专业的受试者在使用网络资源时具有一定的选择性。而在一些网络资源的选择上，不同专业的受试者存在很大的不同，如万方、维普、百科文库、谷歌学术、微软学术、WOK、IEEE、ACM 只有计算机专业受试者选用，而必应、读秀、大成老旧刊、百链、图书馆书目查询、Calis 西文期刊数据库、JSTOR、SpringerLink、EBSCOHost、HighWire 只有文史专业受试者选用。同样的，不同图书馆的受试者也存在很大的不同，有些图书馆的受试者会更多地使用某些网络资源，如广工图书馆的计算机专业受试者都选用 IEEE，而华师图书馆的文史专业受试者都选用读秀；有些图书馆开发的网络资源会被较多的受试者使用，如暨大图书馆的发现系统被 60% 的本馆受试者使用过。受试者选用网络资源具有不同特点，可能与其专业和资源类型有关，也可能与图书馆的采购政策和用户教育有关。

6.3.2.4　对网络资源的评价

受试者对查询结果的满意程度直接影响其对网络资源的评价。当受试者采用多种查询技术构建或重构查询式后仍无法得到满意的查询结果时，其对该网络资源的评价会很低。如受试者 HSW4 在 CNKI 中国期刊网中查询"篇名＝中国乡土　美国"时，得到查询结果记录数量为 7233 条，经过多种方法精炼查询式后，要么记录数量太多，要么记录数量太少甚至零记录，于是 HSW4 认为在 CNKI 中无法查找得到有价值的文献。同样的，HSW4 在读秀中查询"王德威"的文献时发现，在读秀中竟然找不到他的记录，由于王德威是一个著名的学者，HSW4 对读秀的评价较低。

另外还发现一个有趣的现象，文史专业和计算机专业受试者普遍都认为本馆购买的与本专业有关的网络资源不够用。如华师图书馆受试者 HSW4 认为本馆购买的数据库大都是理工科的，适用于文史专业的很少。这一感受与计算机专业受试者恰好相反，如广工图书馆受试者 GGJ2 认为本馆订购的与自动控制有关的数据库只有 CNKI、万方、维普和 IEEE，数量太少。这说明在图书馆用户看来网络资源总是不够用的，本专业的网络资源总不如其他专业的丰富。而从测试情况来看，每个专业的受试者往往只要熟练掌握有限的几种网络资源就可以完成查询任务，如在测试中表现突出的受试者 JDJ1 和 HSW4，他们也只是能够熟练使用有限的几种网络资源。

6.3.2.5 使用系统帮助的情况

帮助功能是网络资源提供的一种功能，目的在于帮助用户克服在查询过程中遇到的问题或更好地利用网络资源。凡是成熟的网络资源都会在查询界面上设置帮助功能，用于介绍网络资源的学科范围、资源类型、查询方法、获取渠道等；图书馆的资源导航还为每一种网络资源设置了详细信息页面，有多个图书馆还提供虚拟咨询服务、常见问题解答、读者在线教育课程等服务。从测试情况看，受试者在信息查询过程中虽然希望能经常得到系统或他人的帮助，但实际上却很少有受试者会主动利用帮助功能。大部分受试者在遇到问题时主要是通过试错的方法来解决的，少部分受试者通过搜索引擎来寻找方案，若仍不能奏效，则要么忽略问题，要么放弃使用系统。例如，受试者 JDJ1 熟悉 WOK 的收录范围和查询方法，能够使用通配符和布尔运算符构建复杂的查询式，他得到的查询结果记录数量太多，希望缩小查询范围时，曾反复尝试限定数据库或精确匹配查询，但都没有效果。由于受试者不会使用词组检索，在 WOK 界面上又一时找不到帮助的链接，只好转向百度查询"词组检索"，希望能从中找到解决方案。这说明 WOK 的帮助功能存在问题，当查询结果记录数量太多或太少时没有提供缩小或扩大查询范围的指引，当用户反复尝试某一查询行为时没有提供相应的帮助，而且帮助功能的链接位于界面的右上部，不够显眼，不容易被找到。此外，由于各种系统的"词组检索"方法并不是通用的，受试者即使在百度中查找到解决方案也不一定适用于 WOK。系统能否提供有效的帮助功能，如何促使用户主动使用帮助功能是一个棘手的问题，这也说明帮助功能的设计必须与用户的使用情境结合起来，认真考虑用户是如何使用帮助功能的才能提高用户与帮助功能之间的交互水平[167]。

6.3.2.6 目前的信息查询系统支持调查行为的情况及存在的问题

（1）系统因素。

1）图书馆网站提供的一些服务，如增加交流渠道、帮助明确查询任务、解决查询中遇到问题等利用率并不高。受试者在利用图书馆资源过程中出现问题时，很少通过网络咨询图书馆馆员；在网络交流中广泛使用的标签、分级、评论、分享等 WEB2.0 工具在信息查询过程中用得并不多；受试者表示，出现问题时希望能得到帮助，但很少主动使用帮助功能。

2）受试者主要通过资源导航进入网络资源，资源导航在图书馆网站中起着重要作用。7个馆的资源导航在资源展示方面都存在一些问题，导致有些受试者找不到合适的资源。

3）受试者使用的网络资源种数并不多。受试者首选使用的网络资源共有11种，CNKI、百度、谷歌排在前三位。受试者人均使用3.6种，CNKI、百度/谷歌/谷歌学术、读秀排在前三位。其中，中文网络资源12种，CNKI、百度、读秀排在前三位；外文网络资源15种，谷歌/谷歌学术、IEEE、维基百科/WOK排在前三位。

4）为了便于用户掌握主题领域的研究进展，查询结果记录除了要显示出期刊论文、学位论文等文献类型外，还要显示出综述类、评价类等内容类型，以便用户选择文献。

（2）任务因素。

1）受试者在查询不熟悉的任务时往往会从中文网络资源开始。在首选使用的11种网络资源中，除了谷歌、谷歌学术、维基百科三种外文的一般网络资源外，其他的都是中文网络资源，没有出现受试者首选使用图书馆订购的外文资源的情况。

2）为了尽快熟悉查询任务，有不少受试者会首选使用百度、谷歌、谷歌学术、维基百科等一般网络资源，查找一般性的介绍文章或综述性的资料，从中把握与查询任务有关的发展历史、研究动态、关键作者和关键机构，在对查询任务有一定了解后再使用比较专业的CNKI、WOK、IEEE、ProQuest等网络资源。

（3）用户因素。

1）两个专业的受试者在查询过程中都只使用有限种数的网络资源。当使用不熟悉的网络资源时普遍存在着信心不足的问题。计算机专业受试者人均使用的网络资源种数多于文史专业受试者。

2）两个专业的受试者使用的网络资源有区别。计算机专业受试者选用的网络资源中，排在前三位的分别是CNKI、谷歌学术、百度；文史专业受试者选用的网络资源中，排在前三位的分别是CNKI、读秀、图书馆书目查询。

3）受试者对图书馆网络资源的评价与查询结果的满意程度相关。当采用多种查询技术仍不能得到满意的查询结果时，受试者对该网络资源的评价就会很低。在一些受试者看来，本专业的图书馆网络资源都不够用，适合本专业的网络资源总不如其他专业的丰富。其实，每个专业的用户只需要掌握有限的几种网络资源基本上就可以完成查询任务。

6.3.3 支持筛查行为的情况

6.3.3.1 查询词的来源及选择

用户在查询一个不熟悉的任务时需要明确初步的查询目的,然后利用已有的知识将查询任务用语词描述出来,再通过与信息查询系统的交互找到合适的查询词。用户选取恰当的查询词是一个复杂的认知和决策过程。

查询词可以来自任务、用户、同行、系统词表、交互反馈或文献记录[260],可以是关键词、主题词、分类号、标题、作者、刊名或会议名称。为了统计测试中使用的查询词的情况,测试者对受试者使用的所有查询词进行了适当的整理,如将不同顺序的查询词"美国 师陀""师陀 美国"合并成一个查询词"美国师陀",将不同拼写形式的查询词"中文 自然语言处理""中文自然语言 处理""自然语言处理 中文""自然语言 处理 中文"合并成一个查询词"中文自然语言处理";另外,规定外文缩写词如"NLP""Nlp"或"NLP技术"不计入外文查询词中。通过统计整理后的查询词发现,全体46名受试者共使用查询词291个,人均使用查询词6.3个。其中,28名计算机专业受试者使用查询词184个,人均6.6个;18名文史专业受试者使用查询词107个,人均5.9个,计算机专业受试者人均使用查询词的数量多于文史专业受试者(见表6-6)。有31名受试者使用了外文查询词,这些受试者共使用外文查询词69个,人均使用外文查询词2.2个。其中,21名计算机专业受试者使用外文查询词54个,人均2.6个;10名文史专业受试者使用外文查询词15个,人均1.5个,计算机专业受试者使用外文查询词的人数比例和人均数量明显高于文史专业受试者。受试者使用的外文查询词主要来自正文、翻译工具、标题/摘要/关键词,也有一部分来自参考文献、自行翻译、系统提示。

表6-6 受试者使用的查询词及外文查询词数量

用词	计算机专业				文史专业				全体			
	人数	比例	数量	人均	人数	比例	数量	人均	人数	比例	数量	人均
查询词	28	60.9%	184	6.6	18	39.1%	107	5.9	46	100.0%	291	6.3
外文查询词	21	67.7%	54	2.6	10	32.3%	15	1.5	31	100.0%	69	2.2

两个专业的受试者使用最多的查询词见表6-7,其中,计算机专业受试者

3人及3人以上使用的查询词有7个,这些查询词共被56人次使用;文史专业受试者2人及2人以上使用的查询词有6个,这些查询词共被31人次使用。对查询词的来源粗略统计,可以发现,两个专业受试者使用的查询词中有近三成来自查询任务,再参考外文查询词的来源可以发现,其他查询词可能来自阅读正文、标题/摘要/关键词、参考文献以及系统提示。

表6-7 两个专业的受试者使用最多的查询词

序号	计算机专业	人次	序号	文史专业	人次
1	中文自然语言处理	18	2	美国汉学研究	7
2	自然语言处理	15	2	汉学研究	7
3	natural language processing	7	3	汉学研究在美国	6
4	中文自然语言	6	4	美国汉学	5
5	自然语言	4	5	汉学	4
7	自然语言处理综述	3	6	美国	2
7	NLP	3			
合计		56			31

明显地,受试者选取的查询词与其对查询任务的熟悉程度密切相关。受试者不熟悉查询任务时,其选用的查询词在字面上更可能与任务相关;熟悉查询任务后,其选用的查询词在字面上与任务有较大的差别。如受试者HSW3原本就对美国汉学研究有相当的了解,选用的查询词在字面上与"美国汉学研究"有较大的差别,他从"先秦史 美国"开始查询,其使用的查询词有"胡厚宣氏的<甲骨文与殷商史>""中国人的神化与神化观作为""高唐神女与维纳斯"。受试者JDJ4不熟悉自然语言处理的查询任务,在查询基础上确定了研究方向为"计算机语音识别处理方言"后,其使用的查询词有"计算机语音处理方言""computer speech recognition processing""computer speech recognition processing dialect"。

两个专业的受试者在选取查询词上有一定的区别,这反映在选择人名作为查询词上。文史专业受试者比较多地从作者或研究者的角度查找文献,也比较多地从作者或研究者的角度判断文献质量,这类人物有"Alden Kuln/孔飞力""Stephen Owen/宇文所安""顾立雅""费正清""史景迁"等40多位。相比较而言,计算机专业受试者从作者或研究者的角度查找或评价文献的情况要少得多,这类人物只出现过"Ronald N Kostoff""李德毅""冯志伟"三位,其中前两位曾用作查询词,而后一位是受试者所在学校的老师。通过测试可以发现,受试者对自己熟悉的或者是本机构的研究者会表现出特别的兴趣,相应地,信息查询系统应针对这一情况主动为用户提供本机构的与查询任务有关的人物,包括来自本机构的研究者或作为研究对象的本机构人物。

6.3.3.2 查询扩展

查询扩展反映了用户查询目标和查询策略的变化。在测试中,受试者使用的查询词除了来自查询任务外,还可能来自阅读记录或全文、受试者个人、系统提示及中外文转换,只有两名受试者 HGJ3、JDJ1 使用了 CNKI 的中英文扩展检索功能,没有发现受试者利用词表查词的情况。

(1) 受试者主要通过阅读记录或全文实现查询扩展,如受试者 HNJ5 在详细地阅读了《自然语言处理在信息检索中的应用综述》和《自动问答综述》两篇文献后,确定研究方向为"自动问答式邮件系统",其后使用的查询词如"中文分词技术""自动问答系统""自动问答系统 综述"都是来自这两篇文献。受试者个人的知识也是查询扩展的主要来源,如受试者 HSW4 在掌握了美国汉学研究的基本情况后,因为曾了解老舍的《骆驼祥子》在美国影响很大,认为其可以作为中国乡土文学在美国传播和接受的一个案例来研究,后来使用的查询词如"骆驼祥子""老舍 骆驼祥子""骆驼祥子的美国传播"都是来自受试者个人的知识。

有的受试者善于围绕查询主题逐渐调整查询词,如受试者 GWW3 在查询中使用过"汉学研究""汉学研究在美国""美国儒学""confucian""confucian study in American"等查询词,这一组查询词在主题上比较接近并且逐渐深化。他在浏览记录详细信息时还特别关注相关文献的信息,希望从中发现感兴趣的文献。但类似这样善于调整查询词的受试者并不多,大部分受试者都存在不知道如何进行查询扩展的问题。例如,受试者 GWW2 虽然会从百度百科、维基百科和谷歌出发了解查询任务的基本情况,熟悉 CNKI、读秀和大成老旧刊等图书馆资源,也会利用时间年代限定查询结果或二次查询,却不善于查询扩展。他从"美国汉学研究"开始查询,一直使用单个查询词"汉学""国学""新儒学"或"叶嘉莹",始终无法获取更深入准确的信息。

(2) 查询词提示功能是系统根据用户输入的查询词反馈的相关语词,可以出现在输入过程中,也可以出现在查询结果界面中,为用户提供查询词的输入提示、拼写检查和推荐功能。在测试中发现有些网络资源如谷歌学术、ACM、

IEEE以及图书馆自行开发的系统如资源导航系统、书目检索系统、期刊检索系统都没有提示功能，而谷歌、百度、CNKI、万方、EBSCOHost、WOK等网络资源都有这一功能。从测试结果看，查询词提示功能存在三个方面的问题：一是没有明确指出提示的查询词的来源，如在谷歌学术中输入查询词后显示的查询词提示列表中这些词并不是来自谷歌学术，而是来自Cache，系统对提示的查询词来源没有任何指引。二是采用查询词提示列表中的查询词进行查询时，仍有可能出现查询结果记录数量为零的情况。三是查询词提示功能缺乏记忆功能和情境因素，不能根据受试者以前输入的查询词或者目前任务进展情况提供恰当的查询词。

（3）在测试任务中特别强调受试者要关注国外研究的进展情况，因此，受试者如何选用外文查询词也成为本研究测试中的一个重点。通过用户访谈和测试过程判断，博士生受试者的外语水平要高于硕士生受试者，文史专业受试者的外语水平要高于计算机专业受试者。从表6-6看，计算机专业受试者使用外文查询词的人数比例和人均数量均明显高于文史专业受试者，表明受试者的外语水平高并不一定会在查询中使用更多的外文查询词。

受试者使用的外文查询词中（见表6-8），主要来自阅读正文、翻译工具、标题/摘要/关键词，小部分来自参考文献、自行翻译、系统提示。为了帮助用户获取外文查询词，信息查询系统除了要提醒用户注意阅读正文、浏览标题/摘要/关键词和相关文献外，还要提供必要的翻译工具，如在测试中受试者使用的外文查询词有32.3%来自百度翻译、谷歌翻译、CNKI翻译助手、必应翻译、Hao123翻译等工具。有的受试者除了使用这些工具翻译查询词外，还把外文转换成便于阅读的中文。

表6-8 外文查询词的来源

来源	计算机专业		文史专业		全体	
	人次	比例	人次	比例	人次	比例
自行翻译	2	9.5%	1	10.0%	3	9.7%
百度翻译	3	38.1%	2	20.0%	5	32.3%
谷歌翻译	1		0		1	
CNKI翻译助手	1		0		1	
必应翻译	1		0		1	
Hao123翻译	1		0		1	
百度	1		0		1	

续表 6-8

来源	计算机专业		文史专业		全体	
	人次	比例	人次	比例	人次	比例
系统提示	1	4.8%	1	10.0%	2	6.5%
阅读正文	13	61.9%	6	60.0%	19	61.3%
标题/摘要/关键词	7	33.3%	2	20.0%	9	29.0%
参考文献	4	19.0%			4	12.9%
使用外文查询词的受试者合计（个）	21		10		31	

在全体受试者中，约有 1/3 的受试者认为自己具有较好的外语水平，有 2/3 的受试者认为自己的外语水平一般或不好（见表 6-2）。从受试者的查询行为和访谈情况看，受试者自我感觉的外语水平不仅会影响其选用外文资源，也会制约其使用外文查询词或扩展使用外文词。如受试者 HSJ4 自认为英文水平不高，所以外文资源用得不多，他只会使用 IEEE 或谷歌学术；受试者 HGJ4 同样认为自己的英文水平不高，他虽然直接在谷歌学术中查询"natural language processing"，但在阅读外文文献时却不能找到感兴趣的主题。对于这类用户，系统应提醒他们从熟悉的语种开始查询文献。

6.3.3.3 构建查询式

查询界面提供的各种设置可以为用户构建查询式提供相应的技术支持。在本研究的测试中，共使用了 16 种查询技术；在全体 46 名受试者中，除 3 名计算机受试者外，其余 43 名受试者在构建查询式时均使用过一种或多种查询技术（见表 6-9）。其中，受试者使用最多的三种查询技术是字段限定、二次查询、时间年代限定，其比例分别是 47.8%、45.7%、39.1%；计算机专业受试者使用最多的三种查询技术是字段限定、二次查询、时间年代限定，其比例均为 44.0%；文史专业受试者使用最多的三种查询技术是字段限定、二次查询、分类限定，其比例分别是 61.1%、55.6%、44.4%。没有使用表中列出的查询技术的三名受试者 GGJ4、JDJ2、ZDJ2 都属于计算机专业，其中，GGJ4 熟悉常见的网络资源，能够熟练地在各种网络资源间切换，曾使用过查询词的切分；JDJ2 只使用过百度和 CNKI 两种网络资源，不熟悉图书馆的其他网络资源，缺乏查询扩展技术；ZDJ2 不熟悉图书馆网络资源，但熟悉维基、谷歌学术和微软学术等网络资源,他先查询这些熟悉的网络资源,再通过相关文献扩大查询范围,中间会链接到 WOK、ACM 下载全文,他在下载文献时没有意识到他使用的是图书馆订购的网络资源。以上数据表明,全体受试者都具有一定的查询知识,大都能构建复杂的查询式;与文史专业受试者相比,计算机专业受试者具有较好的查询技术的预设并不成立。

表6-9 受试者构建查询式时使用过的查询技术

查询技术	计算机专业		文史专业		全体	
	人次	比例	人次	比例	人次	比例
字段限定	11	44.0%	11	61.1%	22	47.8%
词间关系限定	5	20.0%	4	22.2%	9	19.6%
词频限定	1	4.0%			1	2.2%
多字段限定	5	20.0%	4	22.2%	9	19.6%
模糊-精确匹配	3	12.0%	3	16.7%	6	13.0%
时间年代限定	11	44.0%	7	38.9%	18	39.1%
核心/非核心限定	4	16.0%	1	5.6%	5	10.9%
资源限定	4	16.0%	4	22.2%	8	17.4%
文献类型限定	5	20.0%	7	38.9%	12	26.1%
分类限定	4	16.0%	8	44.4%	12	26.1%
分面限定	9	36.0%	4	22.2%	13	28.3%
其他限定	1	4.0%			1	2.2%
排序设置	5	20.0%	3	16.7%	8	17.4%
每页记录数量限定	1	4.0%			1	2.2%
二次查询	11	44.0%	10	55.6%	21	45.7%
查询历史组合			1	5.6%	1	2.2%
使用过查询技术的受试者合计(个)	25		18		43	

在测试中发现受试者使用查询技术时存在以下问题:

(1)缺省字段的设置存在问题。不同系统查询界面设置的缺省字段可能不

第6章 信息查询系统支持探查行为的调查

同,但同一系统查询界面设置的缺省字段也可能不同。例如,CNKI查询界面设置的缺省字段可能是全文、题名或关键词。又如,CNKI在其跨库检索界面设置的缺省字段是"关键词",但输入查询词进行查询后查询结果概览界面的缺省字段变为"题名",这一改变会妨碍用户解读查询结果和重构查询式。

(2)输入框或查询按钮的设置存在问题。如受试者HSW4在CNKI中构建查询式时,只会在同一查询框中输入一个或若干个查询词,不会改变缺省字段或把查询词分别输入两个查询框中,更不会改变词与词之间的关系或增加字段。问题的产生虽然与受试者的使用习惯有关,但也与系统设置有关,如界面设置的添加或删除字段按钮比较小,不容易引起受试者的注意也就不太可能被尝试使用,而且鼠标指标指向这两个按钮时系统都没有任何提示。有些系统的按钮名称设置不准确,如大成老旧刊查询界面有"搜索"和"结果搜索"两个按键,后一个按钮的标识不明确,如改为"在结果中搜索"就比较容易理解。

(3)词间关系不明确问题。不同系统对查询词组是否进行切分有不同的处理方法,甚至同一系统也存在不一致的现象。受试者因为不能确定系统是否对词组进行切分,所以在输入词组时会在词组中间加入空格,甚至改变词与词之间的顺序。如受试者HGJ2在CNKI中查询"词性标注的发展趋势"后,把词组拆分为"词性标注 发展趋势"继续查询,这说明即使是计算机专业受试者也不确定系统是否对词组进行切分,不清楚"词性标注的发展趋势"与"词性标注 发展趋势"有什么差别。如果系统能揭示出这一差别,如分别列出以每个词进行查询的记录数量则可以在一定程度上消除用户的疑虑。在CNKI的不同平台或查询界面中对词组是否进行切分也有不同的处理方法,如受试者GWW3在CNKI跨库检索系统中分别把字段限定在题名、关键词、参考文献查询"美国儒学"时,都不能查找到《美国的儒学之旅》一文,后来才意识到CNKI跨库检索系统对词组不做切分,而是精确匹配。受试者HSW4在CNKI中国期刊全文数据库中曾尝试着分别查询"篇名=中国乡土 美国""篇名=美国 中国乡土"或"篇名=乡土文学 美国",得到的记录数量都超过7000,表明在CNKI中国期刊全文数据库中查询词之间的空格表示逻辑"或"的关系,这与搜索引擎或图书馆其他网络资源中查询词之间的空格表示逻辑"与"的关系不一致。CNKI对这种不一致没有提供任何查询策略上的建议,导致受试者无法有效地构建查询式,在查询结果记录数量过多时束手无策。

(4)系统缺乏帮助提示或者提示不明确的问题。如大成老旧刊提供按刊、按篇检索两种方式,缺省状态下是按刊检索。当受试者GWW2输入"刊名=新儒学"进行查询时,得到的查询结果记录数量为零,系统没有任务提示。有些系统的查询界面上提供了一些独特的功能，但对这些功能大多没有提供相应的帮助，导致用户不能理解或不会使用。如 CNKI 查询界面上提供的中英文扩展检索功能，在测试中只有受试者 HGJ3、JDJ1 能准确地理解其作用，在 CNKI 查询界面中设置的主题字段，只有受试者 HNJ2、JDJ1 能正确地说出其含义，其他受试者因为不了解主题字段的含义，所以在测试中难免出错。如受试者 ZDW2 在查询"关键词＝汉学研究　对外关系"时因为得到的查询结果记录数量太多，于是改为查询"主题＝汉学研究　对外关系"，表明 ZDW2 并没有理解关键词字段与主题字段的区别。

6.3.3.4　针对查询结果记录数量的处理方法

信息查询系统应能帮助用户选择查询词，构建查询式，扩大、缩小或改变查询范围，尽可能避免出现查询结果记录数量为零或查询出错的情况，无论出现任何查询问题，都应提供相应的帮助。例如，在 CNKI 中查询"篇名＝〈骆驼祥子〉美国"时，系统提示"您所输入的检索词含有'〈'或'〉'符号！"，虽然没有提供解决方案，但明确指出了存在的问题。在维基百科中查询"中文自然语言处理"时，得到的查询结果记录数量为零，其推荐是"可以新建这个页面'中文自然语言处理'，但应检查下面的搜索结果，看看是否有相同内容的页面已被创建"，这个明确清晰的指引指示用户可以采用的选项和一些例外的

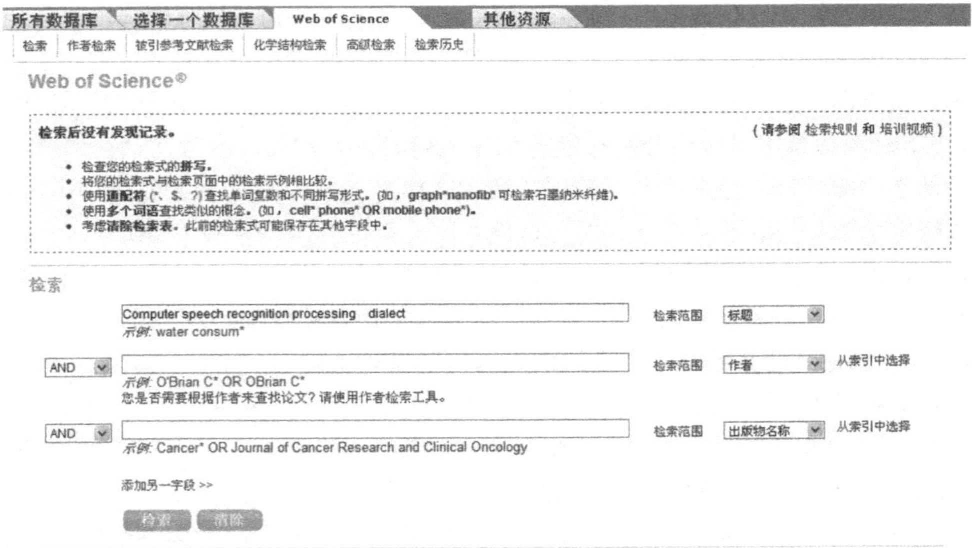

图 6-1　WOS 查询结果记录数量为 0 时的界面

内容。在 WOS 中查询"标题 = Computer speech recognition processing dialect"（见图 6-1）时，得到的查询结果记录数量为零，这时查询结果界面提供五项推荐：检查输入的检索式拼写是否正确；比较检索式与输入框下的检索示例；使用通配符取代单复数或词形的变化；使用词组检索；清除检索式，并重新输入。此外，还提供与这五项推荐相关的"检索规则"链接和"培训视频"，使用户能得到更直观具体的指引。

但在查询过程中出现查询结果记录数量太多、太少或不相关的情况时，信息查询系统普遍存在以下问题：

（1）有的系统不提供指引。在图书馆自行编制的资源中，大多不提供这方面的指引，如受试者 JDW2 在查询"汉学研究在美国"时，曾逐一尝试使用图书馆主页上的书刊检索、数据库统一检索、云资源、期刊导航，查询结果记录数量均为零，这些系统均不提供任何指引。最典型的如各馆编制的资源导航全都不提供相关指引，如受试者 HGJ4 在电子资源导航页面的电子资源检索中查询"中文自然语言处理"或"自然语言"时，系统不仅不提供类似于发现系统的一站式查询服务，甚至不显示查询结果记录数量。同样的情况也出现在一些订购的网络资源中，如受试者 GWW4 在 CNKI 中查找著名汉学家"宇文所安"的文献时，由于误输入为"宇文所按"，在查询"关键词 = 宇文所按　追忆"时得到的查询结果记录数量为零，改变字段查询"题名 = 宇文所按　追忆"时记录数量仍为零，更正名字后查询"题名 = 宇文所安　追忆"时记录数量为 1，去掉"宇文所安"直接查询"题名 = 追忆"时得到大量的无关记录，在受试者围绕着"宇文所安"及其著述反复进行查询并且得到的记录数量太多或太少时，CNKI 都没有在查询词方面提供相关的提示。

（2）有的系统不提供扩大或缩小查询范围的方法。如受试者 HSJ4 在 CNKI 学术出版总库中查询"主题 = 自然语言"时得到的查询结果记录数量太多，改为查询"主题 = 自然语言处理"后得到的记录数量仍然太多。CNKI 虽然在界面上提供了多种限定功能，但系统没有明确的指引指示用户使用这些功能，受试者虽然是计算机专业的用户，但除了会补充查询词和二次查询外，竟不会使用系统提供的限定功能。看来，如何让用户尝试未使用过的功能值得进一步探讨。

（3）有的系统提供的指引缺乏情境因素。如受试者 JDJ4 在查询 WOK 时，尝试着分别查询"主题 = dialect""主题 = Computer speech recognition processing"和"主题 = Computer speech recognition processing dialect"，得到的记录数量均太多。WOK 在查询结果记录列表界面的左侧提供了精炼查询结果的设置，在界面的右上角有"帮助"链接,当查询结果记录数量为零时系统还会提供相应的处理方法,但系统明显缺乏更有针对性的、情境化的指引,用户只好在反复尝试中寻找解决方案。

(4)有的系统提供的指引缺乏智能化。如受试者 HSW4 具有较好的查询技巧和查询经验,他在 CNKI 中国期刊全文数据库中查询有关中国乡土文学在美国传播和接受情况的文献时,将时间限定在"1983—2013",期刊范围限定在"核心期刊",专辑导航限定在文史哲类,尝试着查询"篇名=中国乡土 美国""篇名=美国 中国乡土"和"篇名=乡土文学 美国",得到的记录数量都超过 7000 篇,但系统对如何处理庞大数量的查询结果却没有提供任何指引。在实际中,当用户一再尝试输入类似的查询词时,表明用户对查询结果不满意,这时系统应提供智能化的查询策略,而不应该让用户在反复试错中摸索。

6.3.3.5 目前的信息查询系统支持筛查行为的情况及存在的问题

(1)系统因素。

1)受试者共使用查询词 291 个,人均 6.3 个,其中,计算机专业受试者人均 6.6 个,文史专业受试者人均 5.9 个,计算机专业受试者人均使用查询词的数量多于文史专业受试者。受试者使用的查询词主要来自查询任务、正文、标题/摘要/关键词、参考文献、系统提示。

2)31 名受试者(占全体 46 名受试者的 2/3)使用过外文查询词,计算机专业受试者使用外文词的人数比例和人均数量明显高于文史专业受试者。受试者使用的外文查询词主要来自正文、翻译工具、标题/摘要/关键词,少部分来自参考文献、自行翻译、系统提示。

3)只有部分系统设置有查询词提示功能。查询词提示功能主要存在三方面的问题:一是没有明确指出提示词的来源;二是采用提示词进行查询时,仍可能出现查询结果记录数量为零的情况;三是查询词提示功能缺乏记忆功能和情境因素,不能根据受试者使用过的查询词或者目前任务的进展情况提供恰当的查询词。

4)在构建查询式时,除 3 名计算机专业受试者外,其余 43 名受试者均使用过 16 种查询技术中的一种或多种技术。在受试者使用过的查询技术中,字段限定、二次查询、时间年代限定排在前三位,其中,在计算机专业受试者使用的查询技术中,字段限定、二次查询、时间年代限定排在前三位;在文史专业受试者使用的查询技术中,字段限定、二次查询、分类限定排在前三位。测试中发现这些查询技术存在以下问题:缺省字段的设置存在问题,如在查询前和查询后缺省字段会改变；词间关系不确定的问题，如输入的查询词之间的空格即有表示逻辑"与"又有表示逻辑"或"的关系；输入框或查询按钮的设置存在问题；系统缺乏帮助提示或提示不明确的问题。

5）系统提供的功能没有得到充分使用。如没有发现受试者使用词表的情况；CNKI 查询界面提供了中英文扩展和限定主题字段的查询功能，这两种功能对完成测试任务都很有用，但分别只有 2 名受试者能正确使用。

6）系统不仅应帮助用户选择查询词、构建查询式，当出现查询结果记录数量太多、太少或为零时还应提供具体的帮助。但在测试中发现，在查询结果记录数量为零时有些系统如图书馆的资源导航不提供任何帮助，在查询结果记录数量太少或太多时有些系统不指示扩大或缩小查询范围的方法。此外，有些系统虽然提供帮助，但帮助的内容缺乏情境因素或未智能化。

7）系统应提供一些基本功能帮助用户构建查询式，如翻译工具或中英文扩展功能，通过交互反馈显示使用查询词、查询词组合以及各种查询技术后查询结果记录数量的变化，保存用户使用过的查询词、查询式，实现查询词、查询式在不同系统间的转换和使用。

（2）任务因素。

1）受试者选取的查询词与其对查询任务的熟悉程度密切相关。受试者不熟悉查询任务时选用的查询词在字面上更可能与任务相关，熟悉查询任务后选用的查询词在字面上与任务描述有较大的不同。

2）系统应为受试者提供与查询任务有关的本机构的人员，包括来自本机构的研究者或作为研究对象的本机构人员。

（3）用户因素。

1）受试者自我感觉的外语水平会在一定程度上影响其选用外文资源和使用外文查询词。自认为外语水平不好的受试者比较少用外文资源，也比较少用外文查询词，对于这类用户，系统应提醒他们从熟悉的语种出发查找文献。

2）两个专业的受试者使用的网络资源虽有差别，但使用过的网络资源种数均不多，特别是可供受试者选择的中文网络资源数量极为有限。因此，必须针对不同专业开展用户教育，提高用户的查询技术和获取专业信息的能力。

3）计算机专业受试者在计算机知识和资源知识方面明显优于文史专业受试者。表现在计算机专业受试者对数字图书馆、数据库、字段、运算符等概念大多有清晰的认识，在查询过程中需要限定数据库的范围或需要在不同数据库间转换时，普遍比文史专业受试者表现得更自信。

4）在查询知识方面，大部分受试者都具有一定的查询技术，能构建复杂的查询式，计算机专业受试者人均使用查询词及外文查询词的数量要多于文史专业受试者；但与文史专业受试者相比，计算机专业受试者具有较好的查询技术的预设并不成立。

5）不同专业受试者在选取查询词上存在差异。计算机专业受试者选择查询词时偏向于技术性的主题，如"分词""隐喻""人机对话"等；文史专业受试者选择查询词时偏向于人物、朝代的主题，人物主题如"孔飞力""伊维德""师陀"等，朝代主题如"先秦史 美国""明清杂剧研究""明清时期社会精英研究"等。

6）两个专业的受试者的查询技巧普遍需要加强。如受试者HNJ1只熟悉谷歌、谷歌学术和CNKI，对CNKI只熟悉高级查询界面，不懂得在其他查询界面间切换，不善于通过反馈进行查询扩展，在测试中下载了大量文献却不仔细浏览，导致浏览较长时间后仍不能把握查询主题。另外，有的受试者由于缺乏查询技巧，在查询之初即直接利用外文文献，花费了大量时间却不能确定研究主题。

7）受试者中，低年级硕士生与高年级硕士生，特别是博士生与低年级硕士生之间在查询技术上有很大的差别。高年级硕士生和博士生的查询经验相对比较丰富，对图书馆资源更为熟悉，查询策略更为有效。

8）受试者中，低年级硕士生与高年级硕士生，特别是博士生与低年级硕士生之间在判断文献质量上也有很大的差别，高年级硕士生和博士生能采用更有效的查询策略，更善于评价和选择文献。

6.3.4 支持连接行为的情况

6.3.4.1 进入资源

受试者在测试中一般通过六种方式进入网络资源：直接在浏览器地址栏中输入网址；利用搜索引擎进行查询，链接相关的网站；利用书签链接到网站；通过推荐的网址链接到网站；从一种网络资源链接到另一种网络资源；从浏览历史返回网站。

受试者最有可能直接输入网址访问的是谷歌、百度和大学网站，也有少数受试者能记住谷歌学术、维基百科和大学图书馆网站的网址，但没有一名受试者能记住图书馆网络资源的网址。受试者一般是通过图书馆网站主页或图书馆资源导航链接进入图书馆网络资源的，有些不习惯使用图书馆网站的受试者会通过查询搜索引擎、谷歌学术或微软学术的链接进入。由于测试中使用的是测试者的计算机，无法反映受试者使用书签的情况，但通过访谈，了解到大部分受试者都会利用书签保存经常访问的网站，如大学网站、图书馆网站和最常使用的网络资源网站等。需要说明的是，测试者在开始测试时为了方便受试者快速进入资源，曾把谷歌、百度、谷歌学术、维基百科、CNKI 和 7 所大学图书馆网站的主页设置为书签，但在测试了中大图书馆和华师图书馆的部分受试者后发现设置资源书签的效果并不理想。一是有可能误导用户使用某种资源；二是有的网络资源如 CNKI 有多个查询界面，假如受试者通过书签访问的是不熟悉的页面，反而会影响后续的操作。所以，在后来的测试中就删除了网络资源的书签，只保留了 7 所大学图书馆网站的书签。

从测试结果看，图书馆网站主页和图书馆资源导航是受试者进入图书馆网络资源的重要入口。在图书馆网站主页的显著位置应列出资源导航的链接，同时还要列出用户最常访问的网络资源的链接，包括一般的网络资源，如百度、谷歌、谷歌学术、维基百科以及图书馆网络资源的链接，以便用户能够快速地访问网络资源。

6.3.4.2　基准页面

基准页面是指用户熟悉的、反复访问的页面或者是迷航时必须返回的页面，在信息查询中起着路标的作用[261]。从测试结果看，最有可能成为基准页面的是图书馆主页、各种网络资源的查询页面、查询结果概览页面、查询结果详览页面和全文浏览页面。

由于受试者偏向于使用熟悉的页面，因此，图书馆网站和各种网络资源都必须慎重对待基准页面的界面布局、参数选项和功能设置的变化。例如，受试者 HSW4 习惯了华师图书馆网站旧版主页的界面，当他在新版主页上找不到书目检索系统时，只好通过主页的"回顾旧版"链接回到旧版主页，再从馆藏书刊目录查询进入书目检索系统。又如，华师图书馆的受试者利用 CNKI 时一般是通过图书馆网站的资源导航进入 CNKI 中国知网中国期刊全文数据库的，而在测试时，由于在书签中保存了 CNKI 中国知网中国学术期刊网络出版总库的网址，有多名受试者利用书签进入中国学术期刊网络出版总库后发现是不熟悉的界面，这时有的受试者会尝试使用不熟悉的界面，有的受试者则会通过其他途径进入自己熟悉的中国期刊全文数据库界面。

受试者主要根据使用习惯选择全文浏览方式。如在 CNKI 中可以下载 PDF 格式或 CAJ 格式的全文时，大部分受试者是根据个人习惯选择下载相应格式的文件的，此外还会考虑其他方面的因素：①与阅读器性能有关的因素，如 CAJ

文件阅读器可以在一个窗口中打开多个选项卡，显示多个 CAJ 格式文件（HSJ3）；PDF 格式文件也可以在 CAJ 文件阅读器中浏览（HSW1）；PDF 文件阅读器比较大众化，个人计算机上一般都会预先安装（JDJ5）；PDF 文件阅读器能以目录和缩略图形式显示文件，便于选择和跳转（JDJ5）；安装 PDF 文件阅读器后经常出现烦人的升级提示（HSW4）。②与文件有关的因素，如 CAJ 格式的文件比 PDF 格式的文件要小，感觉下载要快些（HSW1）；PDF 格式的文件浏览时经常出现乱码（HSW1），特别是注释和参考文献部分经常出现乱码（HSW4）；有的 CAJ 格式的文件不能下载，只好下载 PDF 格式的文件（HSW1）。

6.3.4.3 信息查询路径

信息查询路径是用户在信息查询过程中尝试经过的，通过基准页面联结起来的获取目标信息的途径。根据受试者在信息查询过程中所经过的页面及信息管理、信息使用的需要，可以将信息查询路径总结为如下七种（见图 6-2）：

① 基本路径	查询页面 →概览页面 →详览页面 →获取全文页面
② 简单路径	查询页面 →获取全文页面
③ 资源导航路径	查询页面 →概览页面 →详览页面 →链接到资源
④ 扩展路径 Ⅰ	基本路径 →基本路径
⑤ 扩展路径 Ⅱ	基本路径 →信息管理
⑥ 扩展路径 Ⅲ	基本路径 →信息使用
⑦ 完全路径	信息管理 →基本路径 →信息使用

图 6-2 信息查询路径

（1）基本路径是查询网络资源获取全文信息所经过的典型路径。从查询界面开始，经过查询结果概览页面、详览页面，目标是获取全文或全文链接。受试者查询 CNKI、万方、WOK 等资源时大多是沿着这一路径获取所需要的全文文献的。如受试者 HSJ4 在 CNKI 中查询"篇名=自然语言处理"时，在打开的窗口中显示查询结果记录列表，经过阅读和比较后从中选择《语义理解下的自然语言处理及信息检索模型》的记录，在打开的窗口中显示该记录的详细信息，在详细阅读摘要后选择下载 PDF 格式的全文并保存在硬盘中。基本路径具有如下四个特点：

1）基本路径经过的页面通过同一查询表达式联结起来。构成基本路径的四个页面隐含着用同一查询表达式查找、识别、选择和获取信息的过程，也可以看作对查询表达式进行处理的四个阶段。因此，应尽可能把查询表达式呈现在四个界面中，以便用户确定目前所处的位置、返回原位置或者改变查询路径。

2）每个页面都可能成为基准页面。基准页面为用户提供资源、来源、文献、内容的链接，也可以通过基准页面选择新的路径，以这些页面为基准页面会形成复杂的路径。在这中间受试者可能采用深度优先和宽度优先两种比较特殊的策略[261]。深度优先策略是指从查询页面开始到下载/显示/链接全文，每个页面只遍历一次、只处理一个事务的策略；宽度优先策略是指优先处理一个页面的事务，然后再处理其他页面事务的策略。前者需要下载更多的页面，需要更多的网络流量，但遍历的路径简单，不容易迷航；后者在比较中选择文献，能减少网络流量，但会形成环状路径，常常使受试者迷失方向。

3）基本路径经过的页面没有顺序性。受试者在基本路径中不一定从查询页面开始，因为受试者可以通过书签、推荐、分面导航功能或其他链接方式进入其中一个页面；受试者不一定在获取全文后结束路径，受试者在经过前面路径时可能选择放弃获取全文或者采用其他处理方式；受试者也不一定要经历完整的四个页面，因为有可能在其中一个页面就实现了信息需求或者放弃查询。

4）各种资源的基本路径经过的基准页面在窗口呈现上可以分为 CNKI 模式、WOK 模式和 EBSCO 模式三种（有些系统的显示模式可自主设定）。CNKI 模式指四个页面分别显示在不同窗口或同一窗口的不同标签页上（为了叙述的方便，不讨论显示在同一窗口的同一或不同标签页上的情况）；EBSCO 模式是四个页面显示在同一窗口上；WOK 模式指四个页面中的前三个页面显示在同一窗口上，获取全文页面显示在不同的窗口上。CNKI 模式的优点是显示出作为路标的四个页面，受试者易于在不同页面间切换，而且不同页面都能被浏览，便于比较和选择；缺陷是需要打开多个窗口，通过任务栏选择页面窗口时往往需要尝试多次才能找到。EBSCO 模式的优点是在一个窗口上可以按顺序显示查询页面、查询结果概览页面、详览页面和获取全文页面，符合用户的认知习惯，而且所有的页面都显示在同一窗口上，一个页面覆盖在另一个页面上，桌面显得比较简洁；缺陷是不利于比较查询式和查询结果记录，返回前面的页面时容易导致迷航，更严重的是容易造成误操作，因为有些受试者在放弃页面时习惯关闭窗口，即无意中退出了信息查询系统。WOK 模式的缺陷是不便于比较记录详细信息，特别是受试者在决定是否下载或获取更详细信息前，不便于反复比较各个页面。

（2）简单路径是从网络资源中获取信息的最短路径。基本路径中如果不经过查询结果概览页面、详览页面，直接从查询页面进入获取全文页面即为简单路径，如用户利用查询页面提供的下载排行、推荐信息或最新信息直接链接获取全文信息。

（3）资源导航路径是从信息机构提供的资源导航中查找合适的资源所经过的路径。资源导航路径从基本路径转化而来，但是利用资源导航路径得到的是资源链接，而利用基本路径得到的是全文信息。

（4）扩展路径Ⅰ是为获取同一主题的文献，查询相同或不同资源所经过的路径。资源的使用可以异步进行，如受试者JDJ1在查询WOK时，凡是不能下载全文的记录，将其DOI复制到谷歌学术中查询，看能否从中下载全文。利用扩展路径Ⅰ，有利于比较不同查询方法或不同资源收藏情况，在不同查询方法或不同资源之间取长补短；但用户需要熟悉各种查询方法和各种资源收藏情况，才不至于在查询过程中迷失方向。

（5）扩展路径Ⅱ是通过基本路径获取文献管理信息所经过的路径。文献管理信息可以是书目、索引或文摘，典型的如为特定的文献管理工具导入参考文献。

（6）扩展路径Ⅲ是通过基本路径获取文献信息所经过的路径。如复制文献的摘要或重要章节内容用于撰写学术论文，最典型的是在遍历基本路径过程中找到合适的查询词。

（7）完全路径是指从文献管理工具或查询得到的文献管理信息出发，通过基本路径获取文献信息，然后应用于学术研究所经过的路径。这一路径涉及信息管理、信息查询和信息使用，构成了完整的信息生命周期。

6.3.4.4 分面导航功能

分面导航功能是在基本路径的基础上能够扩大、缩小或改变查询范围，将用户引导到更合适的目标记录中去的设置。在受试者构建查询式或限定查询范围使用的各种方法中，时间年代限定、核心/非核心限定、资源限定、文献类型限定、分类限定、分面限定在一定程序上都可以看作分面导航，即通过选定某一分面及其类目达到限定查询范围的目的。从统计数字看（见表6-10），有34名受试者使用过分面导航，占全体46名受试者的近3/4，说明分面导航已成为受试者常用的一种查询功能。其中，计算机专业受试者中使用过分面导航的比例要远低于文史专业受试者中使用过分面导航的比例;博士生受试者中使用过分面导航的比例要远高于硕士生中使用过分面导航的比例。这两组数据结合起来,在计算机专业受试者中,无论是博士生还是硕士生,其使用过分面导航的比例都要低于文史专业受试者中使用过分面导航的比例,即计算机专业受试者在查询知识方面并不比文史专业受试者具有优势,甚至在一定程度上还处于劣势。

表6-10 使用过分面导航功能的受试者

单位:人

学历	数量	专业	使用过分面导航	
			使用过	没使用过
硕	34	计,23	14	9
		文,11	10	1
博	12	计,5	3	2
		文,7	7	0
合计	46	计,28;文,18	34	12

注:表中的"计"是计算机专业的简称,"文"是文史专业的简称;"博"是博士研究生或博士毕业生的简称,"硕"是硕士研究生或硕士毕业生的简称。

从测试情况看,受试者已比较了解分面导航的作用。如受试者 HNJ4 正在撰写有关鱼眼图方面的毕业论文,他在访谈中提到,在 CNKI 中查询文献时一定会限定在信息科技或工程科技类目范围内,否则查询得到的大部分会是生物学方面的文献。

喜欢分面导航成为受试者选择查询系统的一个理由。如受试者 ZDW3 之所以选择使用 JSTOR,是因为其分面导航中设有 Asian studies 的学科类别,便于限定查询主题。受试者 HSJ3 之所以选择使用万方,原因之一是万方在查询结果列表的左右两侧显示出各种分面导航的设置,在每个类目后面还显示出记录数量,便于选择链接和限定查询范围(见图6-3)。

在测试中也发现分面导航功能存在以下五个问题:

(1)一些分面导航标识不明显或存在歧义。如在 CNKI 查询结果概览界面中,选中的"分组浏览"项目以橙底白字反相显示,选中的排序项目以红色字体显示,两种功能的显示方式不统一。当鼠标指针指向分组浏览的标签名称时,提示"分组只对前4万条记录分组,排序只在800万条记录以内有效"会误导用户，有受试者就觉得奇怪，前4万条记录或800万条记录与查询结果记录数量之间有什么关系，为什么不能按查询结果的实际记录数量分组或排序？

图6-3　万方查询结果概览界面的分面导航功能

（2）分面导航操作不灵活或者不能与搜索功能无缝结合。如在CNKI的查询结果概览界面中，分组浏览只能选择一个项目，不能选择多个项目，不能通过再次点击去除选项。如受试者HNJ4在CNKI查询界面中设置期刊来源类别时，选择SCI来源期刊、EI来源期刊、核心期刊后会自动选择全部期刊（见图6-4），这是一个有问题的设置，他曾尝试编辑页面代码去掉这一设置但没有成功。受试者HSW4在CNKI中国期刊网中查询"篇名=美国　中国乡土"，时间限定在"1983—2013"，来源类别限定在核心期刊上时，查询结果记录数量太多，于是通过专辑导航限定查询在中国文学一类，但查询结果记录列表没有显示出记录，所以受试者以为查询结果记录数量也为0，于是将范围扩大到文史哲。这时受试者才留意到选择专辑导航类目后，系统自动把查询式改为缺省设置，即用户选择了专辑导航的类目后，查询式要重新设置。CNKI中国期刊网的关键词搜索与专辑导航不能实现无缝结合是个比较大的问题。与CNKI的专辑导航类似，大成老旧刊的分类导航与关键词搜索也不能无缝结合。大成老旧刊可以按分类进行浏览，也可以按查询词进行搜索，但两者不能实现无缝连接；在分类浏览后输入查询词查询即进行新的查询，在搜索后按分类浏览即重新进行查询，分类导航与关键词搜索不能起到互补的作用。

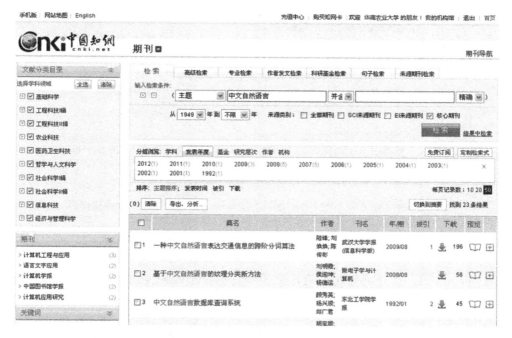

图6-4　CNKI 查询结果概览界面的分面导航功能（来源限定）

（3）使用分面导航后会出现查询结果记录数量为 0 的现象。如受试者 HNJ2 在 CNKI 的查询结果概览界面中，按作者或机构分组浏览时出现"此次检索结果无对应的分组数据"的提示。受试者 HSW4 在 CNKI 中查询"篇名 = 中国乡土　美国"时得到的查询结果记录数量太多，通过专辑导航将之限制在中国文学一类，查询结果记录数量为 0；限制在文史哲一类，记录数量也为 0。

（4）分面导航在页面上放置的位置不一致，不便于用户选择。如受试者 ZDW5 认为，利用 CNKI 查询结果概览页面（见图6-5）中的数据库选项限定查询结果快捷方便且易于理解；但受试者 GWW4 认为，CNKI 查询结果概览页面中的专辑导航放置在查询结果记录列表的左侧，而数据库选项放置在查询结果记录列表上方，两者位置不一致，不符合用户的使用习惯。

有些受试者不会使用分面导航。如受试者 HSJ4 在 CNKI 学术出版总库中查询"主题 = 自然语言处理"时，得到的结果记录数量为 4366 个。虽然 CNKI 在界面上也提供了多种分面导航设置，但受试者作为计算机专业的硕士研究生，在查询中只会通过增加或改变查询词来缩小查询范围，没有使用过分面导航。用户不使用分面导航，一方面与用户教育有关，另一方面也与设计上不能吸引用户使用有关。

图6-5 CNKI查询结果概览界面的分面导航功能（跨库检索）

6.3.4.5 目前的信息查询系统支持链接行为的情况及存在的问题

（1）系统因素。

1）受试者常以6种方式进入图书馆网络资源。最常见的是直接输入网址访问谷歌、百度和大学网站，通过搜索或链接进入图书馆网站，再利用图书馆网站主页的链接或资源导航进入网络资源。因此，在图书馆网站主页的显著位置上列出资源导航的链接，同时还应列出用户最常访问的网络资源的链接，包括图书馆网络资源及一般的网络资源如百度、谷歌、谷歌学术、维基百科的链接。

2）受试者在查询过程中最有可能利用的基准页面是图书馆网站主页、各种网络资源的查询页面、查询结果概览页面、查询结果详览页面和全文浏览页面。

3）受试者在信息查询过程中所经过的信息查询路径有7种。最常见的是从网络资源的查询界面开始，经过查询结果概览页面、详览页面、获取全文链接或全文的基本路径。基本路径经过的4个页面隐含着用同一表达式查找、识别、选择和获取信息的过程，以基本路径所经过的4个基准页面为基础，采用不同的查询策略可以形成复杂的路径。

4）各种资源的基本路径经过的基准页面在窗口呈现上可以分为CNKI模式、WOK模式和EBSCO模式。CNKI模式是4个页面分别显示在不同窗口上；EBSCO模式是4个页面显示在同一窗口上；WOK模式是4个页面中的前3个页面显示在同一窗口上，获取全文页面显示在不同的窗口上。每一种模式都有自己的优缺点，在设计上既要重视用户的使用习惯，又要方便用户自主设定。

5）分面导航功能是与基本路径相结合的一项设置。在测试过程中有34名受试者使用过分面导航,说明大部分受试者都认识到了分面导航的作用。测试中也发现分面导航存在一些问题:分面导航的标识不够明显或存在歧义;分面导航操作不够灵活或者不能与搜索功能无缝结合;使用分面导航后仍会出现查询结果记录数量为零的情况;分面导航在页面上放置的位置不一致,会妨碍用户选择。

(2)用户因素。

1)受试者偏向于选择熟悉的、习惯使用的页面,因此,图书馆网站和各种网络资源都必须慎重对待基准页面的页面布局、参数设置和功能变化。

2)有3/4的受试者使用过分面导航功能,说明受试者已基本接受了分面导航。受试者使用分面导航的原因有二:一是通过浏览类目就可以导航找到所需要主题的记录;二是每个类目后显示出符合条件的记录数量,便于选择。

3)计算机专业受试者中,无论是博士生还是硕士生,其使用分面导航的比例都要低于文史专业受试者,可以认为计算机专业受试者在查询知识方面并不比文史专业受试者具有优势。

6.3.5 支持评价行为的情况

用户在网络环境下查找信息是一件比较容易的事,但要评价信息、判断信息并形成自己的思想观点则困难得多。通过浏览系统呈现的项目、记录、记录顺序以及分类、分面导航等评价信息,涉及文献的项目、段落、章节和全文等内容,与用户的知识和经验息息相关,因此,评价信息本身就是一个非常复杂和困难的信息行为[262][225]。

6.3.5.1 浏览项目

受试者在选择是否浏览记录详细信息或下载全文信息时,会在浏览有关项目的基础上做出判断。如受试者JDJ3在CNKI的查询结果概览页面中除了关注记录的题名、作者等项目外,还会关注被引次数和发表时间,然后才决定是否进入详览页面,他虽然也会考虑期刊的级别,但并不将此作为主要因素。受试者HSJ1在CNKI的查询结果详览页面中浏览了摘要、关键词、作者、机构后才确定是否下载全文。受试者JDJ2在CNKI的详览页面中除了浏览题名、作者等项目外,还会阅读摘要和相关文献,然后才确定是否下载。有多名受试者会在CNKI的详览页面中浏览记录的参考文献和相关文献后才决定是否下载。受试者HGJ4在下载学位论文时,除了注意学位授予年度外,还会注意下载次数、被引次数、学位授予单位、是博士学位论文还是硕士论文等信息。从测试情况看,受试者选择哪些项目信息作为判断依据，与文献类型有关，也与用户习惯、任务阶段有关。

6.3.5.2 阅读全文

受试者阅读全文的过程涉及如何阅读文献、如何判断文献质量、如何提取有价值信息的问题，同时也涉及系统应提供哪些工具支持用户阅读的问题。通过测试发现，有的受试者非常注重阅读全文，通过阅读推进查询进程，这类受试者就比较容易确定研究方向；有的则不重视阅读全文，他们可能也具有较好的查询知识，但在确定研究方向时则进展缓慢。

通过阅读文献，从中提取关键词和重要内容。受试者 HSJ1 阅读了《中文自然语言处理的研究现状和发展趋势》的 PPT 格式文档全文前后达 13 分钟，虽然这只是篇 PPT 文档，但受试者认为其极为重要，可以从中提取关键词。他曾多次返回对照阅读并把文中的重要内容截屏保存在笔记文档中。

通过阅读文献发现感兴趣的信息。受试者 HNJ5 阅读了《自然语言处理在信息检索中的应用综述》的 PDF 格式文档前后达 7 分钟，从中找到一些与自然语言处理的应用有关的信息，但与中文有关的内容不多，认为后续要查找中文自然语言处理的文献。他还阅读了《自动问答综述》的 PDF 格式文档前后达 16 分钟，在阅读中发现了感兴趣的提问式搜索引擎 Weniwen 的链接并点击进入。

通过阅读发现感兴趣的文献。受试者 HSW3 浏览《中国神话学百年回眸》一文长达 6 分钟，在阅读中发现外国学者研究中国神话的第一部著作《中国人的神话观与神话》，他复制书名到读秀中查询下载。受试者还以该书为基础发现和下载了多篇感兴趣的文献。

从受试者的评价行为看，信息查询系统应提供以下相应的功能或工具支持用户阅读：

（1）系统应提供文献的篇章结构视图。受试者 JDW4 在浏览《试析美国汉学研究的演化及发展方向》一文的 CAJ 格式时，详细阅读了该文的摘要；在浏览《卫三畏与美国早期汉学的发端》一文的 CAJ 格式时，详细阅读了该文的摘要、目录和导言。受试者 JDJ2 浏览《汉英机器翻译中汉语上下文语境的表示与应用研究》的学位论文前后达 20 分钟，重点阅读了第一、二、三章的内容。系统应提供文献的篇章结构视图，便于用户在文献的各部分间切换。

（2）系统应提供支持阅读的工具。如受试者 JDJ5 在 Elsevier 中浏览 *An approach to automatic learning assessment based on the computational theory of perceptions* 的 HTML 格式文档长达 14 分钟，在文档左侧显示页面缩略图，便于用户确定当

前页面在文献中的位置,且便于在不同页面间快速跳转。受试者由于英文水平有限,把部分内容复制到谷歌翻译中对比阅读。受试者 HSJ5 浏览《基于自然语言理解的中文搜索引擎》的 NH 格式学位论文长达 7 分钟,由于论文篇幅较长,他利用 CAJ 阅读器的页面跳转功能直接跳到第 27 页。受试者 HSW1 浏览《比较文学视野下的海外汉学研究》的 CAJ 格式文档时长达 5 分钟,从中发现了两个比较重要的论著,于是在文中直接做标记,并转查这两篇文献。以上这些受试者的行为表明,信息查询系统应提供缩放工具、翻译工具、注释工具、页面跳转、记录关键词和章节内容等功能或设置,以支持用户阅读和获取信息。

6.3.5.3 呈现查询结果

在查询结果记录列表和记录详细信息页面中,究竟要呈现哪些项目、如何呈现项目是一个有争议的问题。例如,在 CNKI 的 KDN 平台的查询结果概览页面(见图 6-6)中,每条记录后的下载标志和预览全文标志分别放置在被引次数和下载次数的后面。受试者 JDW1 认为,这样的设置便于用户判断是否下载或预览,比旧版 KNS5.0 和 KNS5.5 放置在前面要好。下载标志最好是放置在下载次数的后面,这样可以和预览全文标志集中在一起。

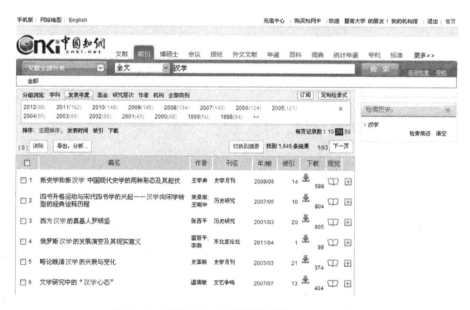

图 6-6 CNKI 查询结果概览界面(KDN 平台)

利用各种资源的基本路径经过时的基准页面所呈现的窗口,可以分为

CNKI、WOK 和 EBSCO 三种模式，每种模式的优缺点也有论述，这里只讨论如何把查询结果列表与记录详细信息整合在一起显示在一个页面上的问题。如暨大图书馆的数据库统一检索页面（见图 6-7）中，查询结果概览页面采用缩略结构把记录详细信息隐藏起来，在缺省状态下显示的是查询结果记录列表，当用户点击其中一个记录时，显示出该记录的详细信息，其他记录依次向后显示。受试者 JDJ3 认为这一显示方式很好地解决了在查询结果记录列表中如何显示记录详细信息的问题，既方便又易于理解。IEEE 的查询结果记录列表也采用类似的做法（见图 6-8），在正常情况下每条记录的文摘缩略显示，当点击 Quick Abstract 时才显示出文摘的内容。受试者 GGJ1 认为在查询结果概览页面中可以点击 Quick Abstract 浏览详细的摘要信息，也可以进入详览页面浏览包括摘要在内的详细信息，这一设置很有特点。CNKI 中国学术文献网络出版总库的查询结果概览页面也采用缩略显示的方式处理记录详细信息，当鼠标指针悬停在某一记录上时显示出该记录的关键词、文摘等详细信息，受试者 HSJ1 认为这一设置便于浏览。

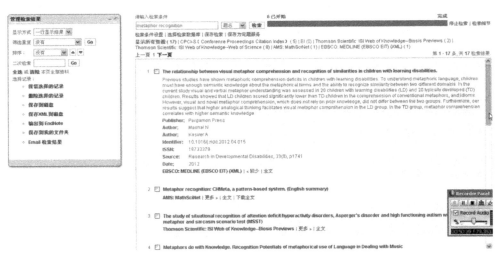

图 6-7　暨大图书馆数据库统一检索的查询结果界面

把查询结果记录列表与记录详细信息整合起来显示在一个页面上的做法比较少见，用户刚接触时觉得比较新奇，但效果如何值得关注。如 JDJ3 在指出其优点的同时认为，在查询结果记录列表中显示某一条记录的详细信息，其他记录依次向后显示，在屏幕上会产生跳跃感，也会增加翻屏的次数。有些网络资源在显示文件时存在标识不明确的问题。如从这些网络资源中查找得到的文件以自编号或序号作为文件名，在显示时缺乏识别性，在保存时需要另编文件名

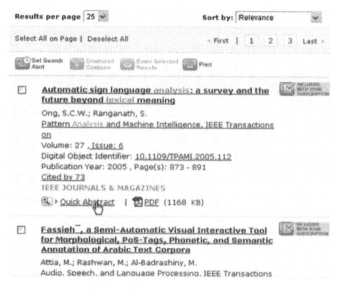

图6-8 IEEE查询结果概览界面——Quick Abstract

称。比较突出的是在读秀查询结果的 PDF 下载页面和阅读全文页面中，文献名称都是代码，受试者进入这两个页面时，尤其是在多个页面间切换进入这两个页面时，会产生一种不知道是什么页面的困惑。特别是在 PDF 下载页面，只列出卷代码和起止页码信息，甚至连页面标题都是代码。图6-9 是读秀《国外研究宋、明"新儒学"的简介》的 PDF 格式下载页面的截图。

图6-9 读秀的下载界面

6.3.5.4 选择和评价文献的指标

受试者在测试中反映出来的选择和评价文献的指标有以下九个：

（1）易理解性。为了尽快熟悉查询任务，受试者往往会从比较容易理解的文献出发，如利用百度百科、维基百科获取与任务有关的信息。如受试者 JDJ4 因为不熟悉自然语言处理方面的知识，以为是关于文学或语文教学中的方言问题，在查询了近 10 分钟后才明白是关于自然语言的计算机处理问题，于是通过搜索引擎链接进入"自然语言处理 - 百度百科"页面，在浏览该页面后又分别通过链接进入"汉字编码 - 百度百科""语音识别 - 百度百科"页面。他在选择链接这些页面时，重点是关注自然语言处理的基本内容，并没有特别考虑文献的类型和质量。

（2）与查询主题有关。从测试看，受试者最有可能从查询主题的角度评价文献。如受试者 JDJ5 之所以从 CNKI 中下载浏览《自然语言处理：方法与技术》，是因为该文与查询主题相关，这篇论文虽然发表的时间偏早，但受试者并不在意时间问题。受试者 JDW4 从 CNKI 的详览页面选择下载论文时，会浏览记录中的作者、标题、刊物等项目，判断是否与查询主题相关。

（3）与查询任务相关。受试者在评价文献时还会与查询任务结合起来。如受试者 HSW2 之所以下载《文学：活在百姓的精神诉求里》，是因为西方人在研究中国古代戏剧时视角比较独特，该文内容更具有参考价值。如受试者 GGJ1 在选择文献时，不仅会考虑文献涉及的理论范围，也会考虑应用效果，希望从中能找到解决问题的思路。

（4）与文献作者有关。文献作者也是受试者评价文献的重要依据。如受试者 JDJ5 通过浏览《自然语言处理的学科定位》，发现该文具有一定的价值，而且该文作者是本校的教授，于是连续下载了该作者的几篇论文。又如，受试者 HSW4 通过比较汉学研究的内容，特别关注普斯克、王德威等汉学研究权威人物的著作及对他们研究的评论。他还下载了《美国早期汉学研究的内容》，因为该文被收录在《当代国外中国学研究》中，其主编是这方面研究的权威。受试者 ZDW4 选择文献时特别关注作者的身份，他认为在目前情况下作者为博士研究生的论文都很少有创新，硕士研究生以下的论文价值不大，而副教授以上的论文相对来说比较有保障。

（5）可获取全文。能够获取全文也是受试者选择文献的一个因素。如受试者 HSJ2 从谷歌学术中选择了多篇可以链接到维普平台的记录，选择这些记录的原因除了其与研究主题相关外，还因为可以直接链接到维普平台下载全文。

（6）与论文结构有关。受试者 ZDW4 在评价论文质量时特别注意论文的结构,他认为论文的结构清晰则说明作者的思路清晰,如果一篇论文缺少序言、综述或论证部分,即格式不规范,则其质量高不了。

(7) 与刊物影响力有关。在测试中,高年级硕士生或博士生受试者在查询结果记录数量比较多或是对查询主题了解比较深入后,才会比较关心查询的是不是核心刊物,而不了解查询主题的受试者一般不会特别关心刊物的影响力。如受试者 JDJ3 在选择下载文献时除了考虑文献是否与查询主题相关、具有新颖性外,也会考虑刊物的级别,但不作为主要参考因素。而受试者 ZDW4 在浏览 CNKI 的查询结果记录列表页面时会考虑论文的出处,会特别关注是否发表在核心期刊、综合性刊物或者作者单位是重点大学的论文。

(8) 与文献类型有关。在测试中,有多名受试者提到不同文献类型如综述、学位论文、PDF 格式文献的重要性。如受试者 ZDW5 特别重视综述性的文献,他认为利用综述文献可以反映由此上溯几十年甚至上百年的研究主题的发展脉络,只要有两三篇好的综述文献就足以揭示出整个主题领域研究的基本情况。

(9) 与撰写论文相关。受试者在选择文献时,往往会与撰写论文结合起来考虑。如 HSW2、ZDW4、ZDW5 在查询中都很重视所选择的文献对以后撰写论文的影响,会为撰写论文的综述、章节或案例准备素材;相对来说,低年级的硕士生受试者在这方面的意识要薄弱得多。

6.3.5.5 选择文献的策略

受试者在测试中反映出来的选择文献的策略有以下四种:

(1) 多指标策略。受试者同时采用多个指标评价文献。如受试者 HSW1 在 CNKI 的查询结果详览页面浏览《从跨文化传播看戏曲对外国题材的移植》一文时,认为判断论文质量既要考虑论文是否发表在核心刊物上,又要考虑作者是否为名家。受试者 JDJ3 在 CNKI 的查询结果详览页面浏览《我国自然语言处理研究文献计量分析》的参考文献和相关文献后,才决定下载该文,说明他在判断论文质量时除了考虑查询主题、刊物级别外,还要考虑参考文献和相关文献。

(2) 优先策略。采用多个指标评价文献时,指标的引用具有先后次序。如受试者 HSW1 在查询不熟悉的主题的文献时,会选择比较宏观的、介绍基本情况的文献,在对主题有一定了解后会结合本人熟悉的古代诗歌、戏剧选择下载文献。

(3) 排除策略。采用一定的指标剔除掉不相关的记录。如受试者 HSJ2 在维普平台的查询结果概览页面中把明显不相关的、不能理解的记录剔除掉，从中选择与下载感兴趣的文献。受试者 HSW4 评论，之所以没有下载《施译〈骆驼祥子〉和中国文学走向世界问题》，是因为该文不符合论文的写作规范，没有摘要，不便于了解基本内容。而受试者 HSW2 之所以没有下载《朱有炖和〈西厢记〉》，是因为该文发表的时间太早了。

（4）少而精与大而全策略。受试者 HGJ4 在下载文献时采用的是少而精的策略，他在测试中只下载了 5 篇论文，但每篇论文都认真阅读并且做了详细的笔记。而受试者 ZDW4 采用的是大而全的策略，尽可能多地把符合条件的论文下载下来，以便后续阅读和选择使用，他在测试中一共下载了 16 篇论文。受试者 GWW3 认为，如果是研究项目的话他会大量收集与项目有关的论文，从中甄别观点，找到创新点，但因测试时间有限，只能下载有限数量的论文。

6.3.5.6 目前的信息查询系统支持评价行为的情况及存在的问题

（1）系统因素。

1）查询结果页面上的记录应呈现哪些项目、如何呈现是一个有争议的问题，测试中发现，记录中的许多项目都会影响受试者评价和选择记录。受试者一般会浏览记录的题名、作者、被引次数、发表时间、摘要和相关文献，会考虑期刊级别或学位授予单位、博士/硕士论文类型以及作者单位、职称和学历等信息。从测试情况看，受试者选择哪些项目的信息作为判断依据，与文献类型有关，也与用户习惯、任务阶段有关。

2）有些系统把查询结果记录列表与记录详细信息整合起来，在缺省状态下采用缩略结构隐藏记录详细信息的呈现方式，受试者刚接触时觉得在查询结果记录列表中点击记录后才显示出记录详细信息的设置新奇有趣，但在显示记录详细信息后其他记录依次向后显示，在屏幕上会产生跳跃感，不便于比较和选择。

3）系统应提供相应的功能或工具支持用户阅读全文，如提供文献的篇章结构视图、页面缩略图、缩放工具、翻译工具、注释工具、查找工具、页面跳转、记录关键词和章节内容等功能或设置，便于用户在文献的各部分间切换，支持用户阅读和记录信息。

（2）任务因素。

1）与查询主题、查询任务相关的是受试者评价文献相关性时经常采用的两个指标。受试者在浏览记录时会关注作者、标题、刊物等项目是否与查询主题相关；在评价文献时除了考虑内容范围和研究深度外，还会考虑与任务相关的应用效果和有效方法。

2）刚开始选择文献记录时，受试者由于不熟悉查询主题，会采用宽度优先策略，选择比较宏观的、介绍基本情况的文献；随着了解的深入，会结合已有的知识采用深度优先策略，选择比较具体的、专指的文献。

（3）用户因素。

1）受试者在评价和选择记录时会采用多种指标，通常会考虑文献的易理解性、与查询主题相关、与作者有关、与论文结构有关、与刊物有关、与文献类型有关、与撰写的论文有关、能否获取全文等因素。

2）受试者在评价和选择记录时会采用多种策略，如多指标策略、优先策略、排除策略、少而精或大而全策略等。

3）阅读全文直接影响受试者查询的进程。受试者通过阅读全文可以从中提取关键词和重要内容，发现感兴趣的文献和信息。善于阅读全文的受试者能较快地确定研究主题，不善于阅读全文的受试者往往进展缓慢。

4）不少受试者在评价和选择文献记录方面存在问题，表现在利用搜索引擎下载过多的 HTML 文档，说明在评价文献质量上有偏差；评价文献时只关注某些指标而忽视其他重要指标；只关注查询结果页面上记录本身的信息，基本不关注页面控制区及信息区的相关文献、相关反馈等信息。如何吸引用户注意查询结果页面上的信息，如何培养用户形成浏览文献以判断文献质量的习惯值得进一步研究。

5）低年级硕士生与高年级硕士生和博士生相比，在如何判断和选择文献上有着明显的差别。博士生表现得更有技巧和策略，这可能与受试者所受的科研训练相关。如受试者 ZDW4 是一名博士生，他具有丰富的学术研究经验，在选择论文、判断论文质量上表现出很高的素质。

6.3.6 支持区分行为的情况

6.3.6.1 查询系统的排序功能

区分是根据内容或质量筛选信息，这里是指根据一定的标准排列资源或记录，以便用户选择。从统计数据看（见表 6-9），分别有 5 名计算机专业受试者和 3 名文史专业受试者共 8 名受试者在测试过程中使用了排序功能。与分面导航功能相比，使用过排序功能的受试者的比例明显偏低。这一方面可能是受试者所使用的查询系统排序功能的设置比较合适，另一方面也可能是受试者认为其重要程度不如分面导航功能。从测试看，各种查询系统的排序功能主要存在以下六个问题：

（1）排序方法的次序标识不明显。如在 CNKI 中国学术文献网络出版总库的查询结果概览页面中，可以按相关度、发表时间、被引频次或下载频次四种排序方法对查询结果记录列表进行排序（见图 6-10），每种排序方法都可以按顺序或逆序排列，选中的排序项目以显眼的蓝底白字反相显示；但顺序排列还是逆序排列的标识不明显，受试者需要多次点击排序方法并浏览记录列表才能确定目前的记录列表是如何排列次序的。

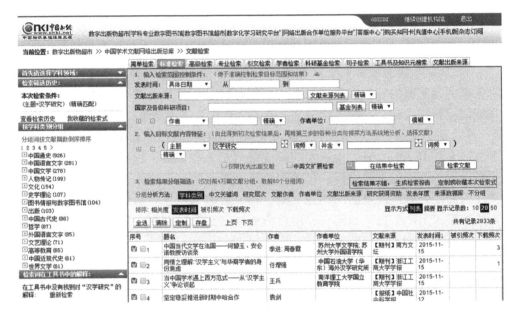

图 6-10　CNKI 查询结果概览界面的排序功能

（2）系统缺少某些排序方法。如受试者 GGJ1 在 IEEE 中查询得到许多阿拉伯语的记录，受试者认为如果查询结果列表能按语种排序会更便于区分和选择。这一问题也反映在查询结果详览页面中相关文献尤其是参考文献数量过多时，系统不提供相关文献的排序功能上。如受试者 HGJ1 在浏览查询结果详览页面中一长串的参考文献时就感到很困惑，不知道这些文献是按重要性、按文中出现的次序还是按先中文后外文的次序排列的，且系统没有提供排序方法。

（3）缺省设置的排序方法会影响使用效果。如受试者 GGJ5 在测试中使用了 IEEE 和 WOK，在缺省状态下前者的查询结果列表按相关性排序，后者的查询结果列表按出版时间排序。GGJ5 认为查询结果列表按相关性排序比较能适应当前的需要，而从 IEEE 转到 WOK 后，他经过好几轮查询才意识到 WOK 的查询结果列表排序方法不同于 IEEE。

（4）排序方法难以理解或者无法预期排序结果。如受试者 JDW2 在外文期刊检索系统中查询"Chinese study"时，对系统提供的按序号和按文章两种排序方法感到困惑，因为不知道这两种排序方法的含义及排序后可能出现的结果，尤其是按序号排序并没有实际意义。

（5）排序的结果不能反映用户需求。从理论上说，用户选择排序方法后显示在查询结果列表前面的应该是最符合用户需求的记录，但在测试中发现有些系统排序后位于查询结果列表前面的记录不一定是最相关的记录，甚至可能是无关的记录。如受试者 JDW2 在外文期刊检索系统中选择第一条记录后（见图 6-11），发现该文的内容是关于中国留学生在美国的跟踪研究，与汉学研究没有任何关系。也就是说系统虽然提供了排序功能，但只是按字面相关性而不是按文献内容相关性排序，不足以帮助用户判断文献的相关性。

图 6-11　暨南大学图书馆的外文期刊检索系统的概览界面

（6）系统提供的排序方法缺乏情境因素。如受试者 ZDW3 通过 CNKI 节点文献的作者"薛爱华"做链接查询时，共得到 79 条记录（见图 6-12）。让 ZDW3 感到奇怪的是，他查询的是作者为"薛爱华"的记录，为什么这些记录会分开排列呢？

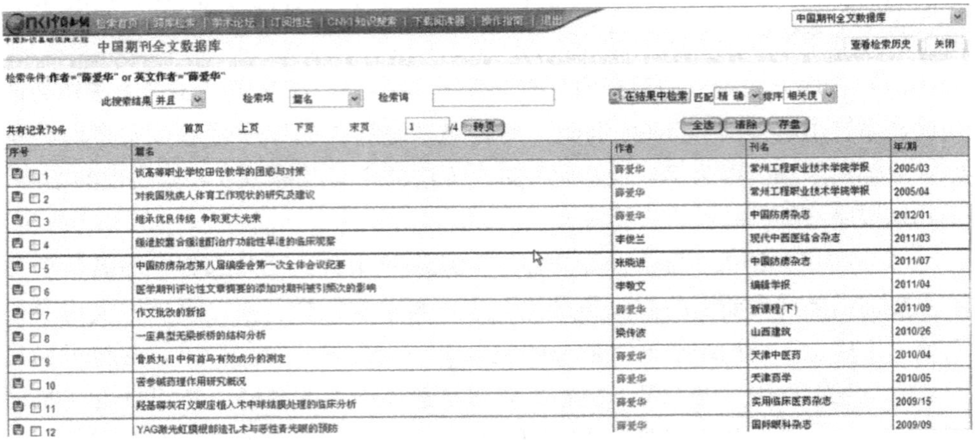

图6-12　CNKI查询结果概览界面的排序功能

6.3.6.2　目前的信息查询系统支持区分行为的情况及存在的问题

（1）系统因素。①在测试中共有8名受试者使用过排序功能，与使用过分面导航功能的受试者相比，使用过排序功能的受试者比例明显偏低。这可能有两个原因：一是系统设置的排序功能比较合适，受试者在测试过程中无须更改排序设置；二是与分面导航功能相比，受试者不那么重视排序功能。②有些信息查询系统的排序功能存在问题：系统缺少一些常用的排序方法，如缺少按语种或相关性排序的方法；排序方法的次序标识不明显，如不能明显区分查询结果是按顺序还是逆序排列；排序方法的含义难于理解或者无法预期排序的结果；排序结果反映的是记录与查询词的字面相关，不是主题相关；排序方法缺乏情境因素。

（2）用户因素。排序结果不能反映用户的需求，如在查询美国汉学研究的文献时，排在查询结果列表前面的是有关中国留学生在美国的跟踪研究的记录；排序方法没有考虑情境因素，如限定作者字段查询，查询结果却是按标题排序的。

6.3.7　支持提取行为的情况

6.3.7.1　下载的全文文献

受试者在查询过程中可能从查询结果概览页面点击与浏览某一记录的详细信息，下载某一文献或详细阅读文献全文。在这三种方式中，采用第一种方式的受试者比较多，在统计上存在困难。而采用后一种方式的受试者则存在较大的差别。有的受试者只下载有限数量的文献，如受试者HGJ4只下载了4篇，但详细地阅读了其中的 3 篇；而有的受试者则大量地下载文献，如受试者 GWW4 下载了 24 篇，却基本上没有详细阅读过。为了减少统计的难度和偏差，这里假定凡是受试者下载的文献都是与查询任务相关的文献，由于测试时间的限制，受试者可能当时无法阅读全文，但以后会抽时间阅读。还要说明的是，这里的下载包括保存在硬盘里的文献或没有保存但浏览时间超过 4 分钟的文献，因为浏览时间长一方面说明受试者理解文献存在困难，另一方面也说明文献与查询主题相关[128]。测试者认为浏览时间超过 4 分钟的文献等同于下载的文献，表明受试者至少已部分理解了该文献的内容并判断了其重要程度。

全体 46 名受试者共下载文献 447 篇，人均 9.7 篇（见表 6-11）。其中，28 名计算机专业受试者下载文献 286 篇，人均 10.2 篇，18 名文史专业受试者下载文献 161 篇，人均 8.9 篇，计算机专业受试者人均下载文献篇数多于文史专业受试者。有 19 名受试者共下载了外文文献 70 篇，人均 3.7 篇。其中，16 名计算机专业受试者下载外文文献 60 篇，人均 3.8 篇；3 名文史专业受试者下载外文文献 10 篇，人均 3.3 篇，计算机专业受试者下载外文文献的人数比例和人均下载篇数均高于文史专业受试者。比较受试者下载外文文献的数据与受试者使用外文查询词的数据可以发现，两个专业的受试者下载外文文献的人数比例均低于使用外文查询词的人数比例，即受试者可能会使用外文查询词进行查询，但不一定会下载外文文献。

在下载的所有文献中，PDF 格式的文献篇数最多，占总下载文献篇数的近 60%，CAJ、KDH、NH 格式的文献篇数也比较多，占总下载文献篇数的近 1/4；网页格式文献及其他格式文献篇数超过总下载文献篇数的 15%。这说明受试者普遍比较重视文献的质量，也说明 CNKI 资源在学术研究中的重要位置。

在下载文献的类型上，两个专业的受试者有一定的差别。计算机专业受试者下载 PDF 格式文献、网页格式文献的比例均要高于文史专业受试者，从 CNKI 中下载特定格式文献的比例要低于文史专业受试者；但从总体上而言，计算机专业受试者从图书馆订购的网络资源中下载文献的比例要远低于文史专业受试者，而从一般网络资源中下载文献的比例要远高于文史专业受试者。这可认为文史专业受试者更关注文献的质量，而计算机专业受试者更关注获取文献的快捷方便。由于文史专业受试者中博士生的比例高于计算机专业受试者，这也印证了博士生和高年级硕士生更具有评价文献质量的技巧和能力的判断。受试者使用网络资源的分析表明，计算机专业受试者选用百度、百度百科、谷歌、谷歌学术、维基百科等一般网络资源的比例均远高于文史专业受试者，相应地，这些受试者下载文献时选择网页格式文献的比例就高得多。

表 6-11 受试者下载的全文文献

文献类型	计算机专业				文史专业				全体			
	人次	比例	篇数	比例	人次	比例	篇数	比例	人次	比例	篇数	比例
PDF 文献的数量	27	96.4%	191	66.8%	14	77.8%	75	46.6%	41	44.1%	266	59.5%
CAJ、KDH、NH 文献的数量	13	46.4%	33	11.5%	11	61.1%	79	49.1%	24	25.8%	112	25.1%
Html 及网页文献的数量	21	75.0%	56	19.6%	4	22.2%	7	4.3%	25	26.9%	63	14.1%
其他类型文献的数量	3	10.7%	6	2.1%					3	3.2%	6	1.3%
受试者合计（人）	28	100.0%	286	100.0%	18	100.0%	161	100.0%	93	100.0%	447	100.0%

6.3.7.2 最常下载的文献

在计算机专业受试者下载的 286 篇文献中,下载超过 3 次的文献有 12 篇(见表 6-12),这些文献的下载量共 54 次,占该专业受试者下载量的 18.9%;文史专业受试者下载的 161 篇文献中,下载超过 2 次的文献有 11 篇(见表 6-13),这些文献的下载量共 31 次,占该专业受试者下载量的 19.2%。

表 6-12 计算机专业受试者最常下载的文献

序号	文献名称	篇次
1	《自然语言处理》(百度百科)	8
2	《自然语言处理》(维基百科)	7
4	《中文自然语言处理的研究现状和发展趋势》	6
4	《中文信息检索中的自然语言处理》	6
7	《自然语言处理技术的三个里程碑》	4
7	《论自然语言处理的发展趋势》	4
7	《自然语言处理技术在中文全文检索中的应用》	4
10	《自然语言处理的历史与现状》	3
10	《自然语言处理中的语义关系与句法模式互发现》	3
10	Segmentation standard for Chinese natural language processing	3
10	《国内自然语言处理研究热点分析——基于共词分析》	3
10	《自然语言处理中主题模型的发展》	3

从两个专业受试者最常下载的文献名称看,基本上是与查询任务相关的概念、介绍、综述、研究阶段、发展趋势一类的文献。其中,计算机专业受试者最常下载的文献中来自百度百科、维基百科有关《自然语言处理》的网页文档下载量排在前两位,表明百科类的一般网络资源在学术研究中特别是在了解研究主题方面发挥着重要作用。《中文自然语言处理的研究现状和发展趋势》是一篇由 PPT 转换而成的 PDF 文档,由于文献名称与查询主题紧密相关且可以从多个网站中找到,其下载量排在比较靠前的位置。文史专业受试者最常下载的文献中,通过查询读秀、CNKI 得到的文献占了绝大部分,与计算机专业受试者相比,他们更关注研究模式与不同历史时期的研究内容。在两个专业受试者最

常下载的文献中，只有一篇外文文献 Segmentation standard for Chinese natural language processing 是受试者 HGJ3、HNJ4、ZDJ4 通过查询谷歌学术后下载的 PDF 文档。

表6-13 文史专业受试者最常下载的文献

序号	文献名称	篇次
1	《美国汉学的历史分期与研究现状》	5
3	《试析美国汉学研究的演化及发展方向》	4
3	《美国汉学研究的选择性》	4
5	《美国汉学研究简述》	3
5	《论美国早期汉学研究》	3
10	《从"冲击—回应"到"中国中心观"看美国汉学研究模式的嬗变》	2
10	《费正清对美国中国学的影响》	2
10	《关于海外汉学研究》	2
10	《谈谈美国汉学的新方向》	2
10	《美国汉学研究综述》	2
10	《当代美国汉学研究模式的嬗变》	2

从两个专业受试者最常下载的文献中可以发现，文献的内容是否与查询主题相关是受试者选择下载文献的最重要因素，而标题是否明确突出和获取是否快捷方便也很重要，同时还涉及系统如何把这类文献推荐给用户的问题。

6.3.7.3 目前的信息查询系统支持提取行为的情况及存在的问题

（1）系统因素。①全体46名受试者共下载文献447篇，人均9.7篇。其中，计算机专业受试者人均10.2篇；文史专业受试者人均8.9篇，计算机专业受试者下载文献篇数多于文史专业受试者。②有19名受试者（占全体46名受试者的41.3%）共下载外文文献70篇，人均3.7篇。其中，16名计算机专业受试者下载外文文献60篇，人均3.8篇；3名文史专业受试者下载外文文献10篇，人均3.3篇，计算机专业受试者下载外文文献的人数比例和人均下载篇数均高于文史专业受试者。③在下载的所有文献中，PDF格式、CAJ/KDH/NH格式、网页格式的文献排在前三位，其中下载的PDF格式文献篇数占总下载文献篇数的近60%，说明受试者普遍比较重视下载文献的格式。

（2）任务因素。两个专业受试者最常下载的文献基本是与查询任务相关的概念、介绍、综述、研究阶段、发展趋势一类的文献。其中，计算机专业受试者最常下载的文献中，比较多的是来自百度百科、维基百科的网页格式文献；文史专业受试者最常下载的文献中，来自读秀、CNKI的占了绝大部分。

（3）用户因素。不同专业的受试者在下载文献时反映出一定的差别。计算机专业受试者从图书馆订购的网络资源中下载文献的比例要远低于文史专业受试者，而从一般网络资源中下载文献的比例要远高于文史专业受试者。这可能与文史专业受试者中博士生的比例高于计算机专业受试者有关，博士生和高年级硕士生更具有评价文献质量的技巧和能力，也可能与计算机专业受试者比较多使用一般网络资源有关，相应地，计算机专业受试者下载文献时选择网页格式文献的比例就高得多。

6.4 小结

本调查采用可用性测试法，在比较真实的情境下调查了广州地区7所高校图书馆的46名用户利用网络资源完成探查任务的情况。受试者均有硕士或以上学历，来自计算机和文史专业，完成的探查任务与受试者的专业相关，测试的地点在受试者所在的高校图书馆、实验室或学生宿舍内，使用的是受试者所在高校图书馆内外的网络资源，测试时间在60分钟左右。受试者在完成任务过程中与系统交互的屏幕和语音信息分别用录屏软件和录音笔记录下来；通过分析软件分解成事件级日志记录，利用日志记录反映受试者与系统交互的全过程；根据分析交互行为所属的支持探查的信息查询行为，将之归入调查、连接、筛查等行为中，从中研究信息查询系统支持探查行为的情况。本测试在同类型的研究[263~267]中，包括与Ellis（1989，1993，1997）的研究相比，所测试的受试者数量、信息资源数量以及对测试数据分析的细致程度都是比较少见的。测试结果也表明，这一调查能比较真实地揭示受试者利用网络资源完成查询任务的查询行为特点，可以比较真实地反映目前的信息查询系统支持探查行为的情况及存在的问题。

本章在分析测试数据时把受试者与系统的交互行为分为调查、筛查、连接、审阅、区分、监测、提取行为，以便进一步考察网络资源支持探查行为的情况。但在处理数据时发现，受试者在整个测试过程中基本上没有出现与监测有关的行为，也很少有受试者提到与监测有关的功能，这可能与受试者很少采用监测一类的行为或功能有关，也可能与受试者认为只是配合完成测试任务，故不主动实施监测行为有关。考察受试者在测试过程中的提取行为，发现这一行为比较多地与审阅行为结合在一起，在很多时候可看作判断查询结果相关性的延续，而且提取行为本身探索性比较少。所以，采用支持探查的调查、筛查、连接、审阅、区分五种基本行为就能够基本揭示出受试者利用网络资源完成探查任务的查询行为特点，这也在一定程度上表明，本书选择与探查行为关系最密切的五种行为展开深入研究是可行的。

本书在 6.3 节有关部分已分别对目前的信息查询系统支持调查、筛查、连接、审阅、区分、监测、提取行为的情况及存在问题做过小结，这里就信息查询系统支持探查行为的情况及存在的问题做一小结。

6.4.1 系统因素

（1）图书馆网络资源不足与得不到充分利用的现状同时并存。从测试结果看，全体受试者共使用 27 种网络资源，其中有 12 种是中文网络资源、15 种是外文网络资源。如果不考虑一般网络资源和图书馆自建数据库，受试者共使用 16 种图书馆订购的网络资源，其中有 6 种是中文网络资源、10 种是外文网络资源。在图书馆订购的 6 种中文网络资源中，计算机专业受试者使用了 3 种，文史专业受试者使用了 4 种，说明受试者使用的图书馆订购的中文网络资源种数确实有限，特别是对计算机专业受试者来说，除了三大中文期刊数据库外，再没有使用过图书馆订购的其他中文网络资源。受试者集中使用有限的几种资源，一方面可能是这几种资源足以满足信息查询需求，另一方面也可能是网络资源供给不足，用户只好集中使用有限的几种网络资源。测试过程中，从两个专业都有一些受试者抱怨本馆购买的与本专业有关的网络资源不够用来看，图书馆确实存在着网络资源不足的问题，但认真分析受试者使用的网络资源后发现，图书馆订购的有些中文网络资源并没有得到很好的利用，如 18 名文史专业受试者在测试中竟都没有使用过万方和维普；图书馆订购的外文网络资源中，有些资源被受试者使用的人次也不多。因此，可以认为图书馆网络资源不足与得不到充分利用的现状同时存在着，图书馆不仅需要订购更多的网络资源，也需要挖掘现有网络资源的使用潜能，这涉及如何推荐图书馆现有的网络资源给用户使用的问题。

（2）图书馆应按专业推荐网络资源。不同专业的受试者在使用网络资源时具有一定的选择性，如使用 WOK、IEEE、ACM 的都是计算机专业受试者，而使用读秀、百链、图书馆书目查询的都是文史专业受试者，但每个专业的受试者只使用有限的几种网络资源基本上就可以完成测试任务。因此,图书馆应针对不同专业的用户开展资源推荐或用户教育工作,在向用户推荐资源时不仅要推荐本馆订购的网络资源,还要推荐一般网络资源和自建数据库。在测试中发现搜索引擎、百科网站和本馆自建的发现系统在完成任务中发挥了重要的作用。

(3) 信息查询系统在帮助用户构建查询式方面存在诸多问题。如有些系统没有查询词提示功能,有些系统虽然有查询词提示功能,但提示的查询词缺乏情境因素,利用提示词进行查询时仍可能出现查询结果记录数量为零的情况。用户在构建查询式过程中需要用运算符联结查询词时,系统缺乏提示信息或者提示的信息不准确;当查询结果记录数量太多、太少或为零时,不能提示相应的查询策略,不能帮助用户缩小、扩大或改变查询范围等。

(4) 系统应支持分面导航功能、搜索功能、排序功能的无缝结合。在测试中发现,CNKI 的分组浏览功能只能选择一个项目,不能选择多个项目;选择专辑导航类目后,系统开始新一轮的查询。类似的情况还出现在多个图书馆网站的资源导航中,如暨大图书馆的资源导航可以在分面导航的基础上与首字母字顺导航结合,或者在关键词搜索的基础上与首字母字顺导航结合,但不能在首字母字顺导航的基础上与分面导航或关键词搜索结合,也不能实现分面导航与关键词搜索结合。系统不支持分面导航功能、搜索功能、排序功能的无缝结合,使用户不能顺畅地完成查询操作,这不仅会影响用户的满意度,也会使用户失去偶然发现的机会。

(5) 需要通过可用性测试发现系统存在的问题。图书馆网站提供的一些功能,如 WEB2.0 工具、网络咨询服务的利用率并不高;信息查询系统提供的一些功能,如帮助功能、词表功能、中英文扩展功能也存在着利用率不高的问题。测试中还发现有些信息查询系统或系统中的功能存在可用性问题,即便是著名的 WOK 提供的帮助信息也可能缺乏情境因素,而多个图书馆推出的资源导航不能帮助用户找到合适的网络资源,多个信息查询系统的分面导航功能、查询词提示功能都存在问题,这一方面表明这些系统的设计存在问题,另一方面也说明可用性测试的重要性。信息查询系统需要进行更多的可用性测试才能发现和修改存在的问题。

(6) 关注元数据的结构、呈现和交互。在测试中发现查询结果记录中的许多项目都会影响受试者评价和选择记录。受试者选择哪些项目作为判断依据、在评价过程中采用哪种策略,这不仅与查询的文献类型有关,也与任务阶段、用户习惯有关。有些系统把查询结果记录列表与记录详细信息整合起来,在缺省状态下采用缩略结构隐藏记录详细信息,在用户点击后才显示出来,受试者初次接触时觉得新奇有趣,但在显示记录详细信息后其他记录会依次向后显示,在屏幕上产生跳跃感,不便于用户比较和选择。

6.4.2 任务因素

受试者的行为特征明显地与正在完成的任务阶段相关。当受试者不熟悉查询任务时,其选用的查询词在字面上与任务描述比较接近;在熟悉查询任务后其选用的查询词在字面上与任务描述有较大差别。受试者在评价文献相关性时,通常采用与查询主题、查询任务相关的两个指标,但在不熟悉查询主题时会比较关注宏观的、介绍基本情况的文献,随着查询的深入会选择比较具体的、专指的文献。具体反映在受试者下载的文献上,由于超过90%的受试者都不太熟悉查询任务,因此,下载的文献中大多是与查询任务相关的介绍基本情况、研究阶段和发展趋势一类的文献。

6.4.3 用户因素

(1) 学术训练有助于提高查询知识。测试中发现,两个专业的受试者在查询技术方面没有明显的区别,计算机专业受试者在计算机知识方面要明显优于文史专业受试者,但在查询技术方面要优于文史专业受试者的预设并不成立。不同学历的受试者在查询技术方面表现出明显的差别。高年级硕士生特别是博士生与低年级硕士生相比有显著的区别,相比较而言,博士生受试者更熟悉网络资源,在选择查询词、构建查询式、评价查询结果上普遍优于硕士生。由此看来,学术训练是受试者提高查询知识的重要手段。

(2) 普遍需要提高资源知识和查询知识。大部分受试者掌握了一定的查询技术,但在资源知识和查询策略方面普遍需要加强。表现在虽然大部分受试者掌握了一种或一种以上的查询技术,但只使用了有限的几种网络资源,大多不善于利用信息查询系统提供的各种功能,在完成探查任务过程中不能够形成有效的查询策略。

(3) 系统应考虑用户的需求。系统在查询过程中要采用一定的方法掌握用户的信息需求。如在测试中发现,受试者对本机构与研究主题有关的人员特别感兴趣,系统如果能够为受试者提供与研究主题有关的研究者或作为研究对象的本机构人员,将会给受试者带来不一样的感受。又如,系统应根据受试者的专业,为计算机专业受试者提供偏向技术一类的提示词,为文史专业受试者提供人物、朝代一类的提示词。在测试中还发现,在有的系统中,当受试者选择作者字段进行查询时,查询结果的排序没有考虑查询需求,仍按缺省状态下的标题排序。

第 7 章
提高支持探查的信息查询系统可用性的策略

根据本书第 4 章支持交互的信息查询系统可用性原则、第 5 章支持探查的信息查询系统可用性的知识体系，在第 6 章目前的信息查询系统支持探查行为状况的基础上，本章针对支持探查的信息查询系统提出提高其可用性的指南及相关建议。

7.1 提高支持探查的信息查询系统可用性指南

根据前文的研究，本书总结出对支持探查的信息查询系统可用性有着直接影响的十个方面，用以指导支持探查的信息查询系统的设计和评价。

7.1.1 关注查询界面的细节

查询界面细小的设置、细微的变化都可能影响查询性能，查询界面的细节决定着系统设计的成败。如查询界面中查询框的长度会影响查询性能，当查询框设置得比较长时，会鼓励用户输入更多的查询词，表达更具体的信息需求；查询词提示功能中为提示词提供必要的解释会影响查询性能，提示词放置的位置也会影响用户使用的感受；查询结果列表中记录采用固定摘要比浮动摘要更有利于用户快速地完成查询任务，尽管采用固定摘要需占用更多的屏幕空间，用户浏览时也要更多地翻动屏幕，但用户浏览标题后确定是否显示浮动摘要和移动鼠标显示浮动摘要的开销要大于翻屏浏览信息的开销，并且直观显示记录的详细信息也有利于用户评价记录[268]；查询结果概览界面中的记录列表可以按线性组织也可以按分面显示，但采用分面显示能为用户提供丰富的分面类目的情境信息，使用户不用浏览记录标题，凭借类目名称就可以选择感兴趣的记录。鉴于查询界面细节的重要性，在设计查询界面时要注意以下几点：①要理解用户的认知模型，即用户是如何理解查询界面、如何与查询界面进行交互的。如在第 6 章的调查中就发现，WOK 等系统的查询界面、查询结果概览界面、查询结果详览界面都呈现在同一窗口上，很多受试者在浏览完记录详细信息后随手就关闭了窗口，导致无法返回查询结果概览界面及查询界面，这种设计虽然能够减少桌面上窗口的数量，但会妨碍用户比较查询结果记录或重构查询式，直接影响用户使用的效率和满意度。②既要遵循可用性的原则，又要打破陈规旧律，因为从本质上说设计查询界面不只是科学，更是艺术[218]。例如，在设计查询界面时，界面、界面元素及其操作方法要遵循一致性的原则，但遵循这一原则又要与具体情境结合起来，不考虑情境因素单纯地讨论一致性没有意义。③要重视可用性测试，通过测试来考察用户是如何与查询界面交互的，检测查询界面存在哪些可用性问题。查询界面的细节对用户的影响具体而微妙，而这种细节上的差异究竟有多大的影响必须通过可用性测试来检验。

7.1.2 查询界面应在简洁与复杂之间达成平衡

查询界面的设计应在简洁与复杂之间达成平衡，适度复杂的查询界面适合完成探查任务。自谷歌搜索引擎推出后，追求简洁的界面成为设计信息查询系统的一种潮流，这一方面是因为用户总是围绕着一定的信息需求展开查询，不希望受到查询界面太花哨的干扰，不愿意浏览不相关的信息，习惯地认为不会使人分心的界面就是有用的界面；另一方面是因为查询界面要适用于全球范围内不同类型的用户，就要尽可能做到简单直观且有预设性，许多设计者认为简洁的查询界面更容易被用户理解和接受。但在探查过程中，由于用户的信息需求模糊且复杂，查询目标多样且多变，为了适应探查的需要，查询界面应提供更多的功能和设置，界面相应要复杂一些。①设置支持探查的功能需要占用一定空间。例如，为了支持探查，信息查询界面除了要提供拼写检查、查询词提示功能、分面导航功能、排序功能外，还要把用户数据、馆藏使用数据整合进来，为用户推荐流通排行、热评排名、热门搜索、相关主题列表等信息。在第 6 章的调查中，受试者使用过的查询技术有十几种之多，这些技术在界面上都要占用一定的空间。②界面呈现的信息要与用户需求和任务需要相适应。例如，在呈现查询结果记录时，系统应根据当时的情境提供相应的记录项目及其排列次序，但由于用户的信息需求和任务需要处在动态变化之中，很难准确地把握需求变化和任务进展的情况，因此，在缺省状态下呈现的记录项目可以多一些，以便用户比较和选择记录。但记录呈现的项目并非越多越好，在很多情况下呈现太多项目反而会增加用户的认知负担，这存在着如何平衡呈现的项目与提高用户体验的问题。

7.1.3 帮助用户表达信息需求

利用多种手段帮助用户表达信息需求是完成探查任务的最关键的一个环节。无论探查任务的目标是否明确，选择查询词表达信息需求都是信息查询过程中关键的一环。用户们常常在表达信息需求上出现问题，如熟悉专业知识、了解查询知识的用户往往会自信地认为，自己提炼的查询词能够准确地表达信息需求，达到满意的查询效果；而不熟悉专业知识、不了解查询知识的用户则往往表现得无从下手，不知道使用哪些查询词来表达信息需求。许多查询失败者常常就是在选择查询词上出现问题，导致花费了大量的时间却没有得到理想的查询结果。为了帮助用户表达信息需求，系统可提供以下帮助：①提供适当的帮助机制，帮助用户学习查询知识、系统知识和专业知识，如在查询框中提示输入文本的样式，在查询框附近显示查询式的实例，在查询界面的适当位置设置帮助按钮，便于用户调用帮助功能；在机构主页或资源导航页面上应列出主要馆藏的标识，当鼠标指针指向馆藏标识时应显示出馆藏名称和收藏范围，点击进入后在合适位置上显示出各个馆藏的帮助信息；提供与查询词有关的作者及其机构、来源、查询主题的信息，有助于用户扩展查询范围，发现新的主题领域。②通过反馈机制为用户提供查询提示词，为提高提示词的相关性，需要引入控制词汇并补充更多的入口词。③为用户提供一些用于表达信息需求的功能或设置，如提供不同语种查询词转换的翻译工具或中英文扩展功能，提供提示查询词、显示词间关系的叙词功能或标签云功能，帮助用户理解信息需求的搜索引擎或百科网站链接，这些功能或设置都有助于用户表达信息需求，从中发现感兴趣的主题信息。

7.1.4 支持交互构建查询式

交互构建查询式能够帮助用户学习查询知识和任务知识，信息查询系统应鼓励、支持用户交互构建查询式。用户的知识状态可能既不了解查询知识也不熟悉查询任务，构建查询式存在诸多困难，而通过系统提供的查询预览、动态查询、搜索功能和浏览功能，可使交互构建查询式成为可能。支持查询预览有利于用户预先了解查询结果记录的数量和质量，随时更换查询词、重构查询式；支持动态查询能根据查询式的变化快速地显示查询结果，随时扩大、缩小或改变查询范围，从中发现新主题、新趋势；支持搜索功能、浏览功能的无缝结合可以把构建查询式、浏览查询结果、限定查询范围结合起来，通过关键词搜索完成目标明确的查询任务，通过查询浏览支持偶然性发现，有效提高查询性能。此外，还提出以下要求：①系统应在用户构建查询式过程中及时提供基于情境的查询策略。对于缺乏查询知识或任务知识的用户而言，采用有效的查询策略要优于构建复杂的查询式。如用户在开始查询时不能准确地表达信息需求，系统应在查询策略上提示用户从简单的查询词、查询式开始，通过查询逐步熟悉查询知识和主题知识，之后再构建复杂的查询式。②系统应在用户构建查询式过程中提供帮助，引导用户逐渐熟悉查询知识。如在用户不知道如何选取查询词时，系统应根据用户提交的查询式显示出提示词；当用户在查询框中输入逻辑运算符时，系统应显示出逻辑运算符的使用方法。第 6 章的调查发现，目前的信息查询系统提供的许多查询功能没有得到充分使用，有些功能在使用中也存在问题，如在查询结果记录数量出现异常时基本上不能提供具体的帮助。这些都表明，目前的信息查询系统在支持用户交互构建查询式上还有很大的提升空间。

7.1.5　支持分面导航功能

分面导航功能是信息查询系统的一项重要功能，是支持探查、优化查询结果的重要设置。整合在查询界面中的分面导航功能不仅可以为用户提供分面浏览信息的途径，而且可以提供分面探索查询结果的可能，特别是在查询结果记录数量比较庞大时，既可以根据分面及其选项对查询结果进行组织，以便用户评价记录，又可以根据分面及其选项对查询结果进行过滤，以便排除不相关的记录。把分面导航与关键词搜索、查询结果处理结合在一起，使用户易于在搜索功能、浏览功能之间切换，有利于探索查询主题、随时修改查询式、评价查询结果。分面导航可以为探查提供情境因素，通过组面、亚面及其下类目间的限定和转换，灵活地扩大、缩小或改变查询范围；分面导航与面包屑导航条的结合能揭示出选取的分面选项及其次序，明确查询结果所处的情境，还能随时去除或更改面包屑导航条中的分面选项。从第 6 章的调查看，目前信息查询系统的分面导航功能已被大部分受试者所接受，但仍然存在一些问题，为了提高分面导航的性能，还需要突出以下两点：①强调元数据规范控制的重要性。分面及其选项除了通过数据挖掘得到外，主要来自元数据或由元数据转化而来，因此，分面导航能否发挥作用在很大程度上取决于其背后的元数据的质量。这首先是要合理地选择元数据格式，应选择在专业范围内比较有影响的、适合信息内容和用户使用习惯的元数据格式。其次是要强调著录规则、著录内容的规范化。由于网络信息的剧增和元数据格式的多样化，学者们对规范控制的作用产生了不同的看法，有学者认为规范控制已失去了原有的意义，也有学者认为应该放宽规范控制。自 20 世纪 90 年代起，随着 FRBR 模型的提出，主题标目和分类标目的分面化，RDA 取代 AACR II，名称规范档、题名规范档和其他各种规范数据的建设，适应网络环境下规范控制需要的研究成果的出现表明，规范控制不仅应该存在，而且还有很大的发展空间，而这些成果都可以应用到分面导航中，成为发挥分面导航功能的重要保障[269]。②系统应为用户提供更多的分面选项。在信息查询系统中，许多与用户有关或与馆藏使用有关的数据都可以应用于分面导航，如用户个人信息，包括用户的年龄、专业、爱好；用户产生的数据，包括用户评价、标签、分级、推荐；与获取有关的数据，包括是否在馆、能否外借、外借费用；引用的数据，包括被引次数、下载次数；此外，还可以利用外部引进的数据，如来自 Amazon、LibraryThing 的使用数据，把这些数据转化为分面及其选项不仅有助于用户查找、识别和选择记录，还有助于引入协作机制，为具有共同兴趣爱好的用户获取信息提供新途径。

7.1.6 提供充分有效的反馈信息

系统不仅要提供充分的反馈信息，还要以恰当的方式引导用户利用反馈信息。相关反馈技术广泛应用在信息查询系统中，是系统为用户查询信息提供的一种重要帮助手段。它提供的可以是系统状态的信息，如查询出错的信息、目前使用的查询式；也可以是运行的结果，如查询结果记录的信息、下载保存的记录数量；还可以是有关交互的信息，如提示的相关查询词、推荐的查询策略等，这些信息对用户明确信息需求、构建查询式、提高查询性能有着重要的作用。但在第 6 章的调查中发现，两个专业的受试者都存在很少关注查询结果界面的反馈信息、不善于利用反馈信息重构查询式的问题，针对这一状况，要求：①系统要提供与情境相关的反馈信息。如当系统检测到用户重构的查询式长度变化比较大、查询主题缺乏连贯性时，应提醒用户不要轻易放弃查询式，并推荐相关的提示词，提供相关的替换策略、平行策略、交集策略、排除策略或简化策略帮助用户调整查询式；当系统检测到查询失败时，除了提供相应的解决方案外，还应该提供查询历史，以便用户恢复并重构查询式。②提高相关反馈的技术性能，为用户提供有用的信息。系统提供的帮助信息应确实能解决用户目前所遇到的问题，包括信息内容的描述要准确全面；帮助内容的组织要结构化；系统提供的解决方案要具有全面性和针对性等。③不干扰用户正在执行的任务。系统提供反馈信息时不应出现新模式，不能使用户分心，不能影响用户与系统的交互。如可在查询界面上通过帮助窗口显示与任务有关的帮助主题，该方式无须占用太多的显示空间，当要显示更多的帮助信息时可打开另一个窗口，而原窗口继续执行查询任务。

7.1.7 支持输入区、控制区、信息区的无缝结合

查询界面应支持输入区、控制区、信息区的无缝结合，使用户具有控制系统、控制查询过程的感受。在查询界面中，输入区的作用是构建和重构查询式，控制区是设定查询范围和处理查询结果，信息区是显示与查询结果有关的信息。在信息查询过程中要求查询界面中的输入区、控制区、信息区能够实现无缝结合，即在查询界面中构建查询式、浏览查询结果、扩展查询范围、设置排序方法、呈现反馈信息等必须紧密结合起来，最好能实现无缝结合。如在具有分面导航功能的查询界面中既可以利用分面进行导航，又可以执行关键词搜索，选择的分面类目与搜索的关键词整合显示在面包屑导航条中，用户可以继续选择或取消分面类目、增加或剔除关键词以缩小或扩大查询范围；无论是在分面导航还是在关键词搜索中，都随时可以选择一定的方式对查询结果进行排序；当鼠标指针悬浮在分面类目名称之上时，查询结果中该类所属的记录自动高亮度显示；当鼠标指针悬浮在查询结果的某一条记录上时，分面导航中该记录所属的分面类目自动高亮度显示[119]；在整个操作过程中系统，应提供即时的连续的反馈信息。查询界面各部分之间的无缝结合有利于用户构建查询式，理解查询结果，感觉系统总是处于可控制的状态。

7.1.8 支持各类任务的需要

系统应开发任务管理功能，支持各类任务的需要。探查是在长期问题驱动下的信息查询，用户需要在多个查询行为间交替进行，或者在不同查询任务、不同任务阶段间切换，因此，信息查询系统应提供一种机制，其可以保存当前的状态，又可以恢复操作前的状态。所谓保存当前的状态，包括保存用户使用的查询词、浏览的记录、下载的文献以及用户曾提交的查询式、选中的文献记录、经过的链接路径；所谓恢复操作前的状态，即回滚到各项任务曾经的状态，重新考虑曾经遇到的问题及当时的解决思路，重新开始查询或重复以前的操作，还可与其他用户分享任务阶段或查询结果，以支持不同用户、不同任务阶段的探查行为。在第 6 章的调查中发现，有多个受试者自建 word 文档用于保存使用过的关键词、查询得到的书目记录、阅读中得到的感兴趣的信息以及一些个人的想法，这一笨拙低效的方法应该被信息查询系统提供的工具如 My Library 或专门的文献管理工具取代。这里以 Morris 等开发的浏览器插件形式的查询工具

条为例，介绍支持任务管理的工具[78]。该查询工具条能自动保存用户在多个通用搜索引擎、垂直搜索引擎或自动添加的搜索工具中使用过的查询词；在每个查询词下列出用户通过搜索工具搜索、访问过的网页标题及其 URL；用户可以建立查询主题，在每个主题下集中显示使用过的查询词、访问过的网页标题及其 URL；用户可以评价查询主题，方便在不同主题间切换时了解各个主题的情况；用户还可以对与查询主题紧密相关的页面赋予标识，以便后续处理。这样的查询工具条不仅可以保存查询历史和浏览历史，还可以保存用户的评价和评分，帮助用户恢复曾经的操作，与具有共同兴趣的用户分享任务阶段和查询结果。

7.1.9 支持各类用户的需求

系统应提供基于情境的服务，支持各类用户的需求。系统不仅要在帮助功能中为各类用户提供不同的帮助，也要在支持探查的各种功能中针对各类用户的需求提供不同的服务。所谓各类用户包括不同网络知识、查询知识、资源知识、专业知识和个性特征的用户。这里特别强调要根据情境因素为用户提供不同的服务，如在整合了分面导航功能的查询结果列表界面中，如何呈现分面及其类目是界面设计成功与否的关键，这涉及如何为不同查询知识、专业知识的用户提供服务的问题。为此，系统应采用一定的方法掌握用户的情境信息，如利用用户文档跟踪用户的查询行为，掌握用户的网络知识、资源知识和查询知识，把握当前任务的进展情况，提供与用户目前知识和经验相适应的查询结果。情境信息可用在查询词词义消歧中，如系统在掌握了用户的信息需求后，当用户输入"鱼眼图"时可以推断用户要查询的是成像技术还是生物学方面的文献；可用在查询词提示功能中，把与用户知识、任务进展相关的提示词排列在合适的位置；可用在查询结果排序中，为用户提供符合其期望的排序方法；可用在查询结果记录显示中，为用户判断记录的相关性提供足够的信息。

7.1.10 重视可视化设计

应重视可视化设计，提供稳定、一致和有意义的界面。查询界面可视化的重要性不应被低估，如在本书中探讨的标签云功能，其可视化的特点增强了信息查询的趣味性，提高了用户的查询体验；在第 6 章的调查中 WOK 使用的引证关系图使许多受试者难以区分的前向引证关系和后向引证关系变得易于理解。在可视化设计中，要求界面布局具有易读性和一致性，界面对象的颜色、背景、大小、形状、位置等要综合考虑，既要有助于用户理解界面的内容，又不至于分散用户的注意力；支持可视化构建查询式，尽可能通过鼠标点击而不是用键盘输入查询条件，使用户可以直观、快捷、动态地表达复杂的信息需求；支持查询结果可视化，在有限的空间里以灵活、直观的形式把记录及其项目呈现出来，吸引用户关注重要项目的信息，使用户能够更快地理解查询结果、判断查询结果记录的相关性。查询界面可视化要考虑用户的感受，尊重用户的使用习惯，能采用文本呈现的尽可能不用图形；查询界面呈现的对象应稳定、一致、有意义，引导用户把注意力集中在查询任务上，而不是分散在花哨的界面对象上。

7.2 提高支持探查的信息查询系统可用性的相关建议

上述可用性指南对提高支持探查的信息查询系统可用性有着直接的影响，而下面几个方面对其影响虽然不如可用性指南直接，但也必须引起足够的重视。

7.2.1 重视可用性知识的管理

近20年来，国内外每年都有大量有关信息查询系统可用性的研究成果出现，但很少有研究者对这些研究成果进行系统的分析和总结，导致这些研究成果一直处于分散杂乱的状态，既不便于查找又不便于利用，不能很好地转化为指导信息查询系统设计和评价的知识体系。与此同时，有关这方面的研究又存在着大量的低水平重复的现象，不仅浪费了宝贵的研究资源，也不利于研究的深入和发展。为了提高可用性研究成果的"可用性"，促进可用性研究的发展，必须重视可用性知识管理的研究和实践。例如，对一个信息机构而言，通过对系统可用性设计和评价知识的总结，把隐性知识转化为显性知识，同时与系统开发、用户研究、市场调研、组织决策等知识结合起来，可以成为信息机构知识管理系统的重要组成部分[76]；而对整个信息机构而言，如果能把各个信息机构在可用性设计和评价中形成的可用性知识积累起来，通过一定的组织框架转化为知识体系，对提高整个信息机构系统设计和评价水平都将发挥重要的作用。

7.2.2 重视可用性测试

利用可用性知识指导系统设计虽然能在一定程度上提高系统的可用性，但由于无法预见用户与系统交互的情境，所以也无法预知系统能否满足不同情境下的交互要求，而可用性测试能很好地发现具体情境下的可用性问题。正如

Jasek 所言，即使是无须花费太多时间和开支的非正式的可用性测试都能得到很有价值的数据，系统经过反复的测试和修改后，能使用户有更好的体验[100]。

可用性测试需要在具体情境下进行。只有在具体情境下进行的可用性测试，才能揭示出可用性问题，保证测试结果的可比性。最典型的如在可用性测试中所谓的"专家"受试者，由于对专家的定义不清晰，在一项研究中称为专家的受试者在另一项研究中可能成了新手，这种差异不仅会使不同研究结果之间没有可比性，而且会造成理解的障碍，使人误以为不同研究结果之间存在矛盾。

可用性测试最好能在真实情境下进行。真实情境是指在测试时选择目标用户作为受试者，在受试者熟悉的环境下使用真实的系统完成正常的任务，而测试者很少或几乎没有干预地收集数据。在真实情境下进行可用性测试能比较真实地反映使用情境，切实地测试系统性能和发现可用性问题，从而更有可能做出合乎情境的评价。在实验室里进行的系统测试或用户研究，由于环境是人为的，受试者不完全是最终用户，所得到的结果存在信度问题。随着信息查询系统服务范围的延伸和服务对象的扩大，一定会有更多的可用性测试走出实验室，进入更真实的情境中去。

7.2.3 重视元级可用性的研究

元数据是构成信息查询系统最底层的基础部分，其对信息查询系统可用性的影响又可称为元级可用性[31]。有关元级可用性的研究比较多的是从元数据如何支持文献描述、如何支持信息查询的角度展开的，而从元数据的结构、呈现、交互方面的研究则显得比较薄弱。例如，目前的信息查询系统基本上是采用规范化的元数据作为设计查询界面的基础的，但这些元数据的元素只能满足用户的基本需求，用户在识别和选择记录时除了利用元数据提供的信息外，还可利用一些元数据中没有的项目如内容目次、作者专长、引用情况等信息，这些项目虽然被使用的机会不多，但其对判断记录相关性的作用不可低估。在第6章的调查中还发现，除了要揭示期刊论文、学位论文等的文献类型外，还要揭示文献的综述类、评价类的内容类型，以便用户掌握研究领域的基本情况。因此，是否需要在元数据元素之外补充一些项目、需要补充哪些项目是很值得研究的课题。又如，对用户是如何与查询界面、查询结果概览界面和查询结果详览界面进行交互、如何与查询结果界面中呈现的记录及其项目进行交互还缺乏深入研究，在查询结果概览界面、查询结果详览界面分别应该呈现哪些项目，两个界面之间呈现的项目应该如何配合等都需要做进一步的探讨。所有这些情况表明，在如何利用元数据促进用户与查询界面的交互、提高查询结果界面可用性方面仍有很大的提升空间。

7.2.4 重视新技术新设备的应用

随着信息技术的发展，各种新技术、新设备不断被应用到信息查询系统中来，这不仅为信息查询提供了新的手段，也提供了新的交互可能性。用户将不限于使用个人桌面系统、利用鼠标及键盘完成信息查询任务，还将使用触摸屏、语音识别、平板电脑、移动设备、虚拟现实技术进行信息查询。有关信息查询系统可用性的研究要注意支持用户与信息查询系统交互的技术和界面模式，尤其要关注电子商务网站的研究成果。例如，当当、京东等电子商务网站，与信息机构的发现系统一样，可以一站式查询网站的所有资源；这些网站的网上书城中提供的图书评价、图书分级、热门推荐、同类推荐、封面图片、内容简介、作者介绍、目次信息、试读章节等内容为读者选择和浏览书刊提供了很好的体验。与这些电子商务网站相比，信息机构的 OPAC 或发现系统虽然也有类似的功能或设置，但由于著录不完备或者没有引起用户的足够关注，使用的效果并不是很理想。

7.2.5 重视用户教育

从理论上说，信息查询系统要尽可能直观，使用户无须获得帮助就可以有效使用，也就是说，易用的信息查询系统不需要用户教育。但实际情况并非如此，一是因为信息查询系统都存在设计的问题；二是因为信息查询系统及其功能的推广使用需要开展用户教育，为用户提供指引。

如何选择查询词、构建查询式、根据不同的情境采取不同的查询策略，是用户教育中非常重要的内容。如在完成不熟悉的查询任务时，使用任务描述中的词作为查询词是最有效的方法，但用户往往是在任务描述词之外提炼出自以为合适的查询词，结果也常常是自己提炼的查询词不能准确地表达查询需求。所以，在用户教育上要指导用户采用适当的选词策略，首先是选用任务描述词，其次是自己提炼查询词，再次才是尝试使用其他的查询词，在多次查询交互的基础上得到更准确的查询词[207]。又如，要了解某一研究领域的发展状况时，有些用户是直接查询外文文献，但由于语言障碍，耗费了很多时间和精力却仍然处于迷茫状态。所以，在用户教育上需要指导用户采用正确的查询策略，如从中文资源开始查询有利于克服语言障碍；利用维基百科、百度学术有利于了解基本情况；利用词典、翻译工具可以实现不同语种查询词的转换；查询式应围绕主题进行，逐渐扩展，不宜做大幅度的改变等。

还需要强调的是，一直以来，图书馆等信息机构都把信息资源的查询方法和使用技巧当成用户教育的重点内容，而介绍数据库和资源导航却只占其中很少的一部分内容。从第 6 章的调查情况看，向用户推荐合适的信息资源比告诉用户如何查询信息资源更为有用，因为信息资源的查询方法具有一定的相似性，用户只要知道存在某一种信息资源，在经过一段时间的摸索后都可以成为该资源的有经验的用户。

第 8 章
研究结论与展望

8.1 研究的结论

本书首先通过文献分析，利用探查理论、交互查询模型和影响信息查询系统性能的情境因素，提出支持探查的信息查询行为模型和影响信息查询系统可用性的情境分面分类体系，构建支持探查的信息查询系统可用性理论框架。接着以此为组织框架，把可用性研究成果中的多个可用性原则从支持交互的角度组织成信息查询系统可用性原则，把可用性知识从支持探查的角度组织成信息查询系统可用性的知识体系。然后通过可用性测试调查目前的信息查询系统支持用户探查行为的情况，把理论知识与现实状况联系起来，指出信息查询系统在支持探查方面存在的问题，在此基础上总结出支持探查的信息查询系统的可用性指南并提出相关建议。本书的研究结论如下：

（1）探查行为可以从交互行为和信息查询行为的角度进行考察。用户与信息查询系统的交互行为可以按人机交互周期分为用户理解、用户执行、系统响应、系统显示 4 个阶段，用户利用信息查询系统的探查行为可以分为调查、连接、筛查、审阅、区分五种基本查询行为，文中对这些行为做了明确的界定。

（2）探查和信息查询系统可用性都强调情境因素，两种情境因素实际上就是影响信息查询系统性能的情境因素。本书采用分面分类的方法把情境划分为系统、用户、任务和环境 4 个组面，对每个组面做了进一步的细分，形成一个比较完整、全面的影响信息查询系统可用性的情境分面分类体系，文中对组面及其类目做了明确的界定。

（3）为了组织和管理有关信息查询系统可用性的研究成果，本书提出了支持探查的信息查询系统可用性的理论框架。该框架把设计知识和信息行为结合起来，为管理信息查询系统可用性的研究成果提供了一个组织体系。理论框架具有扩展性，可在支持探查的 5 种基本行为的基础上增加信息使用、信息管理等行为，可在情境中扩展不同设备、不同网络等因素。利用理论框架组织可用性研究成果，有利于查缺补漏，避免重复浪费，提高研究水平；有利于发现可用性知识，为系统设计和评价带来便利。

（4）利用查询交互模型分四个阶段组织多种与信息查询系统有关的可用性原则，在每一阶段下按可用性特性细分，可以比较全面、完整地揭示出可用性原则的条目，便于查找条目和明确条目含义，为组织和完善适用于一般信息查询系统的可用性原则提供了新方法。

（5）从可用性角度对 7 种支持探查的信息查询系统的功能进行分析，分别讨论了每种功能影响或支持可用性的系统、任务、用户因素的情况。发现各种功能对系统、任务、用户因素的影响具体而微妙，必须进行深入的研究并接受可用性测试的检验。

（6）在相对真实的情境下调查了广州地区 7 所高校图书馆网络资源支持探查行为的情况，发现支持探查的 5 种行为能基本上显示出受试者利用网络资源完成探查任务的查询行为特点，同时每一种网络资源包括著名的网络资源在支持探查行为方面都存在可用性问题。

（7）在文献分析和可用性测试的基础上，提出提高支持探查的信息查询系统可用性的指南和相关建议。支持探查的信息查询系统可用性指南包括关注界面细节，界面设计应在简洁与复杂之间达成平衡，帮助用户表达信息需求，持交互构建查询式，支持分面导航功能，提供充分有效的反馈信息，支持查询界面输入区，控制区，信息区的无缝耦合，支持各类任务的需要，支持各类用户的需求，重视可视化设计。相关建议包括重视可用性知识的管理、重视可用性测试、重视元级可用性的研究、重视新技术新设备的应用、重视用户教育。

8.2　研究的创新点

本书研究的创新之处可以归纳为如下三个方面：

（1）目前，有关信息查询系统如何支持探查的研究方兴未艾，但如何利用信息查询系统可用性的研究成果以支持探查的研究是一个薄弱环节，本书把探查理论、信息查询行为模型、影响信息查询系统可用性的情境因素结合起来，提出支持探查的信息查询系统可用性的理论框架。利用这一框架，可以组织和管理支持探查的信息查询系统可用性的研究成果，发现信息查询系统可用性研究中存在的薄弱环节，为信息查询系统支持探查的研究发挥基础性的作用。

（2）本书利用支持探查的信息查询系统可用性的理论框架，对信息查询系统可用性研究成果中支持探查的内容进行了系统的梳理，通过对 6 种与信息查询系统有关的可用性原则的分析总结出支持交互的信息查询系统可用性原则，从可用性角度对 7 种支持探查的信息查询系统的功能进行了分析。本书把一直以来处于分散杂乱状态的信息查询系统可用性研究成果通过理论框架组织起来，成为一个便于查找、便于利用的知识体系。

（3）本书通过文献分析提出了支持探查的信息查询系统可用性的理论框架，利用这一框架对信息查询系统可用性的研究成果进行归纳总结，形成支持探查的信息查询系统可用性的知识体系，在实证调查基础上把理论知识和现实状况结合起来，提出支持探查的信息查询系统可用性指南及提高信息查询系统可用性的相关建议。目前有关信息查询系统可用性的研究主要采用调查法、测试法和检查法，研究的对象是信息查询系统某一方面或某些方面的可用性。与之相比，本书采用文献分析和实证调查相结合的方法全面地研究信息查询系统的可用性，在方法上具有一定的新颖性。

8.3 研究的局限性

本书研究的局限性主要表现在以下四个方面：

（1）理论框架有待进一步检验。书中支持探查的信息查询系统可用性的理论框架是在文献调查和比较分析的基础上总结出来的，从本书看适用于组织信息查询系统可用性原则和支持探查的信息查询系统的可用性知识，由于用户的交互行为和信息查询行为十分复杂且类型多样，目前只能用于组织有限的可用性原则和探讨信息查询系统的有限功能，至于这一框架是否适用于其他更多行为或功能则有待更进一步检验。

（2）收集的资料不够全面。由于国内外有关信息查询系统可用性的研究成果数量庞大、质量良莠不齐，有许多研究结果还因为情境因素的差异而互相矛盾。为了保证资料内容的可靠性和客观性，本书重点收集采用可用性测试法得到的研究成果，使得有一部分不是采用可用性测试法的研究成果没有被纳入收集范围，这在一定程度上影响了研究的全面性。在后续的研究中，应扩大资料收集的范围，把采用各类可用性评价方法的研究成果都纳入研究中来。

（3）可用性测试中收集的定量数据不足。在调查目前的信息查询系统对探查行为的支持情况时，虽然所测试的受试者数量、网络资源数量以及对测试数据分析的细致程度在同类测试中并不多见，但由于经费限制和缺乏可用性测试设备，无法获得更精确的定量数据，只能根据基本情况和变化趋势做出定性的判断，不能更深入、准确地揭示信息查询系统对各种探查行为的支持情况及存在的问题。

（4）概念表述与论证需要进一步完善。在本书的行文中对基本概念的表述仍需进一步斟酌和完善，对有关支持探查的信息查询系统的理论阐述也需要进一步深入。

8.4 研究展望

有关探查行为的研究目前在国外方兴未艾，而在国内仍处于跟踪发展的酝酿阶段，结合本研究，需要特别关注如下三个方面：

（1）深化理论框架。探查研究正逐渐成为一个热门的研究领域，而有关支持探查的信息查询系统可用性研究才刚起步，因此，如果能对探查行为与信息查询行为的关系做更深入的考察，或对情境因素做更进一步的扩展，将会极大地深化和拓展信息查询系统可用性研究的内容。

（2）充实研究内容。本书的研究资料主要来自信息查询系统可用性的研究成果，由于这些成果的内容非常丰富，书中只能尽可能全面地收集和整理出来。书中对各功能影响信息查询系统可用性的系统因素的分析相对全面些，对用户因素、任务因素的分析相对薄弱些，对环境因素的分析基本没有涉及，在后续研究中，对后面三种因素的分析需要进一步充实和加强。

（3）关注新技术、新设备的应用。信息查询系统可用性的研究成果与新技术、新设备的应用之间有一定的时滞，本书的研究内容主要来自比较成熟的技术或系统，随着新技术、新成果的不断应用，支持探查的信息查询系统如何支持移动服务、小屏幕设备的可用性研究将会是后续研究中需要特别注意的课题。

参 考 文 献

[1] 姜婷婷,高慧琴. 探寻式搜索研究述评[J]. 中国图书馆学报,2013,39(4):36-47.

[2] MARCHIONINI G. Exploratory search:from finding to understanding[J]. Communications of the ACM,2006,49(4):41-46.

[3] WHITE R W,MURESAN G,MARCHIONINI G. Report on ACM SIGIR 2006 workshop on evaluating exploratory search systems[J]. ACM SIGIR Forum,2006,40(2):52-60.

[4] WHITE R W,ROTH R A. Exploratory search:Beyond the query-response paradigm[M]. San Rafael,California,USA:Morgen & Claypool Publishers,2009.

[5] 张云秋,安文秀,冯佳. 探索式信息搜索行为研究[J]. 图书情报工作,2012,56(14):67-72.

[6] BEVAN N,MACLEOD M. Usability measurement in context[J]. Behaviour and Information Technology,1994,13(1-2):132-145.

[7] 巢乃鹏. 网络受众心理行为研究[M]. 北京:新华出版社,2002.

[8] BYSTRÖM K,FREUND L,LIU J,et al. Modeling tasks and behavior[EB/OL]. (2013-11-21)[2019-08-20]. http://ils.unc.edu/taskbasedsearch/reports/ModelingTasksAndBehavior.pdf.

[9] 王一川. 基于内容的海量文本探索式查询导引中若干关键技术的研究[D]. 北京:北京邮电大学,2011.

[10] 张云秋. 国外探索式搜索行为研究述评[J]. 图书情报工作,2014,58(11):6-12.

[11] WILSON M L. Search User Interface Design[M]. San Rafael,California,USA:Morgen & Claypool Publishers,2011.

[12] Ergonomic requirements for office work with visual display terminals(VDTs)-

Part 11: Guidance on usability: ISO 9241-11: 1998 [S/OL]. [2020-05-20]. https://www.iso.org/obp/ui/#iso:std:iso:9241:-11:ed-2:v1:en.

[13] JANISZEWSKI C. The influence of display characteristics on visual exploratory search behavior [J]. Journal of Consumer Research, 1998, 25 (3): 290-301.

[14] SOLOMON P. Information systems for children: Explorations in information access and interface usability for an online catalog in an elementary school library [D]. Maryland, USA: University of Maryland, 1991.

[15] 陈晶. 从用户的可用性角度看网络环境下图书馆信息资源建设 [J]. 情报资料工作, 2002 (1): 54-56.

[16] PASCUAL V, DüRSTELER J C. Wet: a prototype of an exploratory search system for web mining to assess usability [C]//IEEE 2007 11th International Conference: Information Visualization. Zurich, Switzerland: Information Visualization 2007, 2007: 211-215.

[17] 乔欢. 信息行为学 [M]. 北京: 北京师范大学出版社, 2010: 167.

[18] ANDERSON T D. Uncertainty in action: observing information seeking within the creative processes of scholarly research [J]. Information Research, 2006, 12 (1): 12.

[19] CHOWDHURY S, GIBB F, LANDONI M. Uncertainty in information seeking and retrieval: A study in an academic environment [J]. Information Processing & Management, 2011, 47 (2): 157-175.

[20] MARTIN T H, WYMAN J C. Feedback and Exploratory Mechanisms for Assisting Library Staff Improve On-Line Catalog Searching: Final Report [R/OL]. [2020-05-20]. https://eric.ed.gov/?id=ED258577.

[21] BATLEY S. Visual information retrieval: browsing strategies in pictorial databases [C] // Proceedings of the 12th International Online Information Meeting. London, UK: Learned Information Ltd., 1988: 373-381.

[22] KUHLTHAU C C. Developing a model of the library search process: Cognitive and affective aspects [J]. RQ, 1988, 28 (2): 232-242.

[23] 肖永英. 库尔梭的信息搜索过程模型及其影响 [J]. 情报理论与实践, 2006, 29 (4): 489-492.

[24] WATERWORTH J A, CHIGNELL M H. A model of information exploration [J]. Hypermedia, 1991, 3 (1): 35-58.

[25] BORGMAN C L. Why are online catalogs still hard to use?[J]. Journal of the American society for information science, 1996, 47 (7): 493-503.

[26] AHLBERG C, SHNEIDERMAN B. Visual information seeking: Tight coupling of dynamic query filters with starfield displays [C] // Proceedings of the SIGCHI conference on Human factors in computing systems, ACM, 1994. Boston, Massachusetts, USA: ACM, 1994: 313-317.

[27] 施耐德曼,普莱萨特. 用户界面设计: 有效的人机交互策略 (第5版) [M]. 北京: 电子工业出版社, 2011: 7-9.

[28] HEARST M A. TileBars: visualization of term distribution information in full text information access [C] // Proceedings of the SIGCHI conference on Human factors in computing systems. New York, USA: ACM Press/Addison-Wesley Publishing Co., 1995: 59-66.

[29] HEARST M A. The use of categories and clusters for organizing retrieval results [C] // Strzalkowski T. Natural Language Information Retrieval. Boston, Massachusetts, USA: Kluwer Academic Publishers, 1999: 333-374.

[30] BELKIN N J, COOL C. The Concept of Information Seeking Strategies and Its Use in the Design of Information Retrieval Systems [EB/OL]. (1993-07-10) [2015-09-23]. http://aaaipress.org/Papers/Symposia/Spring/1993/SS-93-07/SS93-07-001.pdf.

[31] FRASER B, GLUCK M. Usability of Geospatial Metadata or Space-Time Matters [J]. Bulletin of the American Society for Information Science and Technology, 1999, 25 (6): 24-28.

[32] WHITE R W, KULES B, BEDERSON B. Exploratory search interfaces: categorization, clustering and beyond [J]. ACM SIGIR Forum, 2005, 39 (2): 52-56.

[33] WHITE R W, KULES B, STEVEN M, et al. Supporting exploratory search, introduction, special issue, communications of the ACM [J]. Communications of the ACM, 2006, 49 (4): 36-39.

[34] VENOLIA G, MORRIS M R, MORRIS D. Exploring and investigating: Supporting high-level search activities [J]. ESI, 2007: 88.

[35] 邓胜利. 基于用户体验的交互式信息服务 [M]. 武汉: 武汉大学出版社, 2008: 185-186.

[36] THENG Y L. Information Therapy in Digital Libraries [C] // ICADL 2002

Lecture Notes in Computer Science. Heidelberg, Berlin, German: Springer-Verlag, 2002: 452 – 464.

[37] CRONHOLM S, BRUNO V. Do you need general principles or concrete heuristics? A model for categorizing usability criteria [C] // OZCHI 2008 Proceedings. New York, USA: ACM, 2008: 105 – 111.

[38] BATES M J. The design of browsing and berrypicking techniques for the online search interface [J]. Online review, 1989, 13 (5): 407 – 424.

[39] GONÇALVES M A, Moreira B L, Fox E A, et al. What is a good digital library?: A quality model for digital libraries [J]. Information Processing & Management, 2007, 43 (5): 1416 – 1437.

[40] SHNEIDERMAN B, BYRD D, CROFT W. Clarifying Search: A Use-Interface Framework for Text Searches [J]. DLib Magazine, 1997, 3 (1): 18 – 20.

[41] SHNEIDERMAN B, BYRD D, CROFT W B. Sorting out searching: a user-interface framework for text searches [J]. Communications of the ACM, 1998, 41 (4): 95 – 98.

[42] SUTCLIFFE A, ENNIS M. Towards a cognitive theory of information retrieval [J]. Interacting with Computers, 1998, 10 (3): 321 – 351.

[43] ELLIS D. Ellis's model of information-seeking behavior [C] // Theories of information behavior. New York, USA: Information Today, Inc., 2005: 138 – 142.

[44] ELLIS D. The derivation of a behavioural model for information retrieval system design [D]. Sheffield, UK: University of Sheffield, 1987.

[45] ELLIS D. A behavioral approach to information retrieval system design [J]. Journal of Documentation, 1989, 45 (3): 171 – 212.

[46] ELLIS D, COX D, HALL K. A comparison of the information seeking patterns of researchers in the physical and social sciences [J]. Journal of Documentation, 1993, 49 (4): 356 – 369.

[47] ELLIS D, HAUGAN M. Modelling the Information Seeking Patterns of Engineers and Research Scientists in an Industrial Environment [J]. Journal of Documentation, 1997, 53 (4): 384 – 403.

[48] 马翠嫦. Ellis 信息查寻模型的发展应用和评价 [J]. 图书与情报, 2012 (1): 104 – 108.

[49] 孙玉伟. 信息行为领域知识基础、研究热点与前沿的可视化分析 [J]. 图书情报知识, 2012, 145 (1): 108 – 116.

[50] WILSON T D. Models in Information Behavior Research [J]. Journal of Documentation, 1999, 55 (3): 249-270.

[51] MEHO L I, TIBBO H R. Modeling the information-seeking behavior of social scientists: Ellis's study revisited [J]. Journal of the American Society for Information Science and Technology, 2003, 54 (6): 570-587.

[52] MAKRI S, BLANDFORD A, COX A L. Investigating the information-seeking behaviour of academic lawyers: From Ellis's model to design [J]. Information Processing & Management, 2008, 44 (2): 613-634.

[53] BRONSTEIN J. The role of the research phase in information seeking behaviour of Jewish studies scholars: a modification of Ellis's behavioural characteristics [J]. Information Research, 2007, 12 (3): 24.

[54] AZAMI M, FATTAHI R. Matching the Databases' User Interface with Ellis' Model of Information Seeking Behavior: A Qualitative Survey [C] //New Trends in Qualitative and Quantitative Methods in Libraries. Singapore: World Scientific, 2011: 287-296.

[55] AZAMI M, FATTAHI R, PARIROKH M. Matching the User Interface in Digital Libraries with the User Information Seeking Behavior: A Sense Making Approach [C] // Building User Trust: The Key to Special libraries Renaissance at the Digital Era. Tokyo, Japan: Special Libraries Association-Asian Chapter, 2011: 223-229.

[56] LEE C A C. A framework for contextual information in digital collections [J]. Journal of Documentation, 2011, 67 (1): 95-143.

[57] INGWERSEN P, JÄRVELIN K. Information retrieval in context [EB/OL]. (2004-10-01) [2016-10-08]. http://www.sis.uta.fi/infim/julkaisut/fire/InJa-IRiX04.pdf.

[58] ABOWD G D, DEY A K. Towards a Better Understanding of Context and Context-Awareness [C] // Handheld and Ubiquitous Computing. Heidelberg, Berlin, German: Springer, 1999: 304-307.

[59] COOL C, SPINK A. Issues of context in information retrieval (IR): an introduction to the special issue [J]. Information Processing & Management, 2002, 38 (5): 605-611.

[60] INGWERSEN P, JÄRVELIN K. Information retrieval in context: IRiX [J]. ACM SIGIR Forum, 2005, 39 (2): 31-39.

[61] XIE H. Shifts in information-seeking strategies in information retrieval in the digital age: A planned-situational model [J]. Information Research, 2007, 12 (4): 646-656.

[62] SARACEVIC T. Evaluation of digital libraries: An overview [EB/OL]. (2004-09-29) [2016-01-05]. http://comminfo.rutgers.edu/~tefko/DL_evaluation_Delos.pdf.

[63] SHEN R, VEMURI N S, FAN W, et al. What is a successful digital library? [C] // ECDL 2006. Heidelberg, Berlin, German: Springer-Verlag, 2006: 208-219.

[64] 邱明辉, 曾利明. 数字图书馆开发早期阶段信息架构可用性研究 [J]. 情报科学, 2014, 32 (5): 18-23.

[65] BRECHT R. User Interface Patterns for Digital Libraries [J]. Bulletin of IEEE Technical Committee on Digital Libraries, 2010, 6 (1).

[66] AULA A. Query Formulation in Web Information Search [C] // Proceedings of IADIS International Conference WWW/Internet 2003. Trier, Germany: DBLP, 2003: 403-410.

[67] BYSTRÖM K, HANSEN P. Conceptual Framework for Tasks in Information Studies: Book Reviews [J]. Journal of the American Society for Information Science and Technology, 2005, 56 (10): 1050-1061.

[68] INGWERSEN P, JÄRVELIN K. The turn: Integration of information seeking and retrieval in context [M]. Dordrecht, the Netherlands: Springer, 2005: 448.

[69] BALATSOUKAS P, O'BRIEN A, MORRIS A. Design factors affecting relevance judgment behaviour in the context of metadata surrogates [J]. Journal of Information Science, 2010, 36 (12): 1-18.

[70] LI Y, BELKIN N J. A faceted approach to conceptualizing tasks in information seeking [J]. Information Processing & Management, 2008, 44 (6): 1822-1837.

[71] FIELDS B, KEITH S, BLANDFORD A. Designing for Expert Information Finding Strategies [C] // People and Computers XVIII-Design for Life: Proceedings of HCI 2004. London, UK: Springer, 2005: 89-102.

[72] 霍尔. 无声的语言 [M]. 刘建荣, 译. 上海: 上海人民出版社, 1991.

[73] 黄晓斌, 付跃安. 数字图书馆的跨文化可用性初探 [J]. 国家图书馆学

刊,2012,21(4):48-55.

[74] BEVAN N. International standards for HCI and usability [J]. International Journal of Human Computer Studies, 2001, 55(4): 533-552.

[75] LIBRARY OF CONGRESS, INFORMATION SYSTEMS OFFICE. MARC manuals used by the Library of Congress [M]. Chicago: American Library Association, 1969.

[76] 马翠嫦,邱明辉,曹树金. 国内外数字图书馆可用性评价研究历史与流派 [J]. 中国图书馆学报,2012,38(2):90-99.

[77] 邱明辉. 数字图书馆可用性评价研究综述 [J]. 国家图书馆学刊,2010,19(3):33-38.

[78] MORRIS D, RINGEL MORRIS M, VENOLIA G. SearchBar: a search-centric web history for task resumption and information re-finding [C] // Proceedings of the SIGCHI Conference on Human Factors in Computing Systems. New York, USA: ACM, 2008: 1207-1216.

[79] SARACEVIC T, COVI L. Challenges for Digital Library Evaluation: the Annual Meeting 2000 of the American Society for Information Science [EB/OL]. (2000-10-01) [2015-10-05]. https://www.researchgate.net/publication/228867289_ Challenges_ for_ digital_ library_ evaluation.

[80] FUHR N, TSAKONAS G, AALBERG T, et al. Evaluation of digital libraries [J]. International Journal on Digital Libraries, 2007, 8(1): 21-38.

[81] CHERITON D R. Man-machine interface design for timesharing systems [C] // Proceedings of the 1976 annual conference. New York, USA: ACM, 1976: 362-366.

[82] NORMAN D A. Design principles for human-computer interfaces [C] // Proceedings of the SIGCHI conference on Human Factors in Computing Systems. New York, USA: ACM, 1983: 1-10.

[83] SMITH S L, MOSIER J N. Guidelines for designing user interface software [M]. Bedford, MA, USA: Mitre Corporation, 1986.

[84] SHNEIDERMAN B. Designing the user interface: Strategies for effective human-computer interaction [M]. Reading, MA, USA: Addison-Wesley, 1987.

[85] BROWN C M. Human-computer interface design guidelines [M]. Norwood, New York, USA: Ablex Publishing Corporation, 1988.

[86] MOLICH R, NIELSEN J, SIBLEY E H. Improving a Human-Computer Dia-

logue [J]. Communications of the ACM, 1990, 33 (3): 338-348.

[87] MARIAGE C, VANDERDONCKT J, PRIBEANU C. State of the Art of Web Usability Guidelines [C] // The handbook of human factors in web design. New York, USA: Lawrence Erlbaum Associates, Inc, 2005: 688-700.

[88] SCAPIN D, LEULIER C, VANDERDONCKT J, et al. A Framework for Organizing Web Usability Guidelines [EB/OL]. (2000-01-10) [2017-04-10]. http://www.researchgate.net/publication/242400650_A_framework_for_organizing_web_usability_guidelines.

[89] THENG Y L, DUNCKER E, MOHD-NASIR N, et al. Design Guidelines and User-Centred Digital Libraries [C] // Lecture Notes in Computer Science. Heidelberg, Berlin, German: Springer, 1999: 1696, 852-853.

[90] BEVAN N, KINCLA S. Usability guidelines for academic websites [EB/OL]. (2003-12-16) [2015-09-20]. http://www.usabilitynet.org/guidelines/.

[91] JOHNSON J. GUI bloopers 2.0: common user interface design don'ts and dos [M]. Morgan Kaufmann, 2007.

[92] WELIE M V. A Pattern Library for Interaction Design [EB/OL]. (2006-12-01) [2019-04-01]. http://www.welie.com/index.php.

[93] TRAVIS D. 247 web usability guidelines [EB/OL]. (2014-10-22) [2019-04-10]. http://www.userfocus.co.uk/resources/guidelines.html.

[94] UXPIN. Web UI Design Best Practices [EB/OL]. (2012-06-01) [2017-04-10]. http://www.uxpin.com/web-ui-design-best-practices-signup.html.

[95] UXPIN. Web UI Design Patterns 2014 [EB/OL]. (2014-06-01) [2017-04-10]. http://www.uxpin.com/web-design-patterns-sign-up.html.

[96] KOYANI S J, BAILEY R W, NALL J R. Research-Based Web Design & Usability Guidelines [EB/OL]. (2004-01-01) [2017-04-10]. http://www.usability.gov/pdfs/foreword.pdf.

[97] OFFICE OF THE E-ENVOY. Quality Framework for UK Government Website Design: Usability issues for government websites [EB/OL]. (2003-07-01) [2017-04-10]. http://www.umic.pt/images/stories/publicacoes/quality_framework_uk.pdf.

[98] MINERVA WORKING GROUP 5. Handbook for quality in cultural Web sites: Improving quality for citizens [EB/OL]. (2003-11-01) [2017-04-

10]. http://www. minervaeurope. org/publications/qualitycriteria1_2draft/bibliography. htm.

[99] Ergonomics of human-system interaction-Part 151: Guidance on World Wide Web user interfaces: ISO 9241-151: 2008 [S/OL]. [2020-05-20]. https://www. iso. org/obp/ui/#iso:std:iso:9241:-151:ed-1:v1:en.

[100] JASEK C. How to Design Library Web Sites to Maximize Usability [EB/OL]. [2016-04-19]. http://libraryconnectarchive. elsevier. com/lcp/0502/lcp0502. pdf.

[101] MEYYAPPAN N, CHOWDHURY G, FOO S. Design and development of a user-centred digital library system: some basic guidelines [C]// Digital libraries: dynamic landscape for knowledge creation, Fourth International Conference on Asian Digital Libraries. Bangalore, India: ICADL, 2001: 135-48.

[102] HEARST M. Search user interfaces [M]. Cambridge, UK: Cambridge University Press, 2009.

[103] IFLA TASK FORCE ON DISPLAYS. Guidelines for Online Public Access Catalogue (OPAC) Displays: Draft [EB/OL]. (2003-09-30) [2017-04-10]. http://archive. ifla. org/VII/s13/guide/opacguide03. pdf.

[104] PEREZ-CARBALLO J, XIE I. Design Principles of Help Systems for Digital Libraries [J]. Academy of Information and Management Sciences Journal, 2011, 14 (1): 107-135.

[105] HEARST M A. Design recommendations for hierarchical faceted search interfaces [EB/OL]. [2020-05-20] http://flamenco. berkeley. edu/papers/faceted-workshop06. pdf.

[106] WELIE M V. Task-based User Interface Design [D]. Amsterdam, the Netherlands: Vrije University, 2001.

[107] RAY S D. Web guidelines and usability [D]. Bloomington, Indiana, UAS: Indiana University, 2002.

[108] KULES W B. Supporting exploratory web search with meaningful and stable categories overviews [D]. College Park, MD, US: University of Maryland, 2006: 93.

[109] 姜婷婷. 网站信息构建的评价: 以大学网站为例 [D]. 武汉: 武汉大学, 2005: 33-34.

[110] 赵宇翔. 公共图书馆网站信息构建可用性评价研究 [J]. 现代图书情报技术, 2007 (3): 60-64.

[111] 林芳. 数字图书馆门户可用性评估指标体系 [J]. 图书情报工作, 2008, 52 (4): 35-38.

[112] 朱江, 余敏. 数字图书馆网站的可用性框架研究 [J]. 情报理论与实践, 2009, 32 (6): 114-117.

[113] 罗国富. 高校图书馆门户网站可用性监测研究 [D]. 南京: 南京农业大学, 2009.

[114] 王茜, 张成昱. 清华大学手机图书馆用户体验调研及可用性设计 [J]. 图书情报工作, 2013, 57 (4): 25-31.

[115] 李晓鹏. 高校图书馆网站可用性评价研究 [D]. 南京: 南京大学, 2013.

[116] MORVILLE P, ROSENFELD L. Web 信息架构: 设计大型网站 (第3版) [M]. 北京: 电子工业出版社, 2008.

[117] KALBACH J. Designing Web Navigation: Optimizing the User Experience [M]. Sebastopol, CA, USA: O'Reilly Media, 2007.

[118] 卡尔巴赫. Web 导航设计 [M]. 北京: 电子工业出版社, 2009.

[119] KULES W, WILSON M L, SHNEIDERMAN B. From keyword search to exploration: How result visualization aids discovery on the web [R]. University of Maryland: Human-Computer Interaction Lab Technical Report HCIL-2008-06, 2008.

[120] WILSON M L, KULES B, SCHRAEFEL M C, et al. From keyword search to exploration: Designing future search interfaces for the Web [J]. Foundations and Trends in Web Science, 2010, 2 (1): 1-97.

[121] 司莉. KOS 在网络信息组织中的应用与发展 [M]. 武汉: 武汉大学, 2007.

[122] 周晓英. 信息组织与信息构建 [M]. 北京: 中国人民大学出版社, 2011.

[123] 朱本军, 聂华. 下一代图书馆系统与服务研究 [M]. 北京: 北京大学出版社, 2012.

[124] 周晨. 基于 OPAC 的图书馆资源整合研究 [M]. 北京: 国家图书馆出版社, 2013.

[125] KÄKI M. Findex: search result categories help users when document ranking

fails [C] // Proceedings of the SIGCHI conference on Human factors in computing systems. New York, USA: ACM, 2005: 131 - 140.

[126] HEARST M A. Clustering versus faceted categories for information exploration [J]. Communications of the ACM, 2006, 49 (4): 59 - 61.

[127] CAPRA R, MARCHIONINI G, OH J S, et al. Effects of Structure and Interaction Style on Distinct Search Tasks [C] // Proceedings of the 7th ACM/IEEE-CS Joint Conference on Digital Libraries. New York, USA: ACM, 2007: 442 - 451.

[128] KULES B, CAPRA R, BANTA M, et al. What do exploratory searchers look at in a faceted search interface? [C] // Proceedings of the 9th ACM/IEEE-CS joint conference on Digital libraries. New York, USA: ACM, 2009: 313 - 322.

[129] DIRIYE A M. Search interfaces for known-item and exploratory search tasks [D]. London, UK: University College London, 2012.

[130] VAKKARI P. Cognition and changes of search terms and tactics during task performance: A longitudinal case study [C] // The RIAO. Paris, France: CID, 2000: 894 - 907.

[131] VAKKARI P. A theory of the task-based information retrieval process: a summary and generalisation of a longitudinal study [J]. Journal of documentation, 2001, 57 (1): 44 - 60.

[132] 汪明, 钟良, 高弋涵, 等. 基于任务导向的高校图书馆网站可用性研究 [J]. 轻工科技, 2015, 31 (11): 60 - 62 + 66.

[133] KOOHANG A, ONDRACEK J. Users' views about the usability of digital libraries [J]. British Journal of Educational Technology, 2005, 36 (3): 407 - 423.

[134] 李月琳, 张向民. 用户个体差异对数字图书馆可用性评价的影响 [J]. 情报学报, 2011, 30 (9): 980 - 989.

[135] DILLON A, SONG M. An empirical comparison of the usability for novice and expert searchers of a textual and a graphic interface to an art-resource database [J]. Journal of Digital Information, 1997, 1 (1): 1 - 17.

[136] JAHN N. Anthropological motivated usability evaluation: An exploration of IREON-international relations and area studies gateway [J]. Library hi tech, 2008, 26 (4): 606 - 621.

[137] WILSON M L, SCHRAEFEL M C. A Longitudinal Study of Exploratory and Keyword Search [C] // JCDL'08. New York, USA: ACM, 2008: 52-56.

[138] 张蒂. 非熟练用户对于两种资源发现系统的体验分析:基于焦点小组的调研 [J]. 图书馆工作与研究, 2014 (1): 104-108.

[139] 周珩霞, 邱明辉. 可用性工程模型在数字图书馆软件开发中的运用 [J]. 图书情报工作, 2003, 47 (7): 91-94.

[140] ANDERSON T, CHOUDHURY S. A Usability Research Agenda for Digital Libraries [EB/OL]. (2007-03-08) [2016-1-05]. https://ldp.library.jhu.edu/vhost-base/usabilitys/documents/agenda.

[141] WRUBEL L, SCHMIDT K. Usability testing of a metasearch interface: A case study [J]. College & Research Libraries, 2007, 68 (4): 292-311.

[142] YAMIN F M, RAMAYAH T. User web search behavior on query formulation [C] // IEEE 2011 International Conference on Semantic Technology and Information Retrieval (STAIR). Putrajaya, Malaysia: IEEE, 2011: 182-188.

[143] NIELSEN J. 10 Usability Heuristics for User Interface Design [EB/OL]. (1994-04-24) [2019-08-25]. http://www.nngroup.com/articles/ten-usability-heuristics/.

[144] SAFFER D. 交互设计指南 [M]. 北京:机械工业出版社, 2012: 117.

[145] Ergonomics of human-system interaction-Part 110: Dialogue principles: ISO 9241-110: 2006 [S/OL]. [2020-05-20]. https://www.iso.org/obp/ui/#iso:std:iso:9241:-110:en.

[146] LAMANTIA J. 10 Best Practices For Displaying Tag Clouds [EB/OL]. (2007-10-04) [2017-04-12]. https://del.icio.us/url/f2e8b983c1741de704a9a2428b25e0fb.

[147] IBM User Interface Architecture [EB/OL]. (2001-12-01) [2019-09-03]. https://web.cs.ucdavis.edu/~devanbu/teaching/160/docs/ibm_uia.pdf.

[148] 黄晓斌, 邱明辉. 自动可用性评价工具及其在数字图书馆的应用 [J]. 国家图书馆学刊, 2013, 22 (5): 24-31.

[149] GRUDIN J. The case against user interface consistency [J]. Communications of the ACM, 1989, 32 (10): 1164-1173.

[150] KELLOGG W A. The dimensions of consistency [C] // Coordinating user

interfaces for consistency. San Diego, CA, USA: Academic Press Professional, Inc., 1989: 9 – 20.

[151] JASEK C. 图书馆网站的可用性设计指南（2007 版）. Library Connect, 2007.

[152] IFLA TASK FORCE ON DISPLAYS. Guidelines for Online Public Access Catalogue (OPAC) Displays [EB/OL]. (2003 – 09 – 30) [2017 – 04 – 10]. https://www.ifla.org/publications/ifla-series-on-bibliographic-control – 27.

[153] FOLMER E, BOSCH J. Architecting for usability: a survey [J]. Journal of Systems and Software, 2004, 70 (1 – 2): 61 – 78.

[154] SPOOL J M. Evolution Trumps Usability Guidelines [EB/OL]. (2002 – 09 – 08) [2016 – 09 – 10]. http://www.uie.com/articles/evolution_trumps_usability/.

[155] FAULKNER X, HAYTON C. When Left Might Not Be Right [J]. Journal of Usability Studies, 2011, 4 (6): 245 – 256.

[156] KALBACH J, BOSENICK T. Web Page Layout: A Comparison Between Left-and Right-justified Site Navigation Menus [J]. Journal of Digital Information, 2003, 4 (1): 153 – 159.

[157] XIE H. Help features in digital libraries: types, formats, presentation styles, and problems [J]. Online Information Review, 2007, 31 (6): 861 – 880.

[158] SPOOL J M. Online help: Sometimes doesn't help [J]. Eye for design, 1997, 4 (3): 9 – 10.

[159] GRAYLING T. If We Build It, Will They Come? A Usability Test of Two Browser-based Embedded Help Systems [J]. Technical Communication, 2003, 49 (2): 193 – 209.

[160] 梁普选, 王坤. 联机帮助系统的建立 [J]. 医学情报工作, 2002 (1): 18 – 19.

[161] CORBIN M. From online help to embedded user assistance [C] // Proceedings Of The STC's 50th Annual Conference. Dallas, Texas, USA: STC, 2003: 295 – 298.

[162] PRIESTLEY M. Task oriented or task disoriented: designing a usable help web [C] // Proceedings of the 16th annual international conference on Computer documentation. New York, USA: ACM, 1998: 194 – 199.

[163] 颜惠. 基于 CNKI 平台的帮助系统研究 [J]. 图书馆论坛, 2010, 30 (4): 69 – 71.

[164] LUONG T D, LIEW C L. The evaluation of New Zealand academic library OPACs: A checklist approach [J]. Electronic Library, 2009, 27 (3): 376 – 393.

[165] XIE H, COOL C. Types of Help-seeking situations for novice users of digital libraries: A preliminary study [J]. Proceedings of the American Society for Information Science and Technology, 2007, 44 (1): 1 – 17.

[166] COOL C, XIE H. How can IR help mechanisms be more helpful to users? [J]. Proceedings of the American Society for Information Science and Technology, 2004, 41 (1): 249 – 255.

[167] DWORMAN G, ROSENBAUM S. Helping users to use help: improving interaction with help systems [C] // CHI'04 Extended Abstracts on Human Factors in Computing Systems. New York, USA: ACM, 2004: 1717 – 1718.

[168] BRAJNIK G, MIZZARO S, TASSO C. Strategic help in user interfaces for information retrieval [J]. Journal of the American Society for Information Science and Technology, 2002, 53 (5): 343 – 358.

[169] SHIRI A. Knowledge organisation systems in North American digital library collections [J]. Program: electronic library and information systems, 2009, 43 (2): 121 – 139.

[170] JANSEN B J. Seeking and implementing automated assistance during the search process [J]. Information Processing and Management, 2005, 41 (4): 909 – 928.

[171] NIELSEN J. Error message guidelines [EB/OL]. (2003 – 06 – 23) [2019 – 08 – 20]. http://www.nngroup.com/articles/error-message-guidelines/.

[172] XIE H, COOL C. Toward a better understanding of help seeking behavior: An evaluation of help mechanisms in two IR systems [J]. Proceedings of the American Society for Information Science and Technology, 2006, 43 (1): 1 – 16.

[173] GRAYLING T. A Usability Test of Online Help [J]. Technical Communication, 1998, 45 (2): 168 – 179.

[174] SIHVONEN A, VAKKARI P. Subject Knowledge, Thesaurus-assisted Query Expansion and Search Success [C] // RIAO. Paris, France: CID, 2004:

393-404.

[175] SHIRI A A, REVIE C, CHOWDHURY G. Thesaurus-enhanced search interfaces [J]. Journal of information science, 2002, 28 (2): 111-122.

[176] 司莉, 陈红艳. 网络叙词表用户界面设计策略 [J]. 现代图书情报技术, 2008 (5): 14-20.

[177] 曹树金, 郭菁. 网络叙词表的组织结构及优化模式研究 [J]. 图书情报工作, 2005, 49 (3): 31-35.

[178] EFTHIMIADIS E N. Interactive query expansion: A user-based evaluation in a relevance feedback environment [J]. Journal of the American Society for Information Science, 2000, 51 (11): 989-1003.

[179] GREENBERG J. Optimal query expansion (QE) processing methods with semantically encoded structured thesauri terminology [J]. Journal of the American Society for Information Science and Technology, 2001, 52 (6): 487-498.

[180] MCCULLOCH E. Thesauri: practical guidance for construction [J]. Library review, 2005, 54 (7): 403-409.

[181] SHIRI A. Powering Search: The Role of Thesauri in New Information Environments [M]. Medford, New York, USA: Information Today, 2012.

[182] RUECKER S, SHIRI A, FIORENTINO C. Interactive visualization for multilingual search [J]. Bulletin of the American Society for Information Science and Technology, 2012, 38 (4): 36-40.

[183] SHIRI A A, REVIE C. The effects of topic complexity and familiarity on cognitive and physical moves in a thesaurus-enhanced search environment [J]. Journal of Information Science, 2003, 29 (6): 517-526.

[184] FIDEL R. searchers' selection of search Keys: I. The selection Routine [J]. Journal of the American society for Information science, 1991, 42 (7): 490-500.

[185] FIDEL R. Searchers' selection of search keys: II. Controlled vocabulary or free-text searching [J]. Journal of the American society for Information science, 1991, 42 (7): 501-514.

[186] FIDEL R. Searchers' selection of search keys: III [J]. Searching styles [J]. Journal of the American society for Information science, 1991, 42 (7): 515-527.

[187] SUTCLIFFE A G, ENNIS M, WATKINSON S J. Empirical studies of end-user information searching [J]. Journal of the American society for information science, 2000, 51 (13): 1211-1231.

[188] HSIEH-YEE I. Effects of search experience and subject knowledge on the search tactics of novice and experienced searchers [J]. Journal of the American Society for Information Science, 1993, 44 (3): 161-174.

[189] BATES M J, WILDE D N, SIEGFRIED S. An analysis of search terminology used by humanities scholars: the Getty Online Searching Project Report Number 1 [J]. The Library Quarterly, 1993, 63 (1): 1-39.

[190] SIEGFRIED S, BATES M J, WILDE D N. A profile of end-user searching behavior by humanities scholars: The Getty Online Searching Project Report No. 2 [J]. Journal of the American Society for Information Science, 1993, 44 (5): 273-291.

[191] BATES M J, WILDE D N, SIEGFRIED S. Research practices of humanities scholars in an online environment: The Getty online searching project report [J]. Library & Information Science Research, 1996, 17 (1): 5-40.

[192] FIDEL R. Online searching styles: A case-study-based model of searching behavior [J]. Journal of the American Society for Information Science, 1984, 35 (4): 211-221.

[193] HASSAN-MONTERO Y, HERRERO-SOLANA V. Improving tag-clouds as visual information retrieval interfaces [C] // International Conference on Multidisciplinary Information Sciences and Technologies, 2006. Merida, Spain: InSciT2006 conference, 2006: 1-6.

[194] 马曦, 吴丹, 杨艳. 社会标签的规范性研究: 学术博客标注 [J]. 情报资料工作, 2011 (6): 11-15.

[195] 陈欢, 吴丹, 林若楠. 社会标签的规范性研究: 图书标注 [J]. 图书馆论坛, 2012, 32 (1): 1-7.

[196] BATEMAN S, GUTWIN C, NACENTA M. Seeing things in the clouds: the effect of visual features on tag cloud selections [C] // Proceedings of the nineteenth ACM conference on Hypertext and hypermedia. New York, USA: ACM, 2008: 193-202.

[197] ZHANG Y, LIN Y. Research on the Layout of the Chinese Tag Cloud [C] // Future Wireless Networks and Information Systems, LNEE 144.

Heidelberg, Berlin, German: Springer-Verlag, 2012: 345 - 352.

[198] 张媛, 赵艺超. 基于用户体验的标签云可视化布局研究 [J]. 计算机与数字工程, 2011, 39 (10): 16 - 18.

[199] RIVADENEIRA A W, GRUEN D M, MULLER M J, et al. Getting our head in the clouds: toward evaluation studies of tagclouds [C] // Proceedings of the SIGCHI conference on Human factors in computing systems. New York, USA: ACM, 2007: 995 - 998.

[200] HALVEY M J, KEANE M T. An assessment of tag presentation techniques [C] // Proceedings of the 16th international conference on World Wide Web. New York, USA: ACM, 2007: 1313 - 1314.

[201] SCHRAMMEL J, LEITNER M, TSCHELIGI M. Semantically structured tag clouds: an empirical evaluation of clustered presentation approaches [C] // Proceedings of the SIGCHI Conference on Human Factors in Computing Systems. New York, USA: ACM, 2009: 2037 - 2040.

[202] LOHMANN S, ZIEGLER J U R, Tetzlaff L. Comparison of tag cloud layouts: Task-related performance and visual exploration [C] // Human-Computer Interaction-Interact 2009. Heidelberg, Berlin, German: Springer, 2009: 392 - 404.

[203] SINCLAIR J, CARDEW-HALL M. The folksonomy tag cloud: When is it useful? [J]. Journal of Information Science, 2008, 34 (1): 15 - 29.

[204] KUO B Y L, HENTRICH T, GOOD B M, et al. Tag clouds for summarizing web search results [C] // Proceedings of the 16th international conference on World Wide Web. New York, USA: ACM, 2007: 1203 - 1204.

[205] Lens Help [EB/OL]. (2010 - 12 - 01) [2016 - 04 - 12]. http://www2.lib.uchicago.edu/~jwk/help/lens-help.html.

[206] SPINK A. Term relevance feedback and mediated database searching: implications for information retrieval practice and systems design [J]. Information Processing & Management, 1995, 31 (2): 161 - 171.

[207] AULA A, NORDHAUSEN K. Modeling successful performance in Web searching [J]. Journal of The American Society for Information Science and Technology, 2006, 57 (12): 1678 - 1693.

[208] HIENERT D, SCHAER P, SCHAIBLE J, et al. A novel combined term suggestion service for domain-specific digital libraries [C] // Research and Advanced

Technology for Digital Libraries. TPDL 2011. Lecture Notes in Computer Science. Heidelberg, Berlin, German: Springer, 2011: 192 – 203.

[209] AULA A, KHAN R M, GUAN Z. How does search behavior change as search becomes more difficult? [C] // Proceedings of the SIGCHI Conference on Human Factors in Computing Systems. New York, USA: ACM, 2010: 35 – 44.

[210] SPINK A, JANSEN B J, WOLFRAM D, et al. From e-sex to e-commerce: Web search changes [J]. Computer, 2002, 35 (3): 107 – 109.

[211] BELKIN N J, KELLY D, KIM G, et al. Query length in interactive information retrieval [C] // Proceedings of the 26th annual international ACM SIGIR conference on Research and development in information retrieval. New York, USA: ACM, 2003: 205 – 212.

[212] PATERSON L, LOW B. Usability Inspection of Digital Libraries UX2. 0: Usability and Contemporary User Experience in Digital Libraries [EB/OL]. (2010 – 04 – 30) [2016 – 03 – 20]. http://www. ariadne. ac. uk/issue63/paterson-low/.

[213] VAKKARI P, PENNANEN M, SEROLA S. Changes of search terms and tactics while writing a research proposal: A longitudinal case study [J]. Information processing & management, 2003, 39 (3): 445 – 463.

[214] SADEH T. User experience in the library a case study [J]. New Library World, 2007, 109 (1/2): 7 – 24.

[215] Libraries Australia LibraryLabs FRBR prototype demonstration System [EB/OL]. (2010 – 05 – 01) [2016 – 09 – 15]. http://ll01. nla. gov. au/index. jsp.

[216] SANDVOLD V. 3 Quick Design Patterns for Better Faceted Search [EB/OL]. (2009 – 12 – 12) [2018 – 05 – 25]. http://www. thingsontop. com/3-quick-patterns-better-facet-design-889. html.

[217] HEARST M A. Uis for faceted navigation: Recent advances and remaining open problems [C] // HCIR 2008: Proceedings of the Second Workshop on Human-Computer Interaction and Information Retrieval. Redmond, Washington, USA: HCIR 2008, 2008: 13 – 17.

[218] LEMIEUX S. Designing for Faceted Search [J]. KMWorld, 2009, 18 (3): 14 – 15.

[219] ENGLISH J, HEARST M, SINHA R, et al. Hierarchical faceted metadata in site search interfaces [C] // CHI EA'02: CHI'02 Extended Abstracts on Human Factors in Computing Systems. New York, USA: ACM, 2002: 628 - 629.

[220] PLAISANT C, SHNEIDERMAN B, DOAN K, et al. Interface and data architecture for query preview in networked information systems [J]. ACM Transactions on Information Systems, 1999, 17 (3): 320 - 341.

[221] ENGLISH J, HEARST M, SINHA R, et al. Flexible search and navigation using faceted metadata [R]. University of Berkeley, School of Information Management and Systems: Technical report, 2003.

[222] ENGLISH J, HEARST M, SINHA R, et al. Examining the usability of web site search [J]. Management, 2002: 1 - 10.

[223] BERRY S, LEASE M. Design Considerations for Faceted Search: Literature Review and Case Study [EB/OL]. (2010 - 10 - 01) [2019 - 04 - 20]. http://design.unideal.net/annotator_assets/images/FacetedSearchFinal2.pdf.

[224] DZIADOSZ S, CHANDRASEKAR R. Do Thumbnail Previews Help Users Make Better Relevance Decisions About Web Search Results? [C] // Proceedings of the 25th Annual International ACM SIGIR Conference on Research and Development in Information Retrieval. New York, USA: ACM, 2002. 365 - 366.

[225] WANG P, SOERGEL D. A Cognitive Model of Document Use during a Research Project. Study I. Document Selection [J]. Journal of the American Society for Information Science, 1998, 49 (2): 115 - 133.

[226] CRYSTAL A, GREENBERG J. Relevance criteria identified by health information users during Web searches [J]. Journal of the American Society for Information Science and Technology, 2006, 57 (10): 1368 - 1382.

[227] DRORI O. How to Display Search Results in Digital Libraries-User Study [C] // Proceedings of the New Developments in Digital Library, 2003. Angers, France: NDDL 2003, 2003: 13 - 28.

[228] PAEK T, DUMAIS S, LOGAN R. WaveLens: A New View onto Internet Search Results [C] // Proceedings on the ACM SIGCHI Conference on Human Factors in Computing Systems. New York, USA: ACM, 2004: 727 - 734.

[229] JOHO H, JOSE J M. A comparative study of the effectiveness of search result

presentation on the web [M] // 2006 European Conference on Information Retrieval. Heidelberg, Berlin, German: Springer, 2006: 302 - 313.

[230] MARCUS R S, KUGEL P, BENENFELD A R. Catalog information and text as indicators of relevance [J]. Journal of the American Society for Information Science, 1978, 29 (1): 15 - 30.

[231] HUFFORD J R. Elements of the bibliographic record used by reference staff members at three ARL Academic Libraries [J]. College & Research Libraries, 1991, 52 (1): 54 - 64.

[232] BALATSOUKAS P, O'BRIEN A, MORRIS A. The usability of metadata surrogates in search result interfaces of learning object repositories [C] // IADIS International Conference: Informatics 2008. Amsterdam, the Netherlands: IADIS, 2008: 11 - 18.

[233] BALATSOUKAS P, MORRIS A, O'BRIEN A. An evaluation framework of user interaction with metadata surrogates [J]. Journal of Information Science, 2009, 35 (3): 321 - 339.

[234] NIELSEN J. Designing Web Usability [M]. Indianapolis, Indiana, USA: New Riders, 1999: 432.

[235] FAILTE SEARCHLT. Failte's SearchLT Evaluation [EB/OL]. (2010 - 12 - 01) [2014 - 08 - 20]. http://www.failte.ac.uk/documents/eval_report.rtf.

[236] BALATSOUKAS P, MORRIS A, O'BRIEN A. Designing metadata surrogates for search result interfaces of learning object repositories: linear versus clustered metadata design [C] // 2006 International Conference on Electronic Publishing. Vienna, Austria: ELPUB, 2007: 415 - 424.

[237] RELE R S, DUCHOWSKI A T. Using eye tracking to evaluate alternative search results interfaces [EB/OL]. (2005 - 10 - 10) [2019 - 08 - 20]. http://andrewd.ces.clemson.edu/research/vislab/docs/Final_HFES_Search.pdf.

[238] RESNICK M L, MALDONADO C, SANTOS J M, et al. Modeling on-line search behavior using alternative output structures [M] // Proceedings of the Human Factors and Ergonomics Society 45th Annual Conference. Santa Monica, CA: Human Factors and Ergonomics Society, 2001: 1166 - 1170.

[239] GREENE S, MARCHIONINI G, PLAISANT C, et al. Previews and overviews in digital libraries: Designing surrogates to support visual information seeking [J]. Journal of the American Society for Information Science, 2000,

51（4）：380-393.

[240] BARRY C L. Document Representations and Clues to Document Relevance [J]. Journal of The American Society for Information Science, 1998, 49（14）：1293-1303.

[241] TAYLOR A R, COOL C, BELKIN N J, et al. Relationships between categories of relevance criteria and stage in task completion [J]. Information Processing & Management, 2007, 43（4）：1071-1084.

[242] SU L T. A comprehensive and systematic model of user evaluation of web search engines：I. Theory and background [J]. Journal of the American society for information science and technology, 2003, 54（13）：1175-1192.

[243] RUTHVEN I, BAILLIE M, AZZOPARDI L, et al. Contextual factors affecting the utility of surrogates within exploratory search [J]. Information Processing & Management, 2008, 44（2）：437-462.

[244] XU Y, WANG D. Order effect in relevance judgment [J]. Journal of The American Society for Information Science and Technology, 2008, 59（8）：1264-1275.

[245] SCHAMBER L. Relevance and Information Behavior [J]. Annual Review of Information Science and Technology, 1994, 29（1）：3-48.

[246] BATEMAN J A. Modeling Changes in End-user Relevance Criteria：An Information Seeking Study [D]. Denton, Texas, USA：University of North Texas, 1998.

[247] DEAN B. Google's 200 Ranking Factors：The Complete List（2018）[EB/OL].（2018-12-28）[2019-11-20]. http://backlinko.com/google-ranking-factors.

[248] 揭秘：什么是企鹅算法谷歌 Penguin Update 算法 [EB/OL].（2014-11-25）[2018-06-18]. http://www.seoxuetang.com/fenxiang/1000433.html.

[249] DELLIT A, BOSTON T. Relevance ranking of results from MARC-based catalogues：from guidelines to implementation exploiting structured metadata [EB/OL].（2010-02-01）[2019-08-25]. https://www.nla.gov.au/content/relevance-ranking-of-results-from-marc-based-catalogues-from-guidelines-to-implementation.

[250] EISENBERG M, BARRY C. Order effects：A study of the possible influence of presentation order on user judgments of document relevance [J]. Journal

of the American Society for Information Science, 1988, 39 (5): 293 – 300.

[251] HUANG M, WANG H. The influence of document presentation order and number of documents judged on users' judgments of relevance [J]. Journal of the American Society for Information Science and Technology, 2004, 55 (11): 970 – 979.

[252] RUECKER S. Rich-Prospect 浏览界面之研究（英文）[J]. 设计艺术研究, 2012, 2 (2): 84 – 96.

[253] SHNEIDERMAN B, FELDMAN D, ROSE A, et al. Visualizing Digital Library Search Results with Categorical and Hierarchical Axes [C] // Proceeding DL'00 Proceedings of the fifth ACM conference on Digital libraries. New York, USA: ACM, 2000: 57 – 66.

[254] CHU H. Factors affecting relevance judgment: a report from TREC Legal track [J]. Journal of Documentation, 2011, 67 (2): 264 – 278.

[255] VAKKARI P, HAKALA N. Changes in relevance criteria and problem stages in task performance [J]. Journal of Documentation, 2000, 56 (5): 540 – 562.

[256] RUTHVEN I. The relative effects of knowledge, interest and confidence in assessing relevance [J]. Journal of Documentation, 1945, 63 (4): 482 – 504.

[257] NIELSEN J, Landauer T K. A mathematical model of the finding of usability problems [C] // CHI'93 Proceedings of the INTERACT'93 and CHI'93 Conference on Human Factors in Computing Systems. New York, USA: ACM, 1993: 206 – 213.

[258] FIOTAKIS G, FIDAS C, AVOURIS N. Comparative usability evaluation of web systems through ActivityLens [EB/OL]. (2007 – 05 – 01) [2019 – 08 – 20]. http://hci.ece.upatras.gr/pubs_ files/c127_ Fiotakis_ FidasComparative_ usability_ evaluation_ ActivityLens.pdf.

[259] FRITZ M, SCHIEFER G. Identification and evaluation of internet resources for agribusiness information needs [C] // Proceedings of the 4th Conference of the European Federation for Information Technology in Agriculture, Food and Environment (EFITA 2003). Debrecen-Budapest, Hungary: EFITA, 2003: 346 – 351.

[260] SARACEVIC T. The stratified model of information retrieval interaction: Extension and applications [J]. Proceedings of the American Society for Infor-

mation Science, 1997, 34 (1): 313 -327.

[261] HODKINSON C, KIEL G, MCCOLL-KENNEDY J R. Consumer web search behaviour: diagrammatic illustration of wayfinding on the web [J]. International Journal of Human-Computer Studies, 2000, 52 (5): 805 -830.

[262] BRAJNIK G. Automatic Web Usability Evaluation: What Needs to Be Done? [EB/OL]. (2000 -05 -01) [2019 -08 -20]. http://users.dimi.uniud.it/~giorgio.brajnik/papers/hfweb00.html.

[263] 丁明, 胡玉宁. 基于用户体验的中国知网 KDN 知识发现网络平台综合评价 [J]. 情报杂志, 2013, 32 (10): 182 -187.

[264] 王海花, 陆为国. 学术资源发现系统的用户体验测试研究 [J]. 新世纪图书馆, 2015 (11): 48 -51.

[265] 翟中会, 韩维栋. 资源发现系统用户可用性测试研究 [J]. 图书馆学研究, 2014 (8): 58 -64.

[266] MAJORS R. Comparative User Experiences of Next-Generation Catalogue Interfaces [J]. Library Trends, 2012, 61 (1): 186 -207.

[267] SHIRI A, RUECKER S, DOLL L, et al. An Evaluation of Thesaurus-Enhanced Visual Interfaces for Multilingual Digital Libraries [C] // Research and Advanced Technology for Digital Libraries. Heidelberg, Berlin, German: Springer, 2011: 236 -243.

[268] DUMAIS S T, CUTRELL E, CHEN H. Optimizing Search by Showing Results in Context [C] // Proceedings of the SIGCHI Conference on Human Factors in Computing Systems. New York, USA: ACM, 2001: 277 -284.

[269] CHEW C N. Next generation OPACs: A cataloging viewpoint [J]. Cataloging & Classification Quarterly, 2010, 48 (4): 330 -342.

附录一
知情书

尊敬的受试者：

您好！

我是中山大学信息管理学院的博士研究生邱明辉，现正在从事一项有关图书馆信息查询系统可用性的调查，这是我博士学位论文的组成部分。

图书馆用户在信息查询过程中会利用图书馆和图书馆以外的各种资源完成查询任务，本调查主要研究图书馆内外的各种资源支持用户完成查询任务的情况。

如果您是硕士研究生及以上学历的图书馆用户，裸视力或矫正视力正常，没有眼部疾病；在参加本调查前24小时内没有服用药物；以前未参加过类似的其他研究活动，欢迎您作为受试者参加本调查。

本调查包括可用性测试和用户访谈两部分，大约需要60分钟。可用性测试要求受试者利用图书馆内外的各种资源完成规定的查询任务，用户访谈主要是收集受试者人口统计学信息和讨论在查询过程中遇到的问题，整个过程将用录屏、录音设备记录下来。所收集的信息及分析的结果将会用于我的博士学位论文和发表在学术期刊或学术会议上。

参加本调查不会给受试者带来政治、社会或者身体上的损害。一个可能的间接影响是，通过对您的调查可以改进图书馆信息查询系统的设计，提高信息查询系统的查询性能和用户体验。参加本调查纯属自愿，不参加也不会有不良后果。受试者在调查过程中可以随时选择退出，如退出，所收集的信息将不会被采用。

受试者的身份信息将和数据分开管理，并遵照法律的规定进行保密。受试者的身份信息只有我、我的导师和中山大学可以获取，除非经受试者本人同意或要求，在任何时候都不会被公开。所引用数据的来源一律采用化名或代码表示。所有相关的信息和数据在非使用期间将锁入箱子保存。不含受试者身份信息的数据将保存于设置密码的电脑中。所有数据的保存期限为自主要论文发表起 5 年。

非常感谢您的参与和帮助！

中山大学信息管理学院博士研究生　邱明辉

附录二
可用性测试单

1 查询任务

中文历史专业受试者的查询任务

假设,为了撰写有关"汉学研究在美国"方面的论文,需要收集中外与此相关的论著,以便确定研究方向。请利用常用的搜索引擎和图书馆订购的 CNKI 及其他电子资源完成收集资料的任务。要求从中选择 3～5 篇论文下载,并浏览其中您认为最有价值的一篇文章。

计算机软件专业受试者的查询任务

假设,为了撰写关于"中文自然语言处理"方面的论文,需要收集中外与此相关的论著,以便确定研究方向。请利用常用的搜索引擎和图书馆订购的 CNKI 及其他电子资源完成收集资料的任务。要求从中选择 3～5 篇论文下载,并浏览其中您认为最有价值的一篇文章。

2 受试者的基本信息

(1) 您的性别:①男　　　②女
(2) 您的年龄:①<30 岁　　②≥30 岁,<40 岁　　③≥40 岁
(3) 您目前学历:①博士毕业生　②博士研究生　③硕士毕业生　④硕士研究生

（4）您的专业是：_____
（5）您的大学是：_____
（6）您是否熟悉图书馆的网络信息资源（如 CNKI）：
　　　①熟悉　　　　②一般　　　　③不熟悉
（7）您是否熟悉图书馆网络信息资源的查询方法：
　　　①熟悉　　　　②一般　　　　③不熟悉
（8）您在测试之前是否了解查询任务：
　　　①了解　　　　②一般　　　　③不了解
（9）您的外语水平是：
　　　①好　　　　　②一般